Au cœur de l'histoire

Du même auteur
aux Éditions J'ai lu

LA COUR DES DAMES

La régente noire
N° 8665

Les fils de France
N° 8947

Madame Catherine
N° 9238

FRANCK

FERRAND

Au cœur de l'histoire

RÉCITS

J'AI LU

Prologue

« L'antenne dans une minute ! »

À l'oreillette, la voix de Guillaume, notre réalisateur, est légèrement tendue. Je lance en direction de mes notes un ultime coup d'œil : des dates s'en détachent ; quelques noms propres viennent danser devant mes yeux... Ainsi donc, comme ces plongeurs que l'on voit s'abandonner à la renverse, leurs bouteilles d'oxygène sur le dos, je m'apprête à sonder vers des régions enfouies du passé.

« Trente secondes ! »

C'est chaque fois la même excitation, le même frisson que j'éprouve au moment d'entraîner mes auditeurs dans les méandres d'un nouveau récit. Privilège inouï : je vais pouvoir, durant une heure ou presque, conduire cette noble foule à ma guise, sur des sentiers tout juste balisés – des chemins d'accès ou de traverse que, pour certains, je n'aurai pu repérer que la veille.

La grosse ampoule rouge qui vient de s'allumer signifie que nous sommes à l'antenne : « Bonjour, Julia. Bonjour à tous ! »

Julia... Sa présence à mes côtés me tranquillise. Elle me jette en coin le regard du copilote à la fois complice et vaguement inquiet : « Est-il prêt ? paraît-elle se demander. Saura-t-il trouver les mots ? » Oui et non... Les mots viendront, naturellement ; mais ils seront parfois moins précis, souvent plus lourds que je ne le voudrais… Irritante limite de ce tour de force quotidien, rançon d'un procédé qui ménage une part si large à l'improvisation.

« Je vous emmène aujourd'hui dans les bas-fonds de Londres, dans un quartier nommé Whitechapel et qui, en cette fin de XIXe siècle, constitue l'un des endroits d'Europe les plus mal famés… » Les premières phrases doivent, à grands traits, camper le décor.

Notre studio – le « studio Coluche » – baigne dans une lumière ambrée ; face à nous, derrière la vitre, les silhouettes familières de l'équipe sont comme une avant-garde du public, aux côtés de l'invitée qui, pour la seconde partie, viendra nous rejoindre au micro. Je devine les expressions des uns et des autres, mais sans les voir vraiment : mon champ de vision a diminué à mesure que je m'imaginais les ruelles obscures de l'East End, et que m'envahissaient des relents de suie et d'alcool d'un autre temps. Faire corps avec le sujet, s'y fondre complètement : tel est bien le secret, pour ainsi dire, d'un exercice auquel, bon an mal an, je me livre avec enthousiasme depuis juin 2003.

Faire vivre – ou revivre – l'Histoire aux auditeurs, certes ; en distiller les surprises à ceux qui la découvriraient ; leur offrir un moment d'évasion, bien entendu, mais aussi matière à réflexion et si possible à questionnement… Ma vieille prédilection pour les versions distinctes de la vérité officielle – parfois éloignées d'elle – m'invite à donner volontiers la parole aux tenants de thèses dissidentes. Pour le reste, ce qu'on appelle l'Histoire n'est jamais qu'un immense réservoir d'expérience humaine – comme le conservatoire sensible de ce qu'a pu vivre l'homme à travers les âges ou mieux, de ce qu'il a su en retenir. Où l'on touche à l'universel...

« Attention : c'est Mary Ann Nichols qui était surnommée "Polly". Il faut rectifier. » Cette fois, la voix dans l'oreillette est celle de Lorena, ma collaboratrice. Ma langue aura fourché... À ce rythme, comment pourrait-il en être autrement ? « Il faudrait, me dis-je, prendre le temps d'écrire entièrement ces textes, une bonne fois ! »

Souvent on me demande combien de documentalistes peut mobiliser une émission comme « Au cœur de l'histoire ». La réponse pourra sembler immodeste : aucun. Depuis la mort de Laurent Le Chatelier, mon fidèle compagnon des premières années, j'œuvre seul, en effet, sur les merveilleux fichiers qu'il avait constitués et que son épouse, Marie-Antoinette, m'a légués. Ce fruit d'une vie de passion pour l'histoire est à ce jour mon unique source, en même temps que mon secret de fabrication.

Le reste – portraits, décors, atmosphères – me vient assez naturellement, comme réchappé de tout le vieux fonds de ces rêves qui m'habitent depuis l'enfance. La radio étant, de tous les médias, le plus propice à stimuler l'imagination, je prends soin d'insister sur les lumières, les couleurs, les contours formels que je vois ou crois voir... C'est après tout ce qui rend le propos plus vivant, plus net, plus singulier – spécifique en un mot.

Les trente histoires réunies dans ce volume, élégamment transposées de l'oral par Marc Fourny et remises par mes soins dans une forme plus littéraire, sont issues de la série d'émissions présentées sur Europe 1 pendant le printemps 2011. Toutes se concluent par un éclairage, souvent neuf, apporté au micro par mon invité. J'ai choisi ces récits en fonction de leur force et de leur variété ;

de leur originalité aussi... Autant dire que ce sont mes préférés. En les voyant ainsi rassemblés, je me sens conforté dans deux de mes convictions : d'abord, que les grandes affaires humaines doivent très peu, sur le fond, à l'époque qui leur sert de cadre ; et puis – mais n'est-ce pas une évidence ? – que les plus belles histoires sont toujours liées à des personnages hors du commun : Aliénor d'Aquitaine, Pierre Brossolette, dom Pérignon, Hatchepsout... Fascinant bouquet de grandes destinées !

Franck FERRAND

1

La reine aux trois couronnes

Duchesse d'Aquitaine, reine de France puis reine d'Angleterre, la belle Aliénor s'impose au premier rang des grandes dames du Moyen Âge. Raffinée, lettrée, intelligente et d'une santé de fer, elle n'avait peur de rien – et surtout pas du pouvoir. Sa légende fut longtemps noircie par des historiens français soucieux de redorer le blason des Capétiens bafoués ; à les croire, Aliénor aurait introduit dans le royaume les germes de la guerre de Cent Ans… De plus récentes biographies nous offrent l'image d'une souveraine certes ambitieuse, mais avant tout fidèle à la seule couronne qui, à ses yeux, ait compté vraiment : celle du duché d'Aquitaine.

Jour de Pâques, l'an 1200. Sous les voûtes blanches de l'abbatiale de Fontevraud, en Anjou, les derniers psaumes des moniales emplissent le chœur de leurs notes allègres. La vieille reine Aliénor, courbée par les ans, mais dotée toujours du même regard vif et clair, achève ses oraisons et referme son psautier. Elle frise les quatre-vingts ans, un âge plus que vénérable en ces temps où l'on meurt souvent jeune. L'année précédente, Aliénor a du reste perdu, à quarante et un ans, son fils Richard, dit « Cœur de Lion », sur qui elle avait fondé tant d'espoirs ! On l'a crue anéantie alors, et bientôt perdue... Seulement la duchesse d'Aquitaine, une fois de plus, a redressé la tête. Elle a haussé ce noble front qui, jadis, a porté deux couronnes : celle de France puis celle d'Angleterre.

Les dames de l'abbaye l'ont, comme chaque jour, raccompagnée jusqu'au cloître. En sortant de l'immense église – alors une des plus imposantes de la chrétienté –, la reine a refermé sur elle son grand manteau majestueux. Aliénor aime cette abbaye campée entre Vienne et Loire ; c'est ici qu'elle a décidé de finir ses jours, plus posée qu'autrefois et plus généreuse, mettant son âme en paix et ses affaires en ordre. Elle aime à caresser des yeux ces pierres de tuffeau, d'un blanc éclatant ; elle apprécie cette lumière d'Anjou qui lui rappelle le ciel doux et changeant de son Aquitaine...

Quand elle pense à la terre de ses pères – et elle y pense bien souvent – c'est d'abord comme au pays des matins et des soirs dorés de lumière fine. Des souvenirs d'enfance l'envahissent : un départ pour la chasse dans le tumulte des trompes, des leçons de musique et d'équitation au sein de la plus délicate des cours d'Europe ; et puis les tendres conseils de son géant de père, le duc Guillaume X, qui veillait sur sa fille après avoir choyé son fils, mort dans l'enfance. Cette petite Aliénor – on l'appelait encore Éléonore – dont le destin n'allait pas tarder à s'emballer...

*

La jeune fille a quinze ans quand son père, qui n'en avait que trente-huit, décède en pèlerinage sur le chemin de Compostelle. Ce coup du sort fait d'elle la plus riche, la plus convoitée des orphelines, à la tête d'un fastueux duché. Avant de rendre l'âme, le duc Guillaume a eu le temps de dépêcher un messager à son seul suzerain, le roi de France Louis VI, afin de lui confier sa fille et de le charger de lui trouver un époux digne d'elle. Louis VI ne cherche pas bien loin : il projette aussitôt de marier la jeune héritière à son propre fils, ce qui ne pourra que conforter la puissance des Lys de France.

C'est donc un mariage d'héritiers que l'on célèbre en 1137, dans la cathédrale Saint-André de Bordeaux. D'un côté, le jeune prince Louis, âgé de dix-sept ans, appelé à ceindre un jour la couronne de France ; de l'autre, la belle orpheline qui apporte dans la corbeille nuptiale l'hoirie d'Aquitaine – autant dire quasiment tout le sud-ouest de la France actuelle – tout en restant duchesse, donc maîtresse de ses terres. Il faut savoir que les ducs d'Aquitaine ont beau être les vassaux des rois de France, ils sont à la fois plus riches qu'eux, seigneurs de cités brillantes – comme Bordeaux, Toulouse ou Clermont – et propriétaires d'un domaine cinq fois plus vaste ! Leurs terres, encore latinisées, sont empreintes d'une culture méridionale, bien plus raffinée que celle du petit État capétien. Car ce que l'on appelle « la France » se réduit plus ou moins, alors, à notre Île-de-France et à des centres marchands comme Mantes, Senlis ou Melun – autant de gros bourgs de campagne…

Les noces de cet été 1137 sont splendides, les fêtes se prolongent par toutes sortes de réjouissances organisées dans les villes traversées par les jeunes époux sur le chemin de Paris. Aliénor et Louis s'en grisent – c'est de leur âge… Mais alors qu'ils entrent dans Poitiers, un messager parisien les rejoint, porteur d'une nouvelle funeste : le roi Louis VI vient de mourir ! Ainsi donc, après seulement quelques semaines de mariage, les voici tous deux propulsés sur le trône : place au roi Louis VII et à la reine Aliénor de France ! Ne sont-ils pas un peu jeunes pour régner ?

En vérité, sous les dehors d'un jeune couple rayonnant, va se cacher une profonde mésentente. Ces deux grands caractères ne sont pas loin de s'opposer. Louis se veut un modèle de « roi très-chrétien », pénétré de religion, pour ne pas dire confit en dévotion ; Aliénor, de son côté, reste avant tout une jeune fille coquette, appréciant le luxe et désirant profiter de tout ce que la vie peut offrir. Pour libérer son énergie, la reine entraîne son époux dans toutes sortes de conflits contre les vassaux de la couronne – à Toulouse, en Champagne, à Poitiers...

Le ménage est miné par cette divergence intime, et les années passent sans que le moindre enfant ne vienne couronner son union ; le sort de la dynastie capétienne est en jeu. Certes, après sept ans, Aliénor accouchera enfin ; mais d'une fille, ce qui ne pouvait que nourrir les critiques d'une cour devenue franchement hostile à la duchesse d'Aquitaine.

*

À cette époque, au cœur du royaume, saint Bernard prêche la deuxième croisade. Aliénor y voit un moyen de se concilier les grâces célestes : elle pousse Louis VII dans cette aventure exaltante, aux portes de l'Orient... Tous deux rejoignent ainsi d'autres princes sur la route de la Terre sainte, à la tête d'une armée de croisés et d'un interminable convoi emportant la reine et sa suite.

Au printemps 1148, les souverains font étape à Antioche, chez le flamboyant prince Raymond de Poitiers, jeune oncle d'Aliénor. Raymond passe pour être le plus bel homme de son temps. La reine de France en viendrait-elle à succomber à son charme ? Certains le prétendent. Il est clair, en tout cas, qu'Aliénor va prendre ouvertement le parti de son oncle contre son mari, à propos du sort du comté d'Édesse. Le prince Raymond estime urgent de reprendre cette cité chrétienne, sur laquelle les Turcs viennent de faire main basse ; le roi Louis VII, quant à lui, ne veut pas en entendre parler : il souhaite rejoindre au plus vite Jérusalem afin d'aller prier au Saint-Sépulcre. Aliénor s'insurge : « J'ai pensé épouser un homme, j'ai épousé un moine ! » Terrible scène au sein du couple souverain de France : Aliénor menace de demander l'annulation de son mariage. Et puisque le roi ne souhaite pas soutenir l'offensive du prince Raymond, elle prend sur elle de gratifier son oncle du secours de ses chevaliers aquitains !

Pour être religieux, Louis VII n'est pas pour autant candide : avant que sa femme ne donne prise au scandale, il la somme de quitter Antioche et de le rejoindre à Jérusalem. L'expédition de Raymond n'est qu'une suite d'échecs militaires ; et quelques mois plus tard, le couple royal rentre en France – chacun sur son navire ! La reine, capturée malencontreusement par la flotte byzantine, est finalement délivrée par les Normands de Sicile, puis ramenée à son mari qui l'attend en Italie, toujours à genoux, toujours plongé dans ses prières. C'est ensemble qu'ils apprennent, à l'été 1149, la nouvelle de la mort au combat de Raymond de Poitiers. Aliénor, très affectée, tombe malade. Le moment est peut-être mal choisi pour une réconciliation entre les époux, mais le pape, qu'ils rencontrent, ne s'embarrasse pas de psychologie : il les pousse dans le lit conjugal et les exhorte à la réconciliation. Féconds efforts : dès son retour en

France, Aliénor donne le jour à son second enfant. Mais c'est encore une fille...

*

La vérité, c'est qu'aux yeux de la duchesse d'Aquitaine, ce mariage a cessé d'exister. Ses regards se tournent désormais vers les fameux comtes d'Anjou, père et fils. Geoffroy et Henri Plantagenêt sont les suzerains d'un vaste territoire, concentré entre la Loire et la Seine. Par alliance, Geoffroy possède aussi la Normandie. Or, l'ambition des comtes d'Anjou n'a pas de limite : Geoffroy et son fils nourrissent même des prétentions sur la couronne anglaise – Geoffroy n'a-t-il pas épousé la fille d'Henri Ier d'Angleterre ?

La reine Aliénor a fait leur connaissance en 1151, à Paris, à l'occasion du règlement diplomatique d'un vieux conflit opposant les Plantagenêts à la couronne de France. Aliénor les a trouvés à son goût, le fils comme le père : ils sont ambitieux, riches, entreprenants, énergiques, mais également fins lettrés. Tout de suite, elle a décelé en eux un raffinement qui n'est pas sans lui rappeler le beau temps de sa cour d'Aquitaine.

Malheureusement pour elle, en septembre de cette même année, le comte Geoffroy se baigne trop longtemps dans une rivière trop fraîche ; il y prend froid et meurt dans la foulée. La reine de France en tire des conclusions rapides : le père ayant disparu, elle reporte ses visées sur le fils ! Certes, Aliénor a dix ans de plus qu'Henri – qu'importe : elle est si belle, si drôle, si sûre d'elle... Reste à régler le problème de son union avec Louis VII et à convaincre le roi d'accepter l'annulation d'un mariage qui, à l'évidence, n'a plus d'avenir. Il se trouve que Louis et Aliénor sont vaguement apparentés ; cela devrait suffire. Louis VII, plus que fatigué d'Aliénor, se prête au jeu… Évidemment, il ne se doute de rien concernant les projets de remariage de sa femme. Un concile, réuni à Beaugency en mars 1152, prononce l'annulation *pour consanguinité*. À trente ans, Aliénor reprend dès lors sa dot et redevient le plus beau parti d'Occident…

Elle regagne sans tarder ses terres aquitaines, s'installe à Poitiers et, deux mois plus tard, annonce son mariage avec le jeune Henri, duc d'Anjou, âgé d'à peine vingt ans ! Les noces sont magnifiques : le vin de Bordeaux, déjà, coule à flots, et les troubadours rivalisent d'adresse pour estomper ce que la différence d'âge entre les époux pourrait présenter de gênant…

À Paris, c'est la stupéfaction. Louis VII entre dans une colère noire et décide de réagir. Alors que le comte Henri, tout jeune marié, se trouve à Barfleur, prêt à traverser la Manche pour s'en aller détrôner le souverain d'Angleterre, le roi de France l'attaque avec ce qu'il a pu trouver de chevaliers disponibles. Six semaines de combats terribles les opposent, aux termes desquels l'Angevin se révèle assez fort pour imposer la paix à son propre suzerain.

Puis, dans l'hiver de cette même année, Henri est vainqueur du roi Étienne d'Angleterre, qui finit par le désigner comme son successeur. Or, Étienne s'éteint moins d'un an plus tard, en 1154. Ainsi donc, les plans d'Aliénor semblent s'accomplir comme en un rêve éveillé : au moment même où elle donne un premier fils, Guillaume, à son nouveau mari, ce dernier est sacré à Westminster ! À peine délaissé la couronne de France, la duchesse d'Aquitaine coiffe celle d'Angleterre ! Et du même coup, c'est tout l'ouest de la France actuelle, du Cotentin jusqu'aux Pyrénées, qui bascule du côté anglais. Il est dit que les battements du cœur d'Aliénor auraient des conséquences pour l'Histoire aussi phénoménales que, jadis, ceux de Cléopâtre…

*

De surcroît, Aliénor est amoureuse de son tout jeune époux, Henri, qui le lui rend bien. Les naissances se succèdent, elles affermissent la dynastie des Plantagenêts. Un équilibre idéal est en train de s'installer : tandis qu'Henri II d'Angleterre administre d'une main de fer ses États du Nord, son épouse Aliénor d'Aquitaine a tout loisir de reprendre en main ses vieilles possessions dynastiques, devenant la duchesse indépendante qu'elle avait toujours rêvé d'être. On la voit s'installer à Poitiers avec l'une des plus brillantes cours d'Occident, inspirant des chansons de geste et toute une floraison littéraire, et lançant les travaux d'une nouvelle cathédrale pour sa chère cité.

Comment expliquer, dès lors, qu'Aliénor veuille aller plus loin encore – au risque de tout gâcher ? Sa soif de pouvoir, sa volonté de dominer le monde ne pouvaient se contenter du bel équilibre ainsi atteint ; tôt ou tard, elles devaient la mener à la rupture, y compris avec son nouveau mari. Aliénor apprend certaines infidélités d'Henri, et ne peut les supporter. Il est vrai que le Plantagenêt est un véritable trousseur de jupons ; il ne prend même pas la peine de cacher ses conquêtes, dont certaines ont la moitié de l'âge d'Aliénor… Toute l'intelligence du monde ne permet pas à la reine de prendre son mal en patience ; elle refuse cette situation et enrage notamment de savoir Henri dans les bras d'une certaine Rosemonde Clifford – la « Fair Rosamund » des ballades anglaises…

La souveraine décide de contre-attaquer avec les armes dont elle dispose ; en l'occurrence, ses trois fils adolescents : Henri le Jeune, Richard Cœur de Lion et Geoffroy. Par conseillers interposés, elle parvient à convaincre son mari que le moment est venu de les établir, autrement dit de morceler le bel empire des Plantagenêts, constitué par le mariage de 1152 : Normandie, Maine, Anjou reviennent à l'aîné ; Aquitaine et Poitou au cadet, Richard ; quant au troisième, Geoffroy, il aura pour lui la Bretagne. Le roi Henri II ne soupçonne pas le danger ; tous ces garçons ne sont-ils pas, après tout, ses propres fils bien-aimés ? Il ira jusqu'à devancer les attentes de son épouse vieillissante : en 1170, copiant l'antique coutume des rois de France, il fait couronner son fils Henri le Jeune à Westminster, par anticipation en quelque sorte, tandis que Richard est intronisé solennellement dans son duché.

Dans la coulisse, depuis Poitiers où elle manigance tout, Aliénor jubile : son époux est tombé dans le piège… et les premières rébellions vont pouvoir éclore. Dès 1173, lors d'un grand conseil à Limoges, le fils aîné, âgé désormais de dix-huit ans, s'oppose ouvertement à son père sur la question de la dotation du dernier des fils, le petit Jean dit « sans Terre ». Henri le Jeune refuse de rétrocéder certaines places fortes à son frère. Henri le Vieux tombe des nues et, se tournant vers son épouse, ne peut s'empêcher de voir la signature d'Aliénor au bas de ce petit coup d'État.

Le roi Henri II se ressaisit ; il décide de reprendre son aîné sous sa coupe, et l'entraîne à ses côtés sous bonne garde. Mais par un beau matin, à Chinon, le jeune prince parvient à lui fausser compagnie et à courir chercher refuge… auprès du roi de France ! Louis VII savoure sa revanche, d'autant plus que Richard et Geoffroy ont tôt fait de rejoindre leur frère. Certains barons du duché d'Aquitaine prennent les armes et entrent également en révolte. Henri II décide de relever le gant : il réunit une armée et descend vers l'Aquitaine. Aliénor sent le vent tourner et quitte Poitiers de nuit, déguisée en homme, au milieu d'une petite troupe de cavaliers. Sa destination ? Paris bien sûr, la cour de ce premier époux qu'elle avait si bien trahi vingt ans plus tôt !

Les retrouvailles n'auront pourtant pas lieu : des soldats de son second mari arrêtent *in extremis* la duchesse d'Aquitaine, et Henri II pourra la tenir enfermée, quinze ans durant, dans différentes geôles, monastères ou châteaux forts. Il faut attendre 1189 et la mort du roi Henri, las de se battre contre ses propres fils, pour que la reine recouvre enfin sa liberté.

*

Aliénor a désormais soixante-sept ans ; elle n'en vit pas moins sa libération comme un moment de grâce. Toujours bon pied, bon œil, elle va régner dans l'ombre à travers son fils préféré, Richard, surnommé « le Poitevin » – Henri le Jeune étant mort, son cadet est monté sur le trône d'Angleterre. Ce Richard Cœur de Lion restera toujours très proche de sa mère, au point de former avec elle un singulier duo sur le trône d'Angleterre.

Aliénor encourage son fils à partir pour la troisième croisade, en 1191, aux côtés de Philippe II de France – notre « Philippe Auguste ». Et pendant toute l'absence de Richard, on verra la reine tenter de déjouer tous les pièges du pouvoir, notamment les traîtrises de Jean sans Terre, son dernier fils. À soixante-dix ans, exténuée, elle espère un prompt retour de son fils tant aimé, quand parvient la nouvelle de sa capture par un prince allemand. La rançon demandée par l'empereur germanique est colossale : trente-quatre tonnes d'argent fin, l'équivalent de deux années de recettes pour le royaume d'Angleterre ! Qu'à cela ne tienne : la vieille reine parvient à réunir cette somme astronomique, et tient à la porter elle-même à l'empereur Henri VI.

Le 2 février 1194, Richard lui est rendu. À Mayence. Une fois encore, la reine a triomphé de l'adversité. Et tandis que la guerre reprend de plus belle entre la France et l'Angleterre, Aliénor décide de se retirer à l'abbaye de Fontevraud. Son répit sera de courte durée : la mort de Richard Cœur de Lion, lors d'un raid banal contre un vassal récalcitrant en 1199, la tire de sa retraite. Le roi est bêtement tombé sous les murailles de Châlus, victime d'un trait d'arbalète alors qu'il ne portait pas d'armure – lui qui avait cent fois défié la mort en Terre sainte !

Voilà de nouveau la vieille reine contrainte, à soixante-dix-sept ans, de se remettre en selle et d'entreprendre une vaste tournée de sa chère Aquitaine, pour lui faire jurer obéissance à son dernier fils Jean. Ensuite, elle gagnera sa ville de Tours, afin d'y rendre hommage au roi Philippe de France, puis rejoindra Fontevraud. Pour de bon.

Avant de mourir, Aliénor aura encore la peine d'apprendre que, par imprudence, par incompétence, son dernier fils a dû céder la Normandie à Philippe Auguste… C'est du reste après l'annonce de cette nouvelle calamiteuse qu'Aliénor va se laisser mourir, le 31 mars 1204. Mourir de tristesse, dit-on, ou bien de lassitude… Peut-être aussi d'indifférence envers un monde qui n'était plus le sien.

Un pouvoir somme toute tardif

« Tout est prodigieux dans la saga d'Aliénor d'Aquitaine, rappelle l'historien médiéviste Martin Aurell[1]. On n'imagine plus aujourd'hui l'incroyable événement que constitue, pour une ancienne reine de France, d'épouser un Angevin qui va devenir lui-même roi d'Angleterre ! Ce spectaculaire rebondissement reste un cas à peu près unique dans l'Histoire. »

Femme de pouvoir, elle n'exerce cependant d'influence, pendant la majeure partie de sa vie, qu'auprès de ses deux maris successifs, puis à travers ses fils devenus rois. C'est une fois veuve, au demeurant, qu'elle peut enfin jouir d'un pouvoir concret, étendu. À la tête des immenses domaines de son fils Richard, parti en croisade, puis aux côtés du roi Jean, dont il faut asseoir l'autorité, elle tient elle-même les rênes du pouvoir. Il n'est pas innocent que la moitié des chartes édictées sous son nom l'aient été pendant les quinze dernières années de sa vie. C'est bel et bien dans son grand âge qu'Aliénor aura déployé le plus gros de son activité – autant dire en des temps où la sauvegarde de l'empire des Plantagenêts demande une mobili-

1. Auteur de *L'Empire des Plantagenêt (1154-1224)*, éd. Perrin, 2004.

sation de tous les instants. Deux ans avant sa mort, on la voit encore défendre le château de Mirebeau, à la tête de ses soldats, avant d'être secourue par les troupes de son fils Jean.

2

Du sang dans la brousse

À la fin du XIX*e siècle, deux lions de taille énorme sèment la panique au cœur du Kenya sur le chantier de construction du chemin de fer de l'Ouganda. Il faut dire que, forts comme des bœufs, rapides comme la foudre, ces « Lions de Tsavo » se nourrissent essentiellement… de chair humaine ! L'histoire de ces prédateurs effroyables – parmi les plus terrifiants que l'Afrique ait connus – a récemment inspiré un film,* La Proie et l'Ombre (The Ghost and the Darkness), *avec Michael Douglas et Val Kilmer.*

Il est midi, ce 1er mars 1898, quand le bateau à vapeur, glissant sur une mer d'huile, arrive en vue de Mombassa, alors capitale du Kenya. Autrefois fortifiée par les Portugais, la ville se situe sur une île et les voyageurs y accostant sont toujours subjugués par le splendide panorama qui s'offre à leurs yeux : les demeures blanches de la vieille cité se mêlent aux palmiers, aux cocotiers, aux manguiers et aux énormes baobabs, tandis qu'en arrière-plan se déploient les côtes arborées du continent… En descendant du steamer, le sergent-major John Henry Patterson, ingénieur militaire, a du mal à contenir sa joie ; à trente et un ans, il vient enfin de se voir confier une mission qu'il estime à sa mesure : la construction au Kenya, sur une rivière, d'un puissant viaduc, ouvrage essentiel du chemin de fer de l'Ouganda. Le gouvernement de Sa Gracieuse Majesté compte beaucoup sur cette ligne ferroviaire pour consolider, face aux Allemands, la suprématie britannique dans cette partie orientale de l'Afrique. Le chantier ayant pris du retard, le Premier ministre lui-même a décidé de déléguer sur place un homme aux brillants états de service – et c'est John Patterson.

Le jeune ingénieur militaire a quitté l'Angleterre avec enthousiasme, même s'il a dû laisser derrière lui sa jeune épouse, Helena, enceinte de trois mois. Patterson voue en effet depuis l'enfance une véritable passion à l'Afrique, à ses paysages, à sa faune, qu'il connaît pour les avoir étudiés dans les livres. Tout jeune, il a dévoré les récits des grands explorateurs – de Speke à Livingstone ; et maintenant, depuis le petit train qui, brinquebalant, le transporte vers Tsavo en compagnie de deux responsables du chantier, ses yeux ne sont pas assez grands pour admirer ces zèbres, et ces girafes, et ces gazelles qui filent par petits bonds parmi les broussailles...

Enfin, à cent trente kilomètres environ dans les terres, Patterson découvre la gare de Tsavo, rudimentaire avec son quai de planches et, au-delà, la fourmilière immense et poussiéreuse du chantier et des camps où s'entassent les baraquements de fortune et les tentes des ouvriers. Tsavo, dans le dialecte de la tribu Akamba, signifie « la tuerie », le « lieu où l'on massacre ». Patterson le sait, mais il est encore loin d'imaginer à quel point cette appellation va se révéler pertinente... Le lieu a mauvaise réputation parmi les autochtones ; on le dit hanté par les démons. En réalité, c'est ici que, depuis des siècles, les marchands d'esclaves ont pris l'habitude d'abandonner à leur sort les hommes malades ou trop faibles pour continuer. Une ignoble coutume que les lions de la région ont fini par remarquer... Autant dire qu'ils se sont habitués à la chair humaine... Une récente épidémie de peste bovine, en décimant les troupeaux d'herbivores, n'a fait qu'aiguiser leur appétit – pour ne rien dire de l'installation du chantier, qui a fait fuir le dernier gibier disponible.

À son arrivée, John Patterson évalue l'état d'avancement des travaux, prend le pouls des équipes et les réorganise ; il remet de l'ordre dans les missions. Cela lui coûte deux bonnes semaines. Faut-il préciser qu'il ne prête aucune attention aux rumeurs circulant sur la présence, dans les parages, de fauves mangeurs d'hommes ? Le 23 mars, cependant, un chef d'équipe l'informe incidemment que, l'avant-veille, un ouvrier indien a disparu. Comme avaient disparu, le jour précédent, deux ouvriers noirs – des Swahili – peut-être victimes de lions... Patterson hausse les épaules : il croit plutôt à des désertions spontanées. Pourtant, son serviteur indien a tenté de le détromper : « C'est vrai, sahib. Il y a un mangeur d'hommes à Tsavo. Beaucoup d'hommes vont mourir ! »

*

À l'aube du 30 mars 1898, le sergent-major Patterson se réveille en sursaut : une dizaine d'ouvriers, transis de peur, viennent l'avertir que son contremaître indien, Ungan Singh, a été saisi dans sa tente par un lion « gros comme une vache » selon les propos des témoins. Le contremaître a tenté de lutter en enserrant le cou du fauve, mais rien n'y a fait : le lion l'a tiré au-dehors, avant de l'emporter pour le dévorer. On se met aussitôt en quête des restes du malheureux... Pas très loin du camp, derrière un bosquet, un attroupement d'oiseaux charognards désignera bientôt le lieu du massacre : le sol est jonché de sang, de lambeaux de chair et d'ossements humains ; la tête, intacte, sera retrouvée à quelques mètres – les yeux, grands ouverts, figés dans une expression de terreur. Mais au-delà de ce tableau d'horreur, ce qui frappe John Patterson, c'est la présence, au sol, de nombreuses traces, assez profondes : il y a bien là deux séries d'empreintes. L'ingénieur a compris. Ce n'est pas un lion qu'il va falloir combattre, mais deux !

« Je les attends, pense-t-il. Car ils vont revenir. » Le soir même, Patterson se met en embuscade dans un arbre tout proche de la tente d'Ungan Singh ; il est armé de sa carabine 303 et d'un pistolet à douze coups. Les compagnons de tente du défunt contremaître, incapables de trouver le sommeil, l'ont supplié de les laisser monter dans l'arbre avec lui. Commence une longue veille au cours de laquelle Patterson pourrait jurer avoir aperçu, dans l'ombre, l'espace d'un éclair, un œil de fauve qui le fixait... Soudain, on entend des cris au loin, des hurlements d'épouvante. Les clameurs proviennent d'un petit camp isolé, à un kilomètre de la rivière : à l'aube, on apprend qu'un lion a déchiré là-bas une tente d'un coup de griffe, puis saisi un ouvrier dans son sommeil pour le dévorer. Le lendemain matin, sur le chantier de Tsavo, la consternation se lit sur les visages. Cette fois, ce ne sont plus des rumeurs qui courent parmi les hommes : une réelle inquiétude commence à se manifester, avant de laisser place à la peur – cette peur avec laquelle il va désormais falloir apprendre à vivre.

Pendant des semaines, le sergent-major ne cesse de traquer ces deux lions redoutables. Chaque soir, après sa journée de travail, Patterson se met à l'affût quelque part et guette, de longues heures, la venue des mangeurs d'hommes. Une veille épuisante et sans résultat : les fauves sont rusés ; ils semblent prendre un malin plaisir à déjouer les pièges tendus par l'homme. Régulièrement, ils choisissent d'attaquer un quartier différent, semant la panique dans les camps. Le jour revenu, Patterson apprend généralement la mauvaise nouvelle, enregistre les agressions de la nuit, puis prend quelques heures de repos... En fin de matinée, il repasse au chantier et, dès qu'il le peut dans la soirée, se remet en quête du repaire des lions. En vain.

*

Pendant ce temps, le nombre des victimes s'accroît : dix morts, douze, seize, dix-huit... Les hommes des différents points du chantier décident de se regrouper autant que possible, pour renforcer leur sentiment de sécurité face à des monstres qui semblent demeurer hors d'atteinte. Mais ni les regroupements, ni les feux de camp, ni les veilles de Patterson ne règlent le problème : désormais, presque chaque nuit, les lions de Tsavo viennent chercher leur tribut de sang, de chair et d'os – des os qu'ils font craquer à plaisir, dans la nuit, pendant leurs festins, parfois tout près des tentes. Le macabre s'ajoute à l'épouvante quand les témoins jurent entendre les fauves se délecter du sang de victimes dont ils sucent avidement les plaies, comme s'ils cherchaient à s'en abreuver... En vérité, cette habitude s'explique par la terrible sécheresse affectant la région, et qui force les bêtes à s'hydrater par tous les moyens.

La peur n'en est que plus contagieuse ; elle engendre un début de panique. Les ouvriers rechignent désormais à la tâche ; ils songent à la grève, menacent de partir et accusent Patterson du mauvais œil, car les massacres ont commencé juste à son arrivée… L'ingénieur décide de les haranguer.

« Ces lions, je les tuerai, je vous le promets ! lance-t-il. Mais en attendant, nous allons construire tous ensemble, autour de chaque camp, une barrière d'épines infranchissable, avec une seule ouverture qui sera fermée à la tombée de la nuit par le chef de camp. » Il s'agit en fait d'une sorte de haie utilisée par les autochtones pour protéger les villages, et surnommée « *boma* ». Aussitôt, les hommes se mettent au travail. La fortification des camps par ces grillages naturels de ronces présente au moins le mérite de les remotiver. Le soir même, chaque campement est entouré de sa haie d'épines, avec un beau feu rassurant à l'intérieur. Infranchissable ?

*

Trois nuits plus tard, le 21 avril, le médecin auxiliaire se réveille en sursaut au beau milieu du camp médical, les sens alertés par un bruit extérieur. À peine ouvre-t-il la porte de sa tente qu'un énorme lion bondit à l'intérieur, renversant avec fracas une armoire médicale dont le contenu se brise au sol. Effrayé par ce bruit soudain, le fauve quitte les lieux pour se diriger finalement vers un autre endroit du camp, tandis que le médecin auxiliaire, apeuré, n'en revient pas de sa chance ! Le fauve commence à gratter les contours d'une tente où dorment huit patients, puis il laboure la toile de ses griffes. Un chaos indescriptible s'ensuit, où se mêlent les cris terrifiés des malades, les déchirements de la tente et les grognements rauques de la bête qui finit par s'échapper en tirant le cadavre d'un homme à travers la barrière d'épines – qu'il avait tranquillement traversée quelques minutes auparavant – et par disparaître dans la nuit.

Manifestement, les *boma* ne sont guère dissuasives. Un examen rapide montre que le lion a traversé les ronces, dans les deux sens, presque comme si elles n'existaient pas... Patterson se sent gagné par le découragement : manifestement, ces bêtes ne craignent plus l'homme ; elles se jouent des obstacles. Ce n'est pourtant pas le moment de céder à l'abattement : l'ingénieur prend sur lui, et se fait le serment de mettre les deux fauves, coûte que coûte, hors d'état de nuire. Mais en dépit de sa bonne volonté, il lui faut bien admettre que sa méthode est inefficace : John a le sentiment de se battre contre un ennemi invisible et sournois.

*

De jour en jour – ou de nuit en nuit – le nombre des victimes augmente : dix-neuf morts, vingt-quatre, puis vingt-sept... Cette hécatombe commence à mettre en péril l'échéancier de construction du viaduc. Patterson est tout près de se déclarer impuissant quand, soudain, sans aucune raison apparente, les attaques cessent du jour au lendemain. Pendant deux mois entiers, les lions vont se faire oublier, comme s'ils avaient quitté le secteur de Tsavo. Apparemment, ils sont remontés chasser plus au nord, comme en témoignent des attaques inopinées du côté des camps avancés de la tête de ligne, en direction de Nairobi – c'est là que, notamment, la famille de l'ingénieur Stevens est massacrée... Ainsi donc les attaques continuent ; mais le danger paraît s'être éloigné du campement de base. Les semaines passant, on en finirait presque – à défaut d'oublier – par se relâcher face à la menace nocturne.

Jusqu'à la nuit du 10 août 1898... Ce soir-là, malheureusement, la terreur ressurgit au cœur de la brousse. Un grand feu illumine les tentes, et derrière l'épaisse *boma* hérissée de piquants, certains hommes ont pris l'habitude de coucher à la belle étoile, pour profiter de quelques heures de fraîcheur, après des journées souvent harassantes. Tout à coup, le veilleur distingue une imposante silhouette remuant dans la haie d'épineux : « Simba ! Simba ! » (le lion !) hurle-t-il en gesticulant. Trop tard ! Le fauve est déjà au centre du campement : un lion immense, à l'œil torve, et dont la crinière est presque inexistante... Les plus courageux des hommes lui jettent des pierres ou des torches, ce qui n'a pour effet que de l'exciter un peu plus. Le fauve trotte un instant au milieu des ouvriers affolés, avant de se jeter sur un pauvre Swahili qu'il ne tarde pas à emporter pour le ramener à son congénère, de l'autre côté de la *boma*.

C'en est fini de la trêve : la chasse nocturne des grands fauves a repris de plus belle – avec toujours des hommes pour proies. De nouveau, des grognements rauques et lancinants hantent les nuits de ceux qui se sentent si vulnérables, sous leurs tentes de toile, perdus dans la brousse...

*

Chiffre inouï : une cinquantaine de victimes a déjà été dévorée. Parmi les ouvriers, la révolte gronde. John Patterson va devoir faire face à une véritable mutinerie. Il se voit obligé d'en appeler aux forces de l'ordre pour rétablir confiance et sécurité sur le chantier. Or, les attaques perdurent. Le 14 octobre, à la tombée de la nuit, les grands prédateurs attaquent la gare de Tsavo. Ils y terrassent un pauvre Swahili, s'en emparent et, au lieu de l'emporter dans la brousse, à leur habitude, choisissent cette fois de venir le dévorer tout près du camp, torturant le mental des ouvriers par leur sinistre mastication. Ainsi l'ingénieur John Patterson en est-il réduit à se laisser narguer par des fauves qui, si incroyable que cela paraisse, donnent de plus en plus l'impression qu'ils font tout pour le défier. Leur macabre festin sera du reste le prélude d'une véritable escalade dans l'horreur.

Quelques jours plus tard, ce sont carrément les deux lions qui parviennent à entrer dans l'un des camps, où ils s'attaquent avec frénésie à une tente abritant six hommes. C'est une véritable boucherie : un ouvrier a le torse déchiqueté, un autre le visage à moitié arraché, tandis qu'un des lions brise la nuque d'un Swahili dans un craquement sinistre… Face à cette recrudescence des attaques, Patterson ne reste évidemment pas les bras croisés. Ses veilles, ses traques, ses pièges sont désormais incessants, mais ils demeurent sans effet. Un grand et célèbre chasseur de fauves viendra bien lui proposer son assistance : on ne retrouvera que quelques bouts de ses vêtements, maculés de sang, dans les épineux de la brousse africaine…

La terreur paralyse à présent le chantier de Tsavo. L'armée elle-même va venir prêter assistance à l'ingénieur britannique. Des tireurs prennent place dans une grande cage à deux compartiments – un piège dont ils sont les appâts. Au beau milieu de la nuit, l'un des lions finit par y pénétrer, mais les soldats sont tellement terrifiés qu'ils perdent leurs moyens et laissent à l'animal le temps de détruire la cage et de s'échapper. Et le carnage peut continuer dans une espèce d'impunité… De sorte qu'au milieu de l'automne, les deux fauves auront fait largement plus de cent victimes ! On comprend qu'il soit dès lors impossible de retenir les ouvriers à Tsavo ; on en voit fuir par dizaines. La plupart sont plus que jamais convaincus du caractère surnaturel des deux prédateurs. Ce ne sont pas des lions, ce sont des démons qui prennent la forme de lions : on les surnomme « Fantôme » et « Ténèbres »...

*

En dépit de ce climat pesant de fatalité, le sergent-major Patterson ne s'avoue pas vaincu. Lui choisit de rester sur place avec quelques fidèles, dans un camp beaucoup mieux défendu, car plus resserré. L'ingénieur s'est fait construire une plate-forme de veille, à trois mètres et demi du sol.

Le 9 décembre 1898, il s'y installe vers dix-huit heures.

La nuit tombe sur la brousse... Un lion finit par approcher. En entendant le grognement rauque, si caractéristique, Patterson a juste le temps de se retourner pour deviner le fauve prêt à bondir sur lui. Il tire à seulement cinq mètres et voit son coup terrasser le lion en plein élan. La détonation se mêle au terrible rugissement. Chance extrême : ce véritable coup de maître – à moins qu'il ne s'agisse d'un réflexe désespéré – aura raison du gros prédateur.

L'un des deux monstres est mort ! Dans le camp, c'est un immense soulagement, un cri de joie prolongé – même s'il reste une bête à abattre. Au moins, le téméraire John Patterson aura tenu parole : il a eu raison du premier des deux lions de Tsavo, dont la folie meurtrière se chiffre à quelque cent quarante morts. Pour lui comme pour ses hommes, le cauchemar touche à sa fin.

Des machines à tuer

« Ces deux lions, sans doute des frères, étaient des spécimens exceptionnels, explique le spécialiste Michel Louis[1], directeur général et fondateur du parc zoologique d'Amnéville. Ils mesuraient entre un mètre dix et un mètre vingt au garrot, un record inégalé, ce qui les rapproche de la taille impressionnante des tigres de Sibérie. Ils n'avaient presque pas de crinière et leur pelage, grisâtre, leur permettait de se fondre aisément dans la brousse de Tsavo. » Manifestement, ces fauves s'étaient habitués à l'homme, ils ne le craignaient plus et même, ils avaient décelé en lui une proie plus facile que bien d'autres. Cette pratique de la chasse à l'homme avait sans doute fini par s'inscrire dans leurs gènes depuis des générations.

En général, les mangeurs d'hommes sont des individus déviants, qui se distinguent de leurs congénères : le plus souvent malades, vieux ou affaiblis, ils n'attaquent l'homme que par nécessité. *A contrario*, les lions de Tsavo étaient dans la force de l'âge. « Ils sont malins, admet le zoologiste, ils aiment braver les interdits, ils élaborent même des stratégies et leur instinct de chasseur s'en trouve décuplé ! »

1. Auteur de *Terreur dans la brousse*, éd. Perrin, 2011.

Après la mort du premier fauve, le 9 décembre 1898, le second lion va parvenir encore à forcer la *boma* dans la nuit du 28 décembre, et à emporter un âne. Patterson le poursuit dans la brousse ; l'animal est finalement blessé, mais il contre-attaque. Le Britannique ne devra son salut qu'à un arbre providentiel, dans lequel il va grimper avec son porteur, tandis que le lion tente de les déloger par de terribles coups de patte : cinq balles seront nécessaires pour l'achever ! Les deux fauves finiront en descente de lit, avant que Patterson ne confie leurs dépouilles au président américain Théodore Roosevelt, grand amateur de chasse, qui en fera don à son tour au Field Museum d'histoire naturelle de Chicago. Reconstitués, ils ornent aujourd'hui un diorama…

À ce jour, les lions mangeurs d'hommes de Tsavo détiennent le triste record du plus grand nombre de victimes dévorées en une seule année.

3

L'inventeur du champagne

Chaque année, pas moins de quatre cents millions de bouteilles de champagne sont produites autour de Reims et d'Épernay – un chiffre qui a doublé en seulement vingt ans ! Le pétillant nectar, incarnation d'un art de vivre à la française, fait désormais partie de toutes les fêtes : le bouchon qui saute, et la mousse, et les bulles qui remontent du fond des flûtes, sont devenus synonymes de solennité... Autrefois, les vignerons ne savaient que faire de ce « vin fou » certes délicieux, mais dont les bouteilles explosaient dans leur cave. Il aura fallu, pour tirer parti de sa singularité, l'obstination et le talent d'un contemporain de Louis XIV : dom Pérignon.

Comme chaque matin, frère Pierre s'est levé bien avant l'aube. Il s'est préparé en hâte, a sacrifié bien ponctuellement à ses dévotions ; à présent il se rend au chai, son véritable domaine. Le vieux moine marche avec prudence, car il est aveugle. Une épreuve envoyée par le Tout-Puissant... À défaut de pouvoir contempler la brume qui se dissipe sur les coteaux crayeux, striés de vigne, en surplomb de la Marne, il la hume, il la renifle : cette brume, c'est sa brume, elle lui appartient – comme lui appartiennent, par l'esprit, ces excellents vignobles auxquels il aura consacré toute sa vie !

Dom Pérignon est cellérier de l'abbaye champenoise de Hautvillers – cela se prononce « ôvilé ». Son intérêt pour le vin date de 1668, lorsqu'à l'âge de trente ans, il a commencé de gérer les chais de l'abbaye. Au fil des années, sa cécité s'est peu à peu aggravée. De ce handicap, il a su faire une sorte d'atout, grâce au développement d'un « nez » et d'un « palais » sans concurrence... Il se dit qu'au moment des vendanges, dom Pérignon se fait apporter des grappes des différentes parcelles du domaine, qu'il connaît par cœur. Après les avoir laissés reposer l'espace d'une nuit sur sa fenêtre, il les goûte au matin pour juger de leur maturité. Sans qu'on ait besoin de l'informer, le vieux moine sait reconnaître à coup sûr chaque provenance, chaque lieu-dit : « Ce raisin-ci vient de Prières ; celui-là de Côte-à-Bras, du Barillet, des Quartiers ou du Clos Sainte-Hélène... » Pourtant le vignoble de l'abbaye est immense et ses parcelles variées ; c'est sans aucun doute le plus vaste domaine de toute la Champagne.

La région est du reste couverte de vignes et ce, depuis l'Antiquité. Les Romains y produisaient déjà un nectar réputé, comme en témoigne Pline le Jeune quand il mentionne le vin d'Aÿ – surnommé plus tard *vinum Dei*, « le vin de Dieu », selon la formule du médecin Guy Patin. Hautvillers est un monastère célèbre dans tout le nord de la France, dont la fondation très ancienne remonte à l'an 650, à l'instigation de l'évêque saint Nivard. Lorsque dom Pérignon y œuvre, l'abbaye a déjà donné à Reims neuf archevêques, qui comptent parmi les plus importants princes de l'Église de France : ce sont eux qui bénissent les rois de France et procèdent à leur sacre. Mais l'incroyable fortune du monastère s'explique surtout par la possession d'une relique exceptionnelle : le corps de sainte Hélène, la mère de l'empereur Constantin, dérobé à Rome en 841 par un prêtre rémois. Cet audacieux chapelain était tellement estimé de ses paroissiens que le pape devait finalement lui pardonner ce rapt *post-mortem*, et autoriser Hautvillers à conserver la sainte relique. Aussi l'abbaye devint-elle un lieu de pèlerinage, attirant un flux considérable de fidèles, et bénéficiant d'une manne inespérée. Comment s'étonner, dès lors, que les moines aient acheté du bien foncier, à commencer par les vignes ?

Quand Pierre Pérignon arrive à Hautvillers, l'abbaye possède déjà quarante hectares de vignoble, sans compter le vin perçu au titre de la dîme ni celui des terres affermées. Le domaine est riche aussi de la variété de ses cépages, bien plus divers que ceux des grandes marques d'aujourd'hui. À l'époque, les moines produisent un vin gris issu d'un pinot noir : comme la Champagne ne jouit pas d'un fort ensoleillement, le raisin n'y est pas toujours très mûr... D'où cette production d'un vin ni rouge ni blanc, mais rosâtre, et qui porte des noms poétiques : « clairet », « rosé gris », « fauvelet » – on le disait aussi « flive » ou « œil-de-perdrix ». Ce vin particulier devient vite célèbre, ne serait-ce que parce qu'on le sert aux souverains lors du sacre. Henri IV en raffole, Louis XIV en boit dans sa jeunesse – avant que Fagon ne lui prescrive du vin de Bourgogne, coupé d'eau. Après tout, Paris n'est pas si loin, et les livraisons s'effectuent aisément par bateau, via la Marne. Faut-il préciser que ce vin gris n'a rien à voir avec le nectar que nous connaissons aujourd'hui ?

Avant que le champagne ne pétille et ne mousse – avant qu'il ne fasse « sauter le bouchon » – il va falloir que dom Pérignon s'y intéresse de près... Le fameux moine est champenois d'origine : il est né à Sainte-Menehould, dans une famille de magistrats, en 1638 – la même année que Louis XIV. Vingt ans plus tard, il décide de devenir moine, et intègre la fameuse abbaye bénédictine de Saint-Vanne-en-Verdunois, où il prononce ses vœux. Il s'agit d'une communauté stricte, au cœur de tout un réseau de couvents bénédictins : la « congrégation vanniste ». Son fondateur, le prieur dom Didier de la Cour, a toujours eu le souci de l'étude, fidèle en cela à la règle de saint Benoît ; il souhaitait faire de ses moines des savants, notamment en histoire et en sciences : « Un bénédictin ignorant est un être indéfinissable », disait-il… Cette formation très exigeante marque le futur dom Pérignon. Il apprend vite et devient un homme érudit, appréciant les sciences, doué d'une intelligence ordonnée, méthodique – des qualités utiles, pour le moins, dans l'exercice de ses nouvelles fonctions.

En 1668, Pierre Pérignon quitte Saint-Vanne pour devenir le cellérier de l'abbaye de Hautvillers, un poste essentiel qui fait de lui, en quelque sorte, « l'homme d'affaires » de la communauté, le responsable de son intendance, de ses questions financières et administratives – gérant aussi bien la nourriture et les vêtements que les bâtiments et l'exploitation du domaine. Le voilà donc à la tête de vastes terres, de bois et… d'un grand vignoble !

*

La préoccupation de tout économe est d'augmenter les recettes et de limiter les dépenses. Or le vin, précisément, se prête bien à une telle politique : frère Pierre est convaincu, à juste titre, qu'en améliorant la qualité du vin, on pourra le vendre plus cher. Il s'attache dès lors à redonner son lustre à une abbaye sur le déclin. Dès 1673, il fait creuser de vastes caves et construire de nouveaux celliers, avant de s'attaquer au vignoble en tant que tel. À l'époque, les vins rouges, très cotés, sont particulièrement recherchés ; aussi l'abbé concentre-t-il ses efforts sur l'obtention d'un excellent vin de Champagne rouge. Il se rend compte, à cet égard, que les vieilles vignes donnent un raisin à la peau plus souple, plus mince que les jeunes plants, un raisin plus réceptif donc au soleil, ce qui permet de le faire mûrir davantage et d'obtenir un vin moins rosé, moins gris. Plus rouge. En parallèle, l'abbaye produit, à partir de cépages blancs, un vin blanc sec et fruité, certes, mais de qualité inégale selon les millésimes. Ce qui est certain, c'est que les années ensoleillées, ce « blanc de blanc » se vend très bien.

Dom Pérignon se dit qu'il pourrait être astucieux d'éclaircir son vin rouge, en vue de produire à partir de pinot noir un très bon vin blanc. Il s'agit là de la première innovation géniale du moine entrepreneur. Grâce à un choix très précis de cépages et à l'utilisation de la première partie seulement du moût, il parvient à un excellent résultat. Il affine le vin en travaillant également sur les méthodes de vendange, en analysant la maturité des raisins, et commence à pratiquer des mélanges très étudiés de cépages – les fameux assemblages. Une méthode consignée par son successeur, lorsqu'il écrira, vers 1730, la biographie de dom Pérignon : « Il faisait des mélanges non seulement d'après les goûts du jus, mais aussi d'après le temps qu'il avait fait dans l'année, selon qu'il s'agissait d'une maturité précoce ou tardive, due à plus ou moins de pluie, et aussi d'après les feuilles, plus ou moins fournies, de la vigne. » Dom Pérignon recherche, tâtonne, mais se rapproche peu à peu de son but. À ce régime, les vins s'améliorent rapidement et, dès 1690, les vins blancs de pinot noir de Hautvillers deviennent célèbres ! Les commandes affluent de partout, les prix s'envolent – à tel point qu'en 1694, on atteint des records et que l'abbé décide de les inscrire sur le pressoir !

Pour autant, dom Pérignon demeure en partie insatisfait. Il connaît le phénomène de seconde fermentation, qui intervient au printemps, dans l'année suivant les vendanges, et qui produit à cette époque de jolis vins au délicieux effet de pétillement. Certains crus piémontais sont même célèbres dès cette époque. Mais cette « seconde fermentation » reste mal maîtrisée, et les amateurs de mousse sont contraints de savourer ce vin spécial à date fixe. En Champagne comme ailleurs, ce phénomène est du reste vécu comme un inconvénient par les viticulteurs, et l'on parle de « vins fous », de « saute-bouchons », pour désigner ces breuvages.

Dom Pérignon, de son côté, a trouvé là matière à réflexion ; il se demande comment il pourrait s'y prendre pour maintenir le vin de printemps dans cet état affriolant... Les bouteilles en verre, nouvellement inventées, devraient faciliter le processus ; encore faudrait-il disposer de bouchons plus hermétiques que ceux alors en usage, et qui consistent dans une cheville de bois garnie de chanvre et trempée dans de l'huile. On dit que le hasard ne vient en aide qu'aux obstinés : un beau jour, deux moines espagnols se présentent à l'abbaye d'Hautvillers. Dom Pérignon entend parler des bouchons qui ferment leurs gourdes, et qui ont été taillés dans de l'écorce de chêne-liège. Il s'empresse de s'en procurer, et de tester cette nouvelle matière pour obturer des bouteilles en verre ; la nouvelle méthode se révèle efficace et, dès lors, le cellérier est en mesure de maîtriser la « seconde fermentation ». Par la suite, il lui faudra encore améliorer ce vin par un jeu d'assemblages de crus, et surtout par l'ajout pertinent de sucre de canne. Dom Pérignon prend aussi conscience de l'importance d'épargner tout saut thermique aux bouteilles en cours de processus, ce que les caves nouvellement créées rendront possible. Ce qui est en train de naître, à Hautvillers en ce tournant de siècle, c'est tout bonnement la « méthode champenoise » !

*

En 1698, l'abbaye met en vente son premier cru de champagne pétillant. Il rencontre d'emblée un succès foudroyant. La mode est lancée, elle ne s'arrêtera plus ! En 1700, les vins de Champagne valent déjà le double du prix des meilleurs crus de France ! Louis XIV s'approvisionne à Aÿ, chez Remy Bertault. Le duc de Chartres – bientôt duc d'Orléans – adore ce nouveau nectar et lorsqu'il devient régent, le vin de Champagne se retrouve sur toutes les tables aristocratiques. Dom Pérignon, pour sa part, ne connaîtra pas ce triomphe : il meurt en effet en 1715, la même année que le Roi-Soleil – après être né la même année que lui. Les moines l'enterreront près du chœur de l'église d'Hautvillers, où une plaque de marbre noir rappelle son souvenir. L'église et un morceau de cloître sont tout ce qu'il reste aujourd'hui de l'abbaye, détruite en grande partie après la Révolution française.

La méthode de dom Pérignon essaime dans toute la région, car désormais la demande de vin de Champagne ne tarit plus. En 1739, au bal masqué du prévôt, à l'Hôtel de Ville de Paris, plus de mille huit cents bouteilles seront débouchées lors d'une soirée somptueuse offerte au roi Louis XV, venu costumé. Mme de Pompadour chantera ses louanges, ne craignant pas d'affirmer que « le champagne est le seul vin qu'une femme puisse boire sans s'enlaidir ».

Les bouteilles s'exportent alors dans toute l'Europe, surtout après l'abaissement des barrières douanières ; le roi George II, à Londres, est fou de ce nectar sucré et doré – car il est servi doux, à l'époque, et non brut – avec ces étranges bulles qui invitent à l'euphorie...

Le champagne devient célèbre de par le monde ; il inspire ces vers à Voltaire :

Chloris, Eglé, me versent de leur main
D'un vin d'Aÿ, dont la mousse pressée,
De la bouteille avec force élancée,
Comme un éclair fait voler son bouchon.
Il part, on rit, il frappe le plafond.
De ce vin frais, l'écume pétillante
De nos Français est l'image brillante.

*

C'est ainsi : le « divin breuvage » est immédiatement associé à une certaine image de la France, à un art bien gaulois de vivre et de jouir de la vie. Plus tard, à la faveur de la Révolution et de la revente des biens nationaux, une grande partie des propriétés terriennes vont changer de main, ce qui donne naissance à de nouvelles maisons de champagne. L'époque impériale renoue ensuite avec le faste et les commandes massives. De grandes familles commencent à se faire un nom, comme celle de Jean-Rémy Moët à Épernay, proche de Napoléon et de Joséphine qu'il recevra souvent lors de formidables réceptions, ou celle de la veuve Clicquot, de Reims, dont les bouteilles s'exportent rapidement.

Il faut dire que le produit fait l'objet de constantes améliorations, favorisant le transport et les échanges. Ainsi, sous le Premier Empire, on invente « le muselage » du bouchon... En 1836, le pharmacien Jean-Baptiste François met au point le procédé de dosage du sucre qui permettra de maîtriser parfaitement cette seconde fermentation, produisant le dioxyde de carbone à l'origine des fameuses bulles. Jusqu'alors, une erreur de dosage pouvait causer une surpression dans les bouteilles, et entraîner des explosions intempestives au fond des caves...

Sous la monarchie de Juillet, les grandes maisons de négoce sont définitivement installées. Et bientôt l'extension du chemin de fer va pouvoir faire grimper les commandes : à titre d'exemple, disons que six millions de bouteilles sont vendues en 1850, quatorze millions en 1870 ! Dès le XIXe siècle, on crée des bouteilles millésimées pour célébrer les très grandes années, comme 1892, 1911, 1955, ou plus près de nous 1996 et 2002. Désormais, l'appellation est réservée à des terres et à des domaines bien précis situés dans la Marne, l'Aube et l'Aisne. La zone convoitée, qui s'étendait sur cinquante mille hectares à la fin du XVIIIe siècle, a fini par se réduire et par se concentrer aujourd'hui sur une trentaine de milliers d'hectares, infiniment recherchés, et groupés autour d'un chapelet de villes aux noms désormais bien connus de la planète entière : Reims, Épernay, Cramant, Aÿ, Vertus... Ironie de l'Histoire : celui d'Hautvillers, en revanche, est presque tombé dans l'oubli.

Une veuve de légende

Parmi les personnages de cette légende dorée figure Barbe Nicole Ponsardin, plus connue sous le nom de son mari François Clicquot, producteur de vin de Champagne. Cette maîtresse femme du XIXe siècle perd son époux en 1805, alors qu'elle n'a que vingt-sept ans. Barbe Nicole devient ainsi la veuve Clicquot ; elle n'aura de cesse de défendre les couleurs de son nectar jusqu'à sa mort tardive, en 1866. Elle prend les commandes de la maison au début du siècle, quand tout reste à faire, explique Fabienne Moreau[1]. La veuve Clicquot-Ponsardin, à force d'opiniâtreté, améliore la qualité de son champagne, crée une cuvée rosée, lance sur le marché le premier millésime de la profession, en 1810, et surtout organise des exportations vers les contrées les plus lointaines du très vaste empire napoléonien.

En 1814, la veuve Clicquot sent le vent tourner : l'empereur s'incline devant la coalition, il est temps de chercher des marchés nouveaux. Prenant de court la concurrence, elle expédie au tsar Alexandre Ier toute une cargaison – initiative d'autant plus appréciée que les Russes ont été privés

1. Coauteur avec Catherine Coutant de *Hautvillers, village d'histoire et de champagne*, éd. Archimiste, 2001.

de champagne depuis le début des hostilités. Les commandes ne faibliront plus : certaines années, 70 % de la production est écoulée vers la seule Russie ! Pour se démarquer des maisons rivales, et prendre de court une contrefaçon très répandue, Barbe Nicole a l'idée de créer des symboles (comètes, ancres…) que l'on retrouve sur les étiquettes, et des marques à feux portées sur le miroir des bouchons – la partie en contact avec le liquide.

C'est du reste la présence de ces marques qui a permis d'authentifier quarante-sept bouteilles retrouvées récemment au fond de la mer Baltique. En juillet 2010, un plongeur découvre une épave dans l'archipel du golfe de Botnie, entre la Suède et la Finlande, sans aucun indice permettant de la dater, mais avec une cargaison de cent soixante-huit bouteilles intactes. Lorsqu'il en remonte une à la surface, le bouchon explose et le plongeur a juste le temps de boire une gorgée au goulot… Parmi les bouteilles, plusieurs proviennent de la maison Clicquot et les marques sur les bouchons indiquent avec certitude que le naufrage est postérieur à 1841, car la propriétaire a justement changé ses emblèmes à cette date. Lors d'une exceptionnelle dégustation en novembre 2010, les connaisseurs se sont rendu compte que le champagne, s'il avait évolué, gardait toute sa puissance et ses arômes. En réalité, ce lot exceptionnel s'est conservé dans des conditions idéales : une mer à quatre degrés (à température constante), pas de lumière, peu d'oxygène et une pression sous l'eau équivalente à celle de la bouteille, permettant aux bouchons de rester en place.

4

Pierre Brossolette, héros tragique

Le 22 mars 1944, le résistant Pierre Brossolette, prisonnier de la Gestapo, se donnait la mort pour ne pas risquer de parler sous la torture. Un an plus tôt, il avait contribué à répertorier les mouvements résistants de la zone occupée, en vue de les unifier sous l'autorité du général de Gaulle. La disparition de cet homme de gauche, grand esprit de son temps, privait la France d'un personnage hors du commun, téméraire et visionnaire à la fois, promis à un grand avenir.

Paris, sous l'Occupation, semble avoir fait un saut dans le passé. La capitale qui, quelques années plus tôt, donnait encore le ton à toute l'Europe, la ville des enseignes lumineuses, des encombrements automobiles, de la consommation facile et des spectacles étourdissants, cette métropole moderne est retombée dans une sorte de XIXe siècle après la lettre ; quatre longues années de restrictions et de privations l'ont en effet minée. Faute de carburant, on a ressorti les fiacres, les carrioles, les vélos ; les rares voitures qui circulent encore appartiennent souvent à la police allemande et à la Wehrmacht.

Cependant, en ce début de printemps 1944, on pourrait croire encore à quelque légèreté parisienne :

sous le soleil de retour, on a vu reverdir les larges artères rayonnant autour de l'Arc de Triomphe… Et pourtant ici même, au cœur des beaux quartiers, se noue une tragédie. Une traction avant descend l'avenue Foch et s'arrête au pied d'un imposant immeuble de cinq étages, au numéro 84, près de la porte Dauphine. Le bâtiment, cossu, a été réquisitionné par la Sûreté allemande ; c'est celui que les résistants ont surnommé *la grande Gestapo* et c'est là, notamment, que l'été précédent, Jean Moulin a été torturé à mort.

Forcément, la traction appartient à la Gestapo… Deux hommes en descendent, tenant un prisonnier menotté dans le dos. Voûté, meurtri, le visage très abîmé, il affirme s'appeler Paul Boutet – seulement ses tortionnaires l'ont identifié comme un haut responsable de la Résistance : Pierre Brossolette.

C'est la troisième fois que cet homme est amené ici. Il y a déjà subi deux interrogatoires très durs, et à chaque fois, on l'a renvoyé en sang, presque évanoui, dans sa cellule de Fresnes. Difficile de se représenter l'angoisse aiguë d'un homme que l'on pousse pour la troisième fois dans cette maison de l'horreur, où l'attendent à nouveau ses tortionnaires. « Pourquoi vous entêter, cher monsieur ? Puisque nous savons que vous n'êtes pas Paul Boutet… Vous êtes Pierre Brossolette ! » Le bourreau, dans sa fausse courtoisie, dit la vérité : l'homme qui se retrouve entre ses mains est bien le résistant le plus recherché de France depuis la mort de Jean Moulin. Un homme qui détient des secrets d'une importance capitale… Un homme qui sait que l'immeuble du 84 sera sans doute son tombeau.

*

Pierre Brossolette a quarante et un ans. Il y a quelques mois encore, il affichait une admirable prestance : sa taille est assez moyenne, certes, mais il porte un beau visage à la peau mate et des cheveux bruns fichés d'une mèche toute blanche, éminemment reconnaissable en dépit des teintures. Ce qui frappe d'emblée chez cet homme, c'est son regard plein d'éclat, ce feu trahissant une intelligence hors norme. Brossolette est avant tout un intellectuel, un littéraire. Agrégé d'histoire, il a tôt quitté l'enseignement pour le journalisme, avec une prédilection pour les questions internationales. Sa plume acérée a d'abord œuvré dans les colonnes du *Quotidien,* puis dans celles de *Notre Temps*, un mensuel paneuropéen, pacifiste même, dirigé par Jean Luchaire et dont Brossolette n'a pas tardé à déceler les liens avec l'ambassade d'Allemagne… Il l'a dès lors quitté, naturellement, et s'est trouvé plus à son aise au sein de la rédaction de l'hebdomadaire *Marianne*, alors socialiste et militant – comme lui.

Du reste, cet homme au caractère bien trempé ne fait pas mystère de ses convictions. Il ira jusqu'à se présenter à la députation dans l'Aube, à Troyes, en 1936, sous l'étiquette du Front populaire – mais sans succès. Pierre Brossolette dirige un temps le service de presse de Léon Blum, avant d'assurer les chroniques de politique étrangère sur l'antenne de la grande radio nationale, Radio PTT, et de devenir une voix écoutée, reconnue des auditeurs. Cela lui vaut quelques ennuis avec le président du Conseil de l'époque, Édouard Daladier, qui ne supporte pas son ton farouchement antimunichois. Qu'importe, Brossolette n'est pas homme à donner dans la demi-mesure : il signe son dernier article dans *Le Populaire* le 23 août 1939, alors que la guerre est déclarée, sans l'ombre d'une concession…

À trente-six ans, il rejoint son corps d'armée en tant que capitaine, et fait une campagne plus qu'honorable. Brossolette se bat sur la Marne et parvient à éviter la captivité à ses hommes, ce qui lui vaut la Croix de guerre. Puis il décroche, gagne Limoges et finit comme tout le monde par être démobilisé.

Que faire ? Avec sa femme Gilberte, qu'il a épousée en 1926 – la mère de ses deux enfants –, il décide de reprendre une librairie parisienne, la *Librairie universelle*, rue de la Pompe, dans le XVIe arrondissement. Ce nouveau métier n'est évidemment qu'une couverture ; car très vite, dès le mois de décembre 1940, Pierre Brossolette entre en contact avec un des premiers groupes de la Résistance, celui du musée de l'Homme, et collabore au journal clandestin *Résistance*, dont il rédige parfois les numéros tout seul, ou presque. En novembre 1941, le célèbre colonel Rémy, le chef de la Confrérie Notre-Dame (CND), un réseau de renseignement, le recrute ; il prend alors le nom de code « Pedro ». Pourquoi « Pedro » ? Parce que « ce Brossolette a quelque chose d'espagnol dans le regard », a noté le colonel Rémy. Le moins que l'on puisse dire, c'est que ces deux hommes sont issus d'horizons très différents : Rémy est un ancien de l'Action française, Brossolette un militant de la SFIO... Une alliance de combat ne s'en noue pas moins, comme dans le cas de tous ces résistants d'origines si diverses qui devront néanmoins cohabiter et lutter ensemble contre l'ennemi commun.

À Londres, le général de Gaulle apprécie de plus en plus les rapports signés de la main de cet ancien journaliste socialiste. Il demande à le rencontrer. En avril 1942, Brossolette débarque donc en Angleterre, à peu près au moment où le délégué personnel du général, Jean Moulin, lui aussi homme de gauche, est en mission sur le continent. Dès lors et pendant plusieurs mois, les deux hommes ne vont cesser de se croiser, de s'esquiver peut-être malgré eux, avant de franchement s'opposer au printemps 1943, leurs missions respectives faisant d'eux des rivaux.

*

En attendant, Pierre Brossolette est convaincu qu'il importe de coordonner l'action de l'ensemble des réseaux de Résistance, si l'on veut éviter d'agir en ordre dispersé. Il se jette alors dans la mêlée et intègre le BCRA – les services secrets de la France libre – dirigé par le colonel Passy que, tout de suite, le jeune homme impressionne. « Brossolette fut sans conteste l'homme qui, parmi tous ceux que j'ai été amené à rencontrer dans ma vie, fit sur moi la plus forte impression, écrira-t-il dans ses Mémoires. Son esprit pétrissait et assimilait les idées à une vitesse telle que bien peu de gens étaient capables d'en suivre le rythme étourdissant[1]. » Passy et Brossolette partagent la même vision de la France de demain, celle pour laquelle ils se battent dans l'ombre. Pour ce dernier, tout serait préférable à ce retour au « système des partis », si néfaste avant-guerre. Son but – et c'est aussi celui de Passy – est de mettre en place un rassemblement gaulliste, purement gaulliste, fondé directement sur les structures de la Résistance.

Or ce point de vue, si logique dans les premiers temps, va devenir plus délicat à tenir après le débarquement allié de novembre 1942 en Afrique du Nord. Désormais, la France libre se voit doter d'une première entité gouvernementale ; de Gaulle va vite avoir besoin d'appuis et de soutiens très

1. Colonel Passy, *Mémoires du chef des services secrets de la France libre*, éd. Odile Jacob, 2000.

larges pour fédérer et convaincre : il lui faut rassembler le plus de monde possible, quitte à les prendre dans les viviers des anciens responsables de la IIIe République. Pour cette mission, il choisit Jean Moulin, ce qui ne fera qu'accentuer la rivalité de celui-ci avec Pierre Brossolette.

L'ancien éditorialiste de *Marianne* ne se prive pas de dire ce qu'il en pense au Général, qu'il admire, certes, mais sans l'aduler. De Gaulle, de son côté, se méfie de cet homme engagé, au tempérament si volontiers frondeur. Les relations de Brossolette avec le chef de la France libre tournent à l'aigre ; en témoigne cette lettre adressée directement au Général : « Je vous parlerai franchement. Je l'ai toujours fait avec les hommes, si grands fussent-ils, que je respecte et que j'estime bien. Je le ferai avec vous que je respecte et aime infiniment. Car il y a des moments où il faut que quelqu'un ait le courage de vous dire tout haut ce que les autres murmurent dans votre dos, avec des mines éplorées. Ce quelqu'un, si vous le voulez bien, ce sera moi. J'ai l'habitude de ces besognes ingrates, et généralement coûteuses. » De Gaulle lui en veut-il de ce langage extrêmement franc ? Il semble que non ; mais il ne s'en abstient pas moins de répondre… « Ce qu'il faut vous dire, poursuit Brossolette, dans votre propre intérêt, dans celui de la France combattante, dans celui de la France, c'est que votre manière de traiter les hommes et de ne pas leur permettre de traiter les problèmes éveille en nous une douloureuse préoccupation. Je dirais volontiers une véritable anxiété. »

*

L'officier de la Résistance, en mission pour le BCRA, a dû apprendre à vivre avec le péril. Il confiera un jour à sa sœur : « Je sais trop de choses, je connais trop de gens. J'ignore si les procédés de torture qu'on emploie n'auraient pas raison de moi. Or, je ne veux livrer personne, le mieux serait que je disparaisse avant même que l'on m'interroge. J'en ai les moyens. » Il fait alors allusion à cette pastille de cyanure qu'il conserve précieusement sur lui, dissimulée dans le chaton coulissant d'une bague. Sa grande peur, c'est que l'on s'en prenne à sa femme et à ses enfants. Gilberte a en effet été arrêtée et interrogée, en mai 1942, sur l'endroit où son mari se cachait. Et Pierre, désormais, refuse de lui faire prendre de nouveaux risques. Fin juin 1943, la librairie de la rue de la Pompe est vendue, ainsi que l'appartement de la rue de Grenelle. Gilberte Brossolette et leurs deux enfants prennent un train jusqu'à Libourne, ils franchissent la ligne de démarcation et gagnent Marmande en voiture à gazogène, puis Aix-en-Provence par le train. Quelques jours plus tard, une felouque viendra les chercher à Cassis pour les emmener jusqu'à Gibraltar où ils prendront, par cargo, le chemin de l'Angleterre ! Pour Pierre Brossolette, cette évacuation est un grand soulagement : maintenant, il sait les siens à l'abri. Il va pouvoir se donner pleinement à son combat, lui consacrer tout son temps, toute son énergie.

Sur le terrain, ses missions consistent, en liaison avec Passy, à unifier et organiser les réseaux de Résistance. À cela s'ajoute un rôle de propagande : Brossolette sera pendant plusieurs mois le porte-parole des combattants clandestins. À ce titre, il prendra plusieurs fois la parole au micro de la BBC, comme en ce fameux 18 juin 1943, pour un discours resté célèbre : « Colonel de trente ans, lance-t-il, capitaine de vingt ans, héros de dix-huit ans, la France combattante n'a été qu'un long dialogue de la jeunesse et de la vie. Les rides, qui fanaient le visage de la patrie, les morts de la

France combattante les ont effacées ! » Trois jours plus tard, on apprend l'arrestation de Jean Moulin, à Caluire, dans la banlieue de Lyon. Il faut le remplacer, et c'est l'ancien préfet Émile Bollaert qui est nommé à cet effet ; Pierre Brossolette se propose de le former et de le seconder. Très vite, l'ordre leur parvient de se rendre à Londres, où de Gaulle entend leur donner ses instructions.

Dans les premières semaines de 1944, on indique à Bollaert et Brossolette qu'un avion britannique, un Lysander, viendra les chercher sur la côte bretonne. Les deux hommes attendent une heure, deux heures… Ils sont trempés jusqu'aux os, en plein brouillard… Au moment où ils vont partir, un courrier surgit hors d'haleine pour leur apprendre qu'un message de la BBC, « de Minos à Rhadamante », avait annoncé l'annulation du vol !

Tout est à refaire !

Surtout, le messager leur précise que les personnes de bonne volonté qui les avaient cachés pour la nuit viennent d'être arrêtées : il faut faire très vite. Les deux hommes vont devoir pédaler jusqu'à Loctudy, près de Quimper, puis prendre place, avec des pilotes rescapés de la RAF, à bord d'un bateau de pêche au nom peu engageant – *Le Jouet des flots* – qui d'ailleurs finira par s'échouer. Les résistants se trouvent ainsi bloqués dans le bourg de Plogoff… Après une nuit passée chez un aubergiste bienveillant, ils repartent en direction de Quimper à bord d'une voiture à gazogène. Soudain, à l'entrée d'Audierne, ils sont arrêtés par un poste volant de la Wehrmacht. Le chauffeur est en règle, mais les deux résistants n'ont qu'une simple carte d'identité. En zone côtière, cela ne suffit pas. Et voilà Bollaert et Brossolette transférés à Rennes, où se trouve le siège de la Kommandantur locale. Ils vont passer là un mois entier sous les verrous.

*

Un matin, la porte de la cellule de Pierre s'ouvre soudain. Deux gardes y pénètrent, suivis d'un petit homme grassouillet. « Nous savons qui vous êtes, monsieur : vous êtes Pierre Brossolette », lui dit l'officier. « Je m'appelle Paul Boutet », rétorque le détenu. « Nous verrons cela à Paris, monsieur Boutet… » Il est aussitôt transféré à Fresnes, où une voiture viendra le chercher pour le conduire au lieu maudit des interrogatoires : la *grande Gestapo*… Au 84, avenue Foch.

*

Ce 22 mars 1944, Brossolette sait que le troisième interrogatoire sera encore plus violent, plus insoutenable que les précédents. Il sait que cela pourrait bien être le dernier. Et de fait, très vite, les coups se remettent à pleuvoir, intensément douloureux. Ils n'ont pour effet que de plonger le prisonnier dans une demi-léthargie. Pierre se recroqueville, il tient bon, ne lâche pas un mot ; mais son visage tuméfié n'exprime plus rien.

Vers midi, ses bourreaux le traînent, plus mort que vif, dans l'immeuble mitoyen. On le hisse jusqu'au cinquième étage – celui des chambres de bonnes –, on le pousse dans la première à droite, il se laisse choir sur une chaise, prostré, à la limite de la perte de connaissance. Un garde est à ses côtés ; mais soudain, celui-ci, appelé hors de la pièce, s'éclipse ; il ferme la porte derrière lui…

Est-ce le bruit de clé dans la serrure ? Brossolette émerge de son demi-coma, regarde autour de lui, aperçoit dans la mansarde une fenêtre entrouverte… Rassemblant ses ultimes forces, il fait l'effort inouï de se lever, de se mouvoir jusqu'à cette fenêtre. Pierre se penche, découvre le balcon du quatrième étage, juste au-dessous. Les mains toujours entravées dans le dos, il parvient à enjamber la fenêtre et se laisse tomber jusqu'à la balustrade.

C'est alors que le garde revient dans la chambre. La trouvant vide, il donne l'alerte. Trop tard. Pierre Brossolette vient de se jeter dans le vide.

Il s'éteindra peu après son arrivée à l'hôpital de la Pitié-Salpêtrière.

Face à Jean Moulin

« Pierre Brossolette, quoique intellectuel, était tourné avant tout vers l'action, explique l'historien Éric Roussel[1]. Il avait des convictions très fermes, ce qui ne l'empêchait pas de se montrer pragmatique, capable de composer pour avancer. » Il est vrai que ses idées ont évolué avec le temps : Brossolette a d'abord été pacifiste, proche des idéaux d'un Aristide Briand et du fameux « esprit de Genève », dans le sillage de la Société des Nations. Cependant, le journaliste en lui n'est pas aveugle et se montre assez tôt lucide à propos de l'Allemagne, certes, mais aussi de l'Union soviétique dont il dénonce le caractère criminel et pressent, à terme, l'effondrement économique. Cette vieille méfiance à l'égard des communistes le marginalisera, plus tard, au sein de la Résistance – même s'il est assez vain d'y chercher l'origine de son bras de fer avec Jean Moulin.

La mésentente fameuse entre les deux grands héros de « l'armée des ombres » s'explique plutôt par une incompatibilité profonde, relevant de la divergence intime. Tout simplement, Brossolette et Moulin n'ont pas la même vision de la France qu'il faudra reconstruire, une fois les Allemands chassés

1. Auteur de *Pierre Brossolette*, éd. Fayard/Perrin, 2011.

du territoire. Le premier voudrait faire table rase du passé, et proscrire tout recours à ces forces périmées de la IIIe République qui, à ses yeux, ont failli. Moulin, de son côté, se révèle plus politique sans doute, et plus nuancé. « Voilà deux hommes de gauche, certes, et dont les idéaux sont proches, mais dont l'un est journaliste et l'autre préfet. Cela change tout. Le premier se veut indépendant, libre, porté vers l'avenir, quand le second demeure un homme d'ordre, fidèle à la vieille République parlementaire… »

Cette loyauté foncière de Jean Moulin n'est du reste pas pour déplaire à de Gaulle qui a besoin, avant tout, d'être obéi. Le fait que Jean Moulin soit un haut fonctionnaire impressionne favorablement le Général, d'autant plus qu'à Londres, bien peu de « technocrates » l'ont rejoint. De Gaulle sait que les Anglo-Saxons ne parviennent pas à le cerner, qu'ils le tiennent même pour suspect, tantôt ami des communistes, tantôt virant vers le fascisme… Il est vital pour lui de les rassurer et, pour y parvenir, il n'hésite pas à rallier d'anciens hauts responsables de la IIIe République, comme Édouard Herriot, garants de la démocratie aux yeux des Américains.

Pour Pierre Brossolette, évidemment, un tel positionnement est difficilement acceptable ; assez furieux il ne se prive d'ailleurs pas de dire ce qu'il pense… D'où cette image de héros vif-argent, d'homme très entier, presque impossible à apprivoiser, que l'Histoire a conservée de lui.

5

La femme-pharaon

De toute l'histoire de l'Égypte, Hatchepsout est la seule femme qui ait eu assez d'intelligence, de force et d'ambition conjuguées pour forcer toutes les traditions et se faire couronner pharaon. Plus puissante que l'épouse royale Néfertiti, plus égyptienne que la Grecque Cléopâtre, Hatchepsout reste un cas unique d'accession pleine et entière d'une femme au trône d'Horus – et ce, au XV*e* *siècle avant notre ère ! Titrée « Horus femelle et d'or, roi de Haute et Basse-Égypte, fils de Ré », la femme-pharaon semble avoir régné sagement sur un pays pacifié, qu'elle continua d'embellir en y érigeant de splendides monuments.*

À la nuit tombante, les lumières du palais royal de Thèbes se reflètent dans le sombre ruban du Nil. Des milliers de torches et de lampes dansent dans sa pénombre, éclairant par endroits les façades peintes du domaine privé des dieux vivants : c'est ici que vivent Pharaon et les siens, sur la rive opposée à celle de Karnak où réside pour sa part le grand dieu Amon, source de vie et d'équilibre immuable. Ici bat le cœur d'un royaume déjà millénaire. La famille royale et ses proches occupent ce labyrinthe au luxe inouï, agrémenté de terrasses, de jardins, de bassins de lotus, de statues bariolées, de communs gigantesques – un palais de la taille d'une ville, desservi par tout un peuple de serviteurs et que viennent d'édifier les fondateurs de la XVIIIe dynastie – celle des « princes libérateurs » succédant à l'occupation des Hyksos.

*

Hatchepsout naît sous le règne d'Aménophis Ier, sans doute vers 1512 avant notre ère. Son père est le futur pharaon Thoutmôsis Ier, et sa mère la très noble Ahmès, première épouse de ce dernier. C'est elle qui aurait décidé d'appeler la petite fille Hatchepsout, ce qui signifie « la première des Nobles Dames ». Un an après cette naissance, un petit frère vient au monde – plutôt un demi-frère, puisqu'il est l'enfant d'une épouse secondaire, une certaine Moutnefret. Une chose est certaine : Thoutmôsis, en homme avisé, mesure bien vite les capacités limitées de son fils et celles, hors du commun, de Hatchepsout. Il confie du reste l'éducation de sa fille à un être exceptionnel, un de ces savants herboristes, architectes et philosophes comme l'Égypte antique savait en produire : le sage Inéni.

C'est sur la rive orientale du Nil que Hatchepsout et son demi-frère grandissent, entre les jeux et les devoirs que leur impose leur rang. Ils vivent dans une maison à deux étages, blanchie à la chaux, près du temple d'Amon et son harem du sud. Quand meurt le pharaon Aménophis, Hatchepsout n'est âgée que de huit ans. Le trône n'a pas d'héritier direct mais Thoutmôsis, désigné comme successeur, coiffe rapidement la double couronne de Haute et Basse-Égypte. On ne connaît pas les liens qui existaient vraiment entre les deux souverains, mais il semble bien que Thoutmôsis Ier, sans aucun doute de sang noble, se soit révélé un excellent pharaon. Il mènera de grandes campagnes au Levant et en Nubie – c'est-à-dire au Proche-Orient et du côté de l'actuel Soudan. Non seulement il agrandit l'Égypte, mais il commence l'édification de temples remarquables, tout en ordonnant la construction des premières tombes de la Vallée des Rois.

La fille de ce grand monarque, la princesse royale Hatchepsout, se montre immédiatement consciente de ses devoirs, ce qui n'est pas le cas de son demi-frère. Comme le veulent la tradition et l'étiquette, l'éducation supérieure de la jeune fille est confiée à un tuteur, dénommé Pen-Nekhbet. Or, ce sage conseiller du précédent pharaon complète astucieusement l'instruction du sage Inéni, développant notamment les connaissances de la princesse en histoire. Plus tard, la jeune fille se targuera d'avoir reçu, à cette époque, un oracle dans la cour du harem du sud, annonçant très clairement son futur règne...

De son côté, le nouveau pharaon s'inquiète beaucoup de sa succession ; il redoute de voir l'Égypte tomber un jour entre les mains si peu expertes de celui qui s'appellera un jour Thoutmôsis II... Aussi, avec le temps, une idée finit-elle par s'imposer à lui : pourquoi ne pas marier Hatchepsout à son demi-frère ? Elle deviendrait ainsi la Grande Épouse royale, et se retrouverait en position de le conseiller, voire de le contrôler... La princesse a dix-huit ans lorsqu'elle accueille ce projet avec enthousiasme. Ainsi, se dit-elle, l'oracle avait peut-être vu juste...

La postérité n'est pas tendre pour Thoutmôsis le jeune, resté dans les mémoires comme un sot, obèse et indolent, poussé par sa mère mais incapable de profiter des opportunités offertes par sa position. Le malheureux garçon se laissera vite écraser par l'incroyable destin de son épouse et demi-sœur. Il aura tout de même deux enfants : une fille avec Hatchepsout, appelée Néférourê, et un fils avec une concubine du nom d'Iset. D'emblée, cet enfant mâle est une épine dans le pied pour Hatchepsout ; n'est-il pas appelé, à terme, à devenir le pharaon Thoutmôsis III ?

Pour servir de tuteur à Néférourê, le vieux pharaon a fait le choix d'un jeune moine-soldat, Senmout, qui s'était illustré dans la grande expédition au pays de Koush – à l'extrême sud de l'Égypte. Il deviendra en vérité le conseiller, puis l'ami – et probablement l'amant – de la princesse Hatchepsout, d'où l'ascension sociale vertigineuse du jeune homme : on le verra plus tard superviser les greniers d'Amon, avant de diriger les chantiers de Karnak, puis de prendre le titre de Grand Intendant d'Amon – l'équivalent d'un Premier ministre.

*

À la mort de Thoutmôsis Ier, l'Histoire s'accélère. Sa succession s'organise d'abord comme prévu : son fils devient le pharaon Thoutmôsis II, et sa fille Hatchepsout Grande Épouse royale. Faut-il préciser que, dans les faits, c'est elle qui va gouverner ? La nouvelle reine en a les capacités, l'envie et l'ambition. D'ailleurs Thoutmôsis II, de constitution fragile, finit par mourir à moins de trente ans, après seulement trois ans de règne. Selon la tradition, son successeur devrait être, sous le nom de Thoutmôsis III, le fils qu'il a eu avec la concubine Iset ; mais ce dernier n'étant qu'un jeune enfant, la régence est confiée à Hatchepsout – un pas de plus en direction du pouvoir absolu… Pendant six années, la reine va dès lors renforcer les assises de son autorité ; tenant les rênes de l'État, elle préside avec vigueur aux destinées de l'Égypte.

Dès qu'elle juge le jeune Thoutmôsis en âge d'accompagner l'armée, elle l'envoie loin de Thèbes, dans une expédition militaire au pays de Réténou – en Syrie et en Palestine. Lorsqu'il rentre, à la veille de la septième année de la Régence, c'est pour assister sans broncher à un véritable coup d'État : sous ses yeux d'adolescent, Hatchepsout met en scène la révélation d'un nouvel oracle, et ose se faire proclamer « roi » dans la foulée, à l'occasion de processions solennelles dans le temple d'Amon, à Karnak ! « Moi, Amon, te mets sur mon trône, je te donne la crosse et le fouet ! » Les nombreux témoins de la scène demeurent interdits devant l'inconcevable : une femme vient d'être désignée comme... pharaon de plein droit !

Aussitôt, Hatchepsout revêt les attributs de la fonction pharaonique : elle quitte la robe fourreau pour le pagne court des hommes, arbore le pectoral, se fait raser la tête et va même jusqu'à porter la barbe postiche... Ainsi parée, elle multiplie les apparitions publiques, toujours aux côtés de Thoutmôsis III, relégué au rang de simple « corégent ». Les statues de la femme-pharaon trahissent un beau visage ovale, un front haut, des yeux en amande – avec une sorte d'expression divine qui doit sans doute plus aux conventions de la statuaire égyptienne qu'à la conscience intime qu'avait Hatchepsout d'être devenue la fille d'Hathor... Les statues la représentent toujours habillée en homme, mais elle ne change pas son nom pour autant : les inscriptions officielles continuent de lui réserver la désinence féminine, ce qui revient à la nommer en quelque sorte « la roi ». Elle ira jusqu'à s'inventer une filiation divine avec Amon, le roi des dieux, et la fera graver sur les temples, à côté des scènes immortalisées de son couronnement.

Cette situation inédite n'empêchera pas Hatchepsout de vouloir inscrire son règne dans l'éternité, notamment à travers de grands défis architecturaux. Elle fait ainsi ériger à Karnak une paire d'obélisques dédiés à Amon, mission délicate dont elle confie la conduite à son fidèle Senmout, chargé d'aller extraire le granit à Assouan et de le transporter jusqu'à Thèbes. C'est encore avec lui qu'elle lance de vastes chantiers pour la restauration d'anciens temples et l'édification de nouveaux. Sa grande œuvre sera la réalisation d'un tour de force incomparable : une nécropole royale de très grande envergure, capable de défier les siècles avec ses trois terrasses, au pied de la montagne dominant la rive occidentale du Nil, face à Thèbes. Un site exceptionnel, aujourd'hui connu sous le nom de Deir el-Bahari. « C'est un lieu magique où les collines de la chaîne libyque se présentent sous leur aspect le plus spectaculaire, décrit le romancier Gilbert Sinoué. Cette falaise de calcaire blanc, que le temps et le soleil ont colorée en jaune rosé, forme une barrière verticale. Les colonnades du temple s'élèvent terrasse après terrasse jusqu'à atteindre le rocher au reflet d'or. Les murs des cours, des salles latérales et des colonnades ont la blancheur de l'ivoire, leur surface est polie au point de ressembler à de l'albâtre. Deir el-Bahari demeure sans nul doute, aujourd'hui encore, l'un des plus beaux monuments du monde[1]. »

Autour de son chef-d'œuvre, la reine a conçu le projet de fertiliser le désert : de grands jardins plantés d'arbres à encens et agrémentés de bassins naissent donc au pied de la rampe d'honneur, où deux lions montent la garde pour interdire l'accès aux êtres impurs. Sur les terrasses, décorées de

1. Gilbert Sinoué, *Douze Femmes d'Orient qui ont changé l'Histoire*, éd. Pygmalion, 2011.

statues royales, un véritable rêve de verdure étale sa magnificence : les tamaris, les bassins à papyrus, les sycomores, les fleurs et les vignes sont autant de défis à l'implacable soleil qui vient éclairer ce temple dédié à Amon, Thoutmôsis Ier et Hatchepsout – trilogie sacrée sur laquelle la femme-pharaon assoit son pouvoir temporel.

Outre ces travaux colossaux, le règne d'Hatchepsout sera marqué par de grandes expéditions, notamment en Phénicie dont on rapporte du bois de cèdre. Il permettra de consolider certains édifices, mais également de construire une flotte digne de conquérir de nouveaux horizons. Vers l'an VIII ou IX du règne, une fantastique expédition peut ainsi se donner pour objectif le mystérieux, le lointain, le richissime pays de Pount – aux confins de la mer Rouge et de la Somalie. Sa flottille de cinq navires va devoir franchir les cinq cataractes du Nil, avant de rencontrer les émissaires du pays de Pount, dont les habitants vivent dans des maisons juchées sur pilotis. Le retour sera triomphal : il faut imaginer les fameux navires, croulant sous le poids de coffres chargés d'ébène, d'électrum, d'encens et de peaux de panthères – chargés en somme de toutes les ressources précieuses de l'Afrique orientale.

Déduire de tels exploits que le règne d'Hatchepsout n'a été marqué que par la démesure serait faux pour autant. Tout au contraire, la prudence et l'équilibre dans les décisions royales, garants de la paix et de la prospérité, auront été les maîtres mots de cette époque.

*

Pour la femme-pharaon, reste l'épineux problème de sa légitimité : le futur Thoutmôsis III ayant atteint l'âge de la majorité, la régence de sa tante aurait dû s'achever ; et pour une bonne partie de la cour et de l'administration, voir cette dernière régner pleinement, tel un pharaon, relève au mieux du scandale, au pis du sacrilège. Le jeune Thoutmôsis, de son côté, paraît longtemps privé de réaction. Sans doute s'insurge-t-il en privé, peut-être nourrit-il en secret de la haine envers « la roi », mais le fait est qu'il ne tente rien pour la détrôner. Ce n'est pas faute de posséder un tempérament viril et même belliqueux : une fois devenu pharaon à son tour, Thoutmôsis III mènera tout de même dix-sept campagnes en Asie ! Il sera l'un des plus grands pharaons d'Égypte, preuve – soit dit en passant – que sa tante n'avait nullement négligé son éducation...

Lorsqu'on évoque des périodes aussi reculées, la prudence est nécessaire et les suppositions restent souvent la règle. Une chose est sûre : après son avènement, le nouveau pharaon se montrera d'une grande dureté pour le souvenir de sa tante et belle-mère, exigeant que son nom soit effacé de toutes les inscriptions officielles. Il appliquera une sorte de *damnatio memoriae*, de condamnation *post-mortem*, à celle qui, si longtemps, l'avait dépossédé de sa double couronne. Faut-il voir dans cette attitude une revanche longtemps mûrie ou bien, plus simplement, le souci d'effacer le souvenir de ce qui, sur un plan religieux notamment, avait été considéré comme une infamie ? Thoutmôsis III pourrait avoir voulu, sans la moindre haine, rayer de l'Histoire l'anomalie du long règne d'une femme-pharaon.

Certains historiens ont avancé plutôt la piste d'un coup d'État avorté, une sorte de révolution de palais dont les annales n'auraient conservé nulle trace. Cela expliquerait en tout cas la mort mystérieuse de Senmout, entre l'an XVI et l'an XX du règne d'Hatchepsout. Dans quelles conditions l'ami et le conseiller de la femme-roi a-t-il disparu ? Les circonstances de son décès étant inconnues, il est très difficile de conclure au complot. Il a pu tout aussi bien succomber à une mort naturelle qu'être massacré par les ennemis de la femme-pharaon lors d'un coup d'État manqué.

Il est sûr, en tout cas, qu'Hatchepsout a terminé son règne sans son fidèle second, et qu'elle est morte en l'an 1472 avant notre ère. Précisément le dixième jour du sixième mois de l'an XXII de son règne. On suppose qu'elle était âgée alors d'une bonne quarantaine d'années. Sa momie reposera aux côtés de son père, dans cette Vallée des Rois qu'elle avait contemplée toute sa vie depuis l'enfance, comme on peut contempler les portes aveugles du royaume d'Osiris.

La momie retrouvée

Le voile se lève peu à peu sur les secrets d'Hatchepsout, explique le romancier Gilbert Sinoué[1]. Il semble ainsi que sa momie ait enfin pu être authentifiée, offrant de la femme-pharaon une image moins romantique que celle véhiculée par une littérature prolifique... Tout a commencé lors de la campagne de Bonaparte, quand des scientifiques ont découvert la tombe KV20 – c'est-à-dire la 20e de la King's Valley – dans laquelle Hatchepsout aurait dû être enterrée. Cette tombe était vide. Un bon siècle plus tard, en 1903, Howard Carter – l'homme qui découvrira le trésor de Toutankhamon – met au jour, dans la tombe KV60, deux momies dont l'une est identifiée comme celle de la nourrice d'Hatchepsout.

En vérité, les égyptologues sont plus qu'intrigués par cette momie. On fait état de ses ongles peints, parure réservée aux personnes de sang noble (rouge bordé de noir), et l'on s'interroge longtemps sur son bras replié sur la poitrine – posture indubitablement royale. Mais l'inamovible directeur des Antiquités d'Égypte, Zahi Hawass, décrétera que la momie ne saurait être celle de la mythique

1. Auteur de *Douze Femmes d'Orient qui ont changé l'Histoire*, éd. Pygmalion, 2011.

Hatchepsout : la dépouille est obèse, en effet, et affublée d'une poitrine énorme…

Tout s'accélère en 2006, lorsqu'on découvre un fragment de molaire dans un vase canope issu de la fameuse tombe KV20, portant le cartouche d'Hatchepsout. Grâce à la technologie actuelle, on réussit alors à imbriquer la molaire reconstituée dans la mâchoire de la momie laissée pour compte. Dès lors, plus de doute : il s'agirait bien de la femme-pharaon ! Dans ce cas, il va falloir admettre qu'Hatchepsout était obèse, probablement diabétique, et qu'elle est morte d'un cancer des os métastasé…

Cela n'enlève rien au destin exceptionnel de la première femme connue dans l'Histoire pour avoir officiellement régné sur un empire.

6

L'équipée royale

Napoléon disait du drame de Varennes qu'il avait changé la face du monde. L'on peut dire en tout cas qu'il a fait chavirer la Révolution française. Le 20 juin 1791, la famille royale, fuyant les Tuileries sous des habits d'emprunt, s'éloigne à toute force de Paris par la route de Montmédy, avant d'être interceptée, le 21, à Varennes... Cette équipée sans lendemain va consommer le divorce entre les Français et leur vieille monarchie : au bout du compte, le peuple se sentira trahi par son roi – au point d'accepter bientôt l'idée d'une République ! Pendant vingt-quatre heures d'un suspense intense, c'est donc bien l'avenir d'un régime qui se joue – à fort peu de chose – sur les routes de l'Est.

Depuis juillet 1790, le roi Louis XVI ne se sent plus le maître dans son royaume. L'Assemblée vient d'adopter la Constitution civile du clergé – qui place le religieux sous le contrôle du politique – et le monarque de droit divin a le sentiment de devenir le jouet de factions rivales, perdant peu à peu, non seulement sa marge de manœuvre, mais aussi tout simplement sa liberté de mouvement. Au printemps de 1791, on l'empêche d'aller passer les fêtes de Pâques à Saint-Cloud, où officie encore un prêtre insermenté. Aux yeux du roi, la preuve est ainsi faite qu'il n'est plus libre, mais comme assigné à résidence aux Tuileries. À partir de ce moment, il ne peut qu'approuver la reine lorsqu'elle l'adjure d'exécuter le vieux plan visant à fuir cette capitale impossible et houleuse, et à s'en aller reconstituer l'autorité royale loin de Paris.

*

La fugue du roi est programmée, dans le plus grand secret, pour la seconde quinzaine de juin, au moment de l'année où les nuits sont si courtes. Après d'ultimes mises au point, la date du départ est fixée pour la nuit du 20 au 21. Le plan est simple et paraît fiable : le roi doit rejoindre l'armée loyaliste du marquis de Bouillé à Montmédy, en Lorraine, à l'ouest de Longwy. Ce bourg présente en effet le double avantage de se trouver en territoire français, mais à deux pas seulement de la frontière – au cas où... Il faut compter soixante-dix lieues de route depuis Paris – deux cent quatre-vingt-six de nos kilomètres –, soit au minimum douze heures de voyage pour un cavalier rapide. Il est prévu que le convoi des fugitifs suivra la route de Metz jusqu'à Clermont-en-Argonne ; c'est une voie semée de relais de poste, ce qui permettra de changer les chevaux tous les quinze ou vingt kilomètres. Puis on bifurquera pour emprunter jusqu'à Montmédy une route plus au nord, passant par Dun-sur-Meuse et Stenay. Seulement, sur cette deuxième portion, il n'y aura plus de relais de poste : les chevaux devront être impérativement fournis par l'armée du fidèle Bouillé, commandant des troupes de l'Est. Le bourg de Varennes a son importance : dans le plan conçu par le duc de

Choiseul – neveu du grand ministre – c'est la limite au-delà de laquelle les chevaux de poste devront être remplacés par les chevaux de l'armée.

Deux voitures ont été prévues pour transporter les fugitifs : une grande berline pour les souverains, Madame Élisabeth, sœur du roi, et les deux enfants royaux accompagnés de leur gouvernante, Mme de Tourzel, ainsi qu'un petit cabriolet roulant devant, avec deux femmes de chambre. Le 20 juin, à dix heures du soir, ces dernières sont prévenues qu'elles doivent partir sur-le-champ pour Claye. On les pousse dans cette voiture de louage, de couleur jaune, et les voilà bientôt hors de Paris.

Pour les membres de la famille royale, le départ va se révéler autrement délicat. Le roi ne devant surtout pas éveiller les soupçons, l'on procède, à onze heures et demie précises, à la traditionnelle cérémonie du coucher – sans rien changer aux habitudes. Mais sitôt sorti le dernier valet de chambre, Louis XVI se relève et, revêtant une perruque rousse et un déguisement de domestique, se dirige à pas de loup, dans l'obscurité, vers le lieu fixé en secret : le Petit Carrousel. Une bonne heure plus tôt, la marquise de Tourzel, gouvernante des Enfants de France, a réveillé Madame Royale et le jeune Dauphin, leur a passé des déguisements sous prétexte d'un jeu – le petit prince est travesti en fille –, puis les a conduits dans la cour des Princes au comte Axel de Fersen – l'ami de cœur de Marie-Antoinette – qui les fait grimper dans une sorte de taxi de l'époque appelé « citadine », afin de gagner de leur côté le Petit Carrousel. Sur place, l'angoisse monte d'un cran : pendant plus d'une heure, Fersen attend nerveusement les autres fugitifs... Il retrouve enfin Madame Élisabeth, sagement assise sur un banc, dans le noir ; puis le roi qui arrive de son côté, haletant ; enfin, après un trop long moment, la reine qui, dans tous ses états, explique qu'elle s'est perdue en sortant du palais ! Elle a même dû demander son chemin à une sentinelle qui, heureusement, ne l'a pas reconnue dans ses simples habits de bourgeoise.

À présent, tout le monde est là. La citadine peut démarrer au petit trot, emmenant les fugitifs vers la porte Saint-Martin, où les attend la fameuse berline de voyage, de couleur verte, sous la garde de trois gardes du corps : Malden et Moustier, qui vont grimper sur la banquette à côté de Fersen, ainsi que Valory, chargé de chevaucher en éclaireur pour faire préparer les relais. À ce moment précis, l'opération accuse déjà près d'une heure de retard sur le plan. Le temps est donc compté : fouette, cocher !

Au premier relais, celui de Bondy, Fersen fait, comme prévu, ses adieux à la famille royale. Au deuxième relais, à Claye, l'équipage va retrouver les deux femmes de chambre, mortes d'angoisse dans leur petit cabriolet. L'expédition accuse maintenant deux heures de retard sur le plan – ce qui est beaucoup trop... Plus vite ! Paris s'éloigne cependant, et tandis que le soleil de ce premier jour d'été s'élève déjà sur la douce campagne française, la famille royale commence à souffler un peu. On rit nerveusement, on prie, le roi est de belle humeur. Quand sonnent huit heures aux clochers des villages, on a largement dépassé Meaux. Exactement au même moment, au palais des Tuileries, la nouvelle éclate : le roi n'est plus là ! Louis XVI s'est enfui.

*

La nouvelle de la fuite du roi a fait l'effet d'une bombe. Une foule enragée n'a pas tardé à envahir les Tuileries ; la garde nationale a toutes les peines du monde à faire évacuer le palais. Le marquis de La Fayette, qui la commande, signe évidemment l'ordre de retrouver le roi et de le ramener. Une dizaine d'écuyers partent dans toutes les directions – on ne connaît pas encore la destination de la famille royale. Le hasard place un certain Bayon sur le bon itinéraire ; lui galope sans le savoir sur les traces des fugitifs, propageant la nouvelle de la fuite du roi.

Vers midi, un maraîcher de Claye témoigne à propos d'une berline et d'un cabriolet qu'il a trouvés suspects en les voyant rouler bon train, sur les coups de trois heures du matin. Une déposition recoupée par celle du jeune cocher qui a conduit jusqu'à Claye le cabriolet des femmes de chambre. Les soupçons s'orientent donc vers la route de Verdun et, à une heure de l'après-midi, le général La Fayette envoie dans cette direction l'un de ses officiers, Romeuf, muni d'un décret de l'Assemblée ordonnant l'arrestation de « tous les individus de la famille royale voulant sortir du royaume ».

Pendant ce temps, la grosse berline verte progresse cahin-caha, de relais en relais, sans perdre trop de temps mais sans en gagner non plus. On a pris du retard, il faudrait aller plus vite, gagner du terrain, se mettre à l'abri… Les fugitifs, qui accusent trois heures de retard sur l'horaire, n'ont plus que six petites heures d'avance sur leurs poursuivants ; or, la voiture est lourde et les émissaires de l'Assemblée sont à cheval ! Selon le plan approuvé par le roi, la berline devrait trouver une première escorte armée à Somme-Vesle, derrière Châlons-en-Champagne. Il est cinq heures et demie de l'après-midi quand le garde du corps Valory, qui continue d'avancer en éclaireur, se présente, bride abattue, au point de rendez-vous, tout excité à l'idée de rencontrer le jeune duc de Choiseul, accompagné des quarante hussards promis. Hélas, il ne va trouver personne ! Pas un soldat à l'horizon ! C'est qu'après avoir attendu près de trois heures, Choiseul a supposé que la fuite royale avait échoué et a donné l'ordre de lever le camp ! Ajoutant la faute à l'impatience, il a décidé d'effectuer sa retraite par un chemin de traverse, et a fini par se perdre dans la nature... S'il avait au moins emprunté l'itinéraire prévu pour la berline, l'éclaireur Valory aurait pu le rattraper... Le roi aurait eu son escorte...

Or ce n'est pas tout : avant de quitter Somme-Vesle, Choiseul commet l'irréparable. À la demande de Marie-Antoinette, le duc avait emmené avec lui le fameux Léonard, coiffeur attitré de la reine. En levant le camp, il charge ce cavalier de fortune d'aller prévenir du contrordre les détachements suivants – ceux qui attendaient le roi plus loin sur la route ! Léonard va s'acquitter de sa mission calamiteuse : inconscient des dégâts qu'il cause, le coiffeur renvoie des escortes essentielles à la sécurité de la berline... Ce ne sont pas moins de cent soixante-quinze dragons qui vont ainsi se volatiliser, comme un mirage.

Aussi bien, quand Louis XVI et sa famille arrivent à Somme-Vesle, puis à Sainte-Menehould, enfin à Clermont-en-Argonne, ne trouvent-ils aucune des troupes prévues. La stupeur, l'incompréhension, et... l'angoisse montent d'un coup dans la berline. Pour autant le roi fait preuve de détermination ; lui que l'on taxe si volontiers d'indécision manifeste en l'occurrence un réel esprit de suite : trouvant partout des chevaux de poste, il continue sa route sans broncher. À Clermont-en-Argonne, comme prévu, il bifurque vers le nord en direction de Varennes.

On imagine combien Louis XVI a dû prier pour que les chevaux de cavalerie l'attendent là-bas comme promis – car les chevaux de poste, eux, n'iront pas plus loin… Le temps presse ; aux trousses des fugitifs, la Révolution a lâché ses chiens. Deux cavaliers suivent la route du roi : Bayon, très motivé car bon républicain, mais ne sachant trop où aller, et l'officier Romeuf, nettement moins motivé, car fervent royaliste, mais guidé par des renseignements précis. Ces deux chevaucheurs se croisent au relais de Chaintrix, avant Châlons-en-Champagne, et décident de continuer ensemble. Auparavant, Bayon a fait prévenir le chef du relais suivant, celui de Châlons, lui demandant de propager l'information de la fuite du roi tout le long de la route de Verdun. Or, quand la fracassante nouvelle parvient à Sainte-Menehould – une bourgade située en avant de Clermont – les fugitifs ont quitté le relais depuis moins d'une heure ! La municipalité réagit en chargeant le chef de relais – un dénommé Drouet –, ainsi qu'un acolyte, de rattraper la berline en route pour Clermont. La légende voudrait que Drouet ait reconnu Louis XVI, lors de son passage, grâce à l'effigie du souverain sur une pièce de monnaie ; mais en vérité, Drouet n'était pas rentré de ses champs au moment du passage de la berline ! La réalité est plus simple… Sur sa route, à hauteur d'un hameau, Drouet croise deux de ses employés qui ramènent les chevaux de la berline – ceux que l'on a dételés à Clermont. Ce sont ces deux hommes qui lui apprennent que le petit cortège a bifurqué vers le nord, en direction de Varennes. Immédiatement, plutôt que de passer par Clermont, Drouet et son compagnon décident de prendre un raccourci menant droit à Varennes.

*

Voilà bientôt vingt-quatre heures maintenant que l'expédition a commencé. La famille royale est ballottée sur les routes de France, toujours sans soldat à ses côtés. Madame Élisabeth prie, la reine Marie-Antoinette se mord les lèvres, une sourde frayeur les tenaille. À présent, la nouvelle a dû se répandre. On doit être à leurs trousses, on va les rattraper... La grosse berline et le petit cabriolet entrent dans le bourg endormi de Varennes sur les coups de onze heures du soir. Ici, la nouvelle n'est pas encore arrivée, et pour cause : elle continue à progresser le long de la grand-route de Verdun... L'éclaireur Valory est déjà là depuis trois quarts d'heure ; il cherche désespérément les chevaux que le marquis de Bouillé avait promis d'envoyer pour relayer ceux de la poste. Le roi descend de la berline et s'entretient avec les gardes du corps ; il s'enhardit même à frapper aux volets de la première maison. En vain. Décidément Louis XVI joue de malchance. Il était prévu que les chevaux de Bouillé attendent la berline au bord de la route, dès l'entrée de la ville-haute. Mais par une précaution de dernière heure, on les a cachés un peu plus bas, dans les communs d'une auberge de la ville-basse. Et cela, le roi ne le sait pas ! Quant aux troupes, elles font défaut une fois de plus... Les soixante hussards prévus pour protéger le roi ont décampé. En effet, alors même que la berline royale atteignait Varennes par la ville-haute, le jeune lieutenant à la tête du détachement, constatant trois heures de retard sur l'horaire, a donné l'ordre à ses soldats de rejoindre les troupes du marquis de Bouillé.

Le destin n'en finit donc plus de s'acharner contre l'équipée royale.

De son côté, le maître de poste Drouet parvient à Varennes dans le sillage des fugitifs. Il vient de dépasser la berline et le cabriolet, très reconnaissables, à l'entrée de la ville... Galvanisé par la mission historique dont il se sent investi, il file dans la gargote du *Bras d'or,* juste après l'église, et rameute les quelques ivrognes qui s'y trouvaient. Puis il court réveiller le procureur-syndic de la commune – à savoir le maire révolutionnaire – un épicier du nom de Sauce. Au bout d'un long moment, lorsque la berline et le cabriolet s'aventurent enfin vers le pont et la ville-basse, ils sont arrêtés à la hauteur d'un porche médiéval par un petit groupe tout excité, armé de piques et de fourches. L'épicier Sauce demande les passeports aux voyageurs puis rentre au cabaret pour les examiner. Les faux sont bien faits, les papiers ont l'air en règle. Sauce serait d'avis de laisser passer les voitures mais Drouet insiste : ces gens sont déguisés, ce sont le roi, la reine et les Enfants de France ! Bien embarrassé, le procureur-syndic Sauce demande alors aux occupants des deux voitures de le suivre chez lui, à l'épicerie qui se trouve un peu plus bas, vers le pont.

« Allons, descendez ! Vos passeports seront visés demain. »

Louis XVI essaie de parlementer, ses trois gardes du corps sont prêts à tirer les armes ; et d'autant plus qu'une poignée de hussards, restés tout de même en faction, finissent par s'approcher, attirés par les éclats de voix. Seulement, ces hommes n'ont pas d'officier avec eux ; ils ignorent la nature exacte de leur mission – protéger l'expédition royale – et se révèlent finalement inutiles. Louis XVI, fidèle à son habitude, veut éviter à tout prix une effusion de sang.

« Allons-y, dit-il, entrons là. »

Et dire qu'en cet endroit précis, les fugitifs sont à moins de cent mètres de l'auberge où attendent tranquillement leurs chevaux !

*

Varennes, peu à peu, sort de sa torpeur : la sonnerie du tocsin excite bientôt tout le bourg ; on se presse à l'épicerie, tandis que les voyageurs sont invités à monter dans deux petites pièces aménagées au-dessus du magasin. Les enfants, épuisés par cette folle escapade, tombent de sommeil et Mme de Tourzel les couche sur le lit des époux Sauce. Au bout d'une heure interminable, l'épicier finit par revenir auprès du roi, accompagné d'un certain juge Destez, qui a vécu naguère à Versailles où son beau-père était officier de bouche de la reine. Dès qu'il aperçoit les voyageurs, le juge se fige de stupeur, avant d'esquisser une révérence :

« Ah... Sire... »

Un silence, et puis Louis XVI finit par céder :

« Eh bien oui, là, je suis votre roi... »

Se produit alors une scène extraordinaire, qui montre quels pouvaient être les sentiments profonds du peuple, jusqu'à cet événement de Varennes. « Le monarque et son auguste famille, précisera le procès-verbal de la municipalité, daignèrent presser dans leurs bras tous les étrangers qui se trouvaient dans l'appartement, et recevoir d'eux la même marque de leur sensibilité vive et familière. » Attendri, les larmes aux yeux, Louis XVI explique alors à ces bons sujets la raison de son départ secret de Paris : il vient chercher dans ses bonnes provinces la paix et la liberté dont on a fini par le priver dans la capitale.

Soudain, une longue rumeur monte de la rue. Par un hasard à peine croyable, les quarante hussards de Somme-Vesle, sous les ordres directs de Choiseul, après s'être perdus, débouchent à Varennes ! Mieux vaut tard que jamais... Les deux officiers à la tête du détachement – dont le jeune duc de Choiseul – se précipitent à l'épicerie Sauce et grimpent les marches quatre à quatre jusqu'à la petite chambre ; ils y sont rejoints par un troisième officier – de dragons, celui-là – qui, alerté par la rumeur, est accouru de Clermont avec une poignée d'hommes. Tout peut dès lors basculer : il suffit d'un mot du roi, d'un ordre, d'une volonté… Ces soldats, brûlant du désir de racheter leur faute de l'après-midi, peuvent emmener à cheval les huit fugitifs jusqu'à Dun, où le marquis de Bouillé les prendra sous sa protection. Certes, l'attroupement devant l'épicerie ne facilitera pas les choses, une balle perdue est toujours possible… Mais l'opération peut être aisément tentée.

C'est alors que Louis XVI, toujours si timoré face à la violence, refuse expressément de risquer la vie des siens. Il préfère, dit-il, attendre le matin pour partir tranquillement, « avec l'accord de tous ». En fin de compte, si Louis XVI porte une responsabilité dans l'échec de l'opération, c'est à ce stade qu'il faut la chercher : à force de temporiser, à force de différer les coups de force quand ils sont nécessaires, il aura fini par laisser se refermer sur les siens un piège redoutable.

Désormais, chaque heure qui passe représente un peu de terrain perdu. La population des environs, alertée par le tocsin, a littéralement pris Varennes d'assaut. À l'aube, on annonce l'arrivée des messagers de La Fayette et de l'Assemblée : Bayon et l'officier Romeuf. On connaît la suite : les longs atermoiements, l'énervement de la foule et la célèbre phrase de Louis XVI après avoir lu le décret de l'Assemblée : « Il n'y a plus de roi en France. »

*

La berline va pouvoir repartir, mais en sens inverse, et sous le contrôle de la foule et des soldats républicains. Il n'y a pas de mots pour décrire les trois jours épouvantables du retour vers Paris des fugitifs interpellés. Tout au long de la route, la populace crie, insulte, crache, conspue les souverains rattrapés... La fuite de la famille royale, interrompue à Varennes, va s'achever dans une atmosphère de haine et de violence larvée.

Cette fois, l'attachement des Français à la monarchie de droit divin est bel et bien rompu. Encore une grosse année, et la République sera proclamée en France.

Une décision mûrement réfléchie

L'historienne Évelyne Lever[1] le souligne avec force : Louis XVI, le 20 juin 1791, n'est pas parti sur un coup de tête ! Lors de l'éclatement des premiers troubles, les souverains ont envisagé de s'éloigner de Paris pour échapper à la pression d'une poignée d'agitateurs. Dès le 14 juillet 1789, il avait même été envisagé de transférer la famille royale à Metz ; c'est le maréchal de Broglie qui en avait finalement dissuadé le roi. Aussi, en 1791, la fuite de Louis XVI ne doit-elle pas être considérée comme une improvisation sans conviction. Le roi quitte les Tuileries en conscience, et de son plein gré. Son projet n'est d'ailleurs pas de revenir ensuite à Paris à la tête de troupes fidèles ; ce serait plutôt de retrouver l'autorité nécessaire à une position de véritable arbitre politique. Que fera-t-il ensuite ? Mystère… La fuite est préparée ; pas « le coup d'après » !

Montmédy a été choisie parce que sa citadelle est proche de la frontière des Pays-Bas autrichiens, ce qui offre un éventuel débouché en cas de besoin. Si la reine insiste sur ce point, Louis XVI se montre, à cet égard, plus réservé ; ainsi refusera-t-il d'emprunter un raccourci passant par les terres

1. Auteur notamment de *C'était Marie-Antoinette*, éd. Fayard, 2006.

de l'empereur d'Autriche. Le roi met un point d'honneur à demeurer en France.

Cette tentative de fuite restera l'épisode le plus poignant, le plus romanesque aussi, de la vie de Louis XVI. Les fugitifs ont réussi le plus difficile : s'évader des Tuileries et quitter Paris. Parvenus à Varennes, on peut dire qu'ils ont fait l'essentiel : Montmédy est à deux pas. Mais Louis XVI va manquer, au tout dernier moment, de l'indispensable esprit de décision… Symboliquement, à Varennes, ce sont deux mondes qui se confrontent : celui de l'Ancien Régime avec ses atermoiements, sa lenteur, ses compromis, et celui de la Révolution, plus pragmatique, plus expéditif – un monde qui, déjà, file au galop, droit au but.

7

Le pape de l'an mil

Évoquer l'an mil, c'est faire renaître un monde mystérieux, réputé obscur alors qu'il est en réalité lumineux : celui des donjons, des monastères, des villages de chaume et des églises romanes ornées de fresques naïves et de sculptures étranges. Un univers façonné, certes, par de grands artisans nomades, mais aussi par des pèlerins, des ermites, des chevaliers au courage de lion et des moines dévolus à la « paix de Dieu ». À cette époque où l'esprit prétendait encore dominer la matière, un homme exceptionnel se détacha nettement sur la trame de l'Histoire – un savant à la fois polyglotte, mathématicien, voyageur et faiseur de rois : le pape Sylvestre II, que les historiens... et les Auvergnats continuent d'appeler Gerbert d'Aurillac.

La capitale du Cantal, Aurillac, tire son nom des paillettes d'or que charrie la rivière locale, la Jordanne, et que les Arvernes, dans l'Antiquité, recueillaient avec le plus grand soin. C'est tout près de là, dans le hameau bien modeste de Belliac, que le petit Gerbert a vu le jour, aux environs de l'an 940. Si l'on en croit ses tout premiers biographes, Gerbert a possédé tôt ce don de l'observation que l'on rencontre pratiquement chez tous les génies. On peut l'imaginer sans peine, jeune berger d'une dizaine d'années, passant des heures à observer de près la nature, exerçant son esprit précoce à en percer les secrets... Mais au fond de lui, c'est la culture qui, de loin, le fascine – cette culture qu'incarnent, à l'époque, les savants Bénédictins. Aussi le voit-on, presque chaque jour, mener ses moutons paître aux alentours du monastère de Saint-Géraud, fondé un demi-siècle plus tôt par le seigneur du même nom. Comme si quelque invisible lien l'attirait là...

Un soir, à la tombée de la nuit, deux moines croisent le petit pâtre, en train d'examiner les étoiles avec un drôle d'instrument : une tige de roseau, dénichée dans la campagne, et qui lui permet de regarder précisément les astres, l'un après l'autre. Les moines, forcément, sont intrigués par l'astuce de ce gamin de dix ans. L'un des deux, le père abbé du monastère, s'intéresse de plus près à l'enfant : il rencontre ses parents, de pauvres laboureurs, et leur propose de prendre leur fils en protection et de lui donner une éducation de lettré – chance tout à fait inespérée pour un enfant de si basse extraction !

Si l'on en croit la tradition, c'est ainsi que l'humble Gerbert est donc entré à Saint-Géraud. En 956. Il y sera pris en main par un maître, l'écolâtre Raymond de Lavaur qui dirige l'enseignement des novices. Raymond est un littéraire, fort en grammaire et en rhétorique, mais moins doué peut-être pour le calcul. Quoi qu'il en soit, Gerbert aura dépassé son maître avant d'atteindre ses dix-huit ans ! Naturellement, Raymond de Lavaur se prend de vive affection pour ce moinillon si réceptif, avec son esprit vif et son doux caractère. Tout le monde, du reste, apprécie le jeune homme et se réjouit de l'avoir au sein de la communauté.

Mais le destin de Gerbert n'est pas à Aurillac.

*

Un jour, au cours d'un pèlerinage, le comte de Catalogne en personne, Borrell de Barcelone, fait étape au monastère. Lui aussi est bientôt frappé par l'intelligence du jeune moine ; sans hésiter, il demande à pouvoir l'emmener à sa suite. Pour convaincre le supérieur, il a beau jeu d'évoquer la haute tenue de l'enseignement en Catalogne, ainsi que la profusion de manuscrits précieux conservés dans les abbayes de son comté : le jeune Gerbert, dit-il, pourrait copier ces textes à loisir, après quoi il en rapporterait ses copies à Saint-Géraud. Certains arguments sont imparables : à vingt et un ans, Gerbert quitte donc sa communauté, au désespoir de Raymond de Lavaur, et rejoint cette péninsule Ibérique dont toute la partie sud appartient encore au califat de Cordoue. À l'époque, les savants arabes et juifs d'Al-Andalus sont en avance sur ceux de l'Occident chrétien – notamment en astronomie et en arithmétique.

Pour Gerbert, le savoir qu'il découvre là s'apparente à une révélation : l'étincelle qui était en lui grandit au feu de telles connaissances ; aucune nouvelle discipline ne lui résiste longtemps... Il découvre la traduction des œuvres des grands penseurs de l'Antiquité, dont Aristote – il faut savoir que ses traités ne seront introduits dans l'enseignement en France qu'au milieu du XIIIe siècle ! L'étudiant apprend donc, analyse, copie, fait retranscrire les traités conservés dans plusieurs abbayes catalanes ; il s'amuse à dominer l'arithmétique et la géométrie, à jouer de l'orgue ; il s'initie au maniement de l'astrolabe, calcule l'heure à partir de la position des astres...

Mais s'il s'adonne avec bonheur à l'étude, et fréquente aussi bien le palais épiscopal que le palais comtal, Gerbert n'oublie pas pour autant son Cantal natal : il écrit des lettres filiales à Raymond de Lavaur et lui avoue que Saint-Géraud lui manque. Mais ni le comte Borrell, ni le puissant évêque de Vic, Hatton, qui l'a remarqué à son tour et en a fait un de ses familiers, n'ont l'intention de le laisser repartir. Tous deux ont formé pour lui d'autres projets : ils doivent se rendre à Rome pour supplier le pape Jean XIII d'accorder à la ville de Vic le statut de métropole ; d'un commun accord, ils décident de prendre la route avec leur protégé.

*

La délégation catalane entre dans la Ville éternelle à la Noël 970. De grands troubles secouent Rome à cette époque, et les troupes germaniques de l'empereur Otton Ier peinent à protéger les papes et leur cité sainte. Gerbert, aisément admis à la bibliothèque vaticane, y fait la rencontre du souverain pontife qui, lui aussi, l'apprécie d'emblée – tous deux parlent notamment de musique. Et Jean XIII finit par le présenter à l'empereur en personne ! Quel chemin parcouru depuis Belliac et Saint-Géraud !

Otton Ier se considère comme le nouveau Charlemagne de cette fin de millénaire, aussi se veut-il le hardi défenseur des esprits cultivés. On comprend dès lors que, séduit par la culture du jeune Gerbert, l'empereur l'institue précepteur de son propre fils – avec pour mission première de le perfectionner en latin et en grec : le futur Otton II n'est-il pas sur le point d'épouser une princesse byzantine, Théophano ? Pour Gerbert, c'est une nouvelle vie qui commence – une existence moins studieuse, plus politique, à l'ombre d'un trône...

Le précepteur s'adapte sans mal à ce nouveau milieu. Il se rend indispensable au jeune Otton, devient proche de sa femme, Théophano, épousée en

972, ainsi que de l'impératrice-mère Adélaïde. Lors des noces impériales, il se lie également d'amitié avec l'archidiacre Garamnus, bras droit du très savant et influent archevêque de Reims, Adalbéron. Les deux hommes partagent le sentiment de s'être trouvés : l'un est fort en dialectique, l'autre dans le *quadrivium* – autrement dit, les sciences mathématiques. Garamnus invite Gerbert à le suivre à Reims, et lui propose d'enseigner là-bas cette discipline encore rarement dispensée. C'est pour l'ancien précepteur une situation délicate : son impérial élève est en effet monté sur le trône sous le nom d'Otton II ! Grâce à l'intercession de l'impératrice-mère, Adélaïde, il n'en obtient pas moins un congé temporaire ; ainsi Gerbert peut-il quitter la cour impériale. Son « congé temporaire » va durer dix ans !

*

Le brillant intellectuel romain qu'est devenu Gerbert découvre alors le royaume des Francs. Comparés à ceux de la Catalogne et de la cour pontificale, les palais y sont moins précieux – qu'importe ! Directement attaché à l'école cathédrale de Reims, la plus réputée du royaume, le jeune maître se retrouve en charge des cours magistraux où sont formés les futurs clercs, mais aussi quelques laïcs de haut lignage comme le jeune Robert, fils d'un certain Hugues Capet… Il joue alors un rôle pédagogique, mais aussi politique, de premier plan : il forme, si l'on peut employer un tel anachronisme, les « élites » qui, demain, « gouverneront la France ».

Gerbert s'impose dans le *trivium*, l'art du discours, en y réintroduisant la dialectique ; il réforme l'école au point de fonder un véritable modèle qui se maintiendra jusqu'à l'avènement des premières grandes universités, au XIIIe siècle. Certains de ses disciples, comme Gilbert de Chartres ou Jean d'Auxerre, répercuteront son enseignement concret et lumineux. Une anecdote évoque assez bien les dons de Gerbert pour la pédagogie : jusqu'alors l'enseignement était oral, presque sans prise de notes, et faisant appel avant tout à la mémoire auditive des étudiants. Un jour, les élèves entrent dans la classe et découvrent, au mur, une dizaine de parchemins assemblés, formant un grand tableau sur lequel Gerbert avait inscrit les cinq parties du discours, avec les articulations, les figures de rhétorique, etc. L'assistance, médusée, ne put s'empêcher d'applaudir l'œuvre de l'écolâtre.

Mais là où le magistère de Gerbert prend toute son importance, c'est dans les matières scientifiques du *quadrivium* : géométrie, musique, mathématique, astronomie. Le séjour de Gerbert en Catalogne, au contact des savants andalous, a fait de lui un véritable passeur de savoir. Pour le plus grand bonheur de ses élèves, il ouvre à l'Occident de nouvelles perspectives, défriche des pistes inexplorées : il invente l'abaque – une sorte de machine à calculer manuelle –, perfectionne l'astrolabe, dont il échange les nouveaux modèles contre de précieux manuscrits. On lui doit aussi, dit-on, la mise au point du balancier en horlogerie !

*

Comment, dans ces conditions, l'archevêque Adalbéron lui-même n'aurait-il pas été conquis par la personnalité et par l'intelligence de Gerbert d'Aurillac ? Son savoir et son charisme l'ont imposé depuis le début ; à son tour, le prélat rémois fait de lui son confident et, bientôt, son conseiller.

En 980, justement, Adalbéron doit aller rencontrer l'empereur en Italie ; son nouveau protégé pouvant se targuer de bien connaître la cour impériale, il l'emmène avec lui. Otton II accueille avec joie le retour de son ancien maître. Gerbert se plaint alors d'être méchamment calomnié par un professeur germain, Otric de Magdebourg, qui, en s'appuyant sur de fausses rumeurs, le traite d'ignorant ! Pour confondre l'impudent, l'empereur Otton II organise une dispute publique à Ravenne, que Gerbert remporte haut la main, sous les acclamations d'une assemblée de savants, charmés par ces assauts de dialectique. L'empereur exulte : il nomme le fidèle Gerbert abbé de Bobbio. Voilà donc, à trente-sept ans, notre intellectuel à la tête de l'une des plus riches abbayes de l'époque. Hélas, ce présent impérial va se révéler un cadeau empoisonné : le monastère est un panier de crabes ; les vilenies, les intrigues de toutes sortes, les rivalités politiques et personnelles y règnent. Certes, la bibliothèque est une des plus fabuleuses d'Occident, mais que de désordres en ces murs ! Impossible d'y méditer en paix. Gerbert n'est pas un homme de compromis : il a eu beau rétablir des règles de vie strictes et imposer son autorité, les conflits qui l'opposent à ses propres moines, aux seigneurs voisins et aux prélats de la province le convainquent de déclarer forfait. Ses plaintes à l'empereur étant restées sans réponse, Gerbert décide, en 983, de quitter cette Italie qui le rejette, et de regagner Reims où Adalbéron l'attend.

Comment aurait-il pu deviner que ce retour en Francie allait lui permettre, quelques années plus tard, d'entrer dans l'Histoire ?

*

Otton III n'a que trois ans quand meurt son père, et le Saint Empire romain germanique s'en trouve affaibli. Deux parties se disputent la Régence : d'un côté celui d'Henri « le Querelleur », le duc de Bavière, soutenu par Lothaire, roi carolingien des Francs ; de l'autre, l'impératrice Théophano et sa belle-mère Adélaïde. L'archevêque de Reims Adalbéron, conseillé par Gerbert, va jouer un rôle majeur dans cette affaire : il décide de s'opposer au roi des Francs, tout en menant un double jeu. Adalbéron reste proche du roi Lothaire – il n'a d'ailleurs guère le choix – tandis que Gerbert deviendra l'ennemi des Carolingiens et le défenseur de leur concurrent direct en Francie : Hugues, surnommé « Capet » parce qu'il possède nombre de bénéfices conventuels, que l'on appelle alors des chapes. « L'amitié de Hugues doit être recherchée sans faiblesse », écrit Gerbert à Adalbéron.

Lorsque le roi Lothaire vient à mourir, en mars 986, c'est naturellement l'archevêque Adalbéron qui préside à ses funérailles. Mais son fils, Louis V, considère le prélat comme un traître. Il va jusqu'à le mettre en accusation et le traduire devant une assemblée de barons. De lourdes menaces pèsent soudain sur les têtes d'Adalbéron et de Gerbert. Coup de théâtre : le 22 mai 987, le jeune Louis V fait une chute de cheval – très opportune... – en forêt de Senlis ; or, il était bien jeune, et meurt donc sans descendance directe ! Comme de juste, son oncle Charles de Lorraine se présente à Reims pour réclamer la succession – seulement Adalbéron et Gerbert vont tout faire pour l'évincer et favoriser l'avènement de Hugues Capet, finalement élu roi des Francs par les barons du royaume.

Il n'est donc pas excessif d'affirmer que Gerbert a joué un rôle de tout premier plan dans la fondation de la nouvelle dynastie, censée être provisoire, mais qui va durer plus de huit cents ans, jusqu'à la chute de Louis XVI en 1792, puis ressurgir et se prolonger jusqu'en 1848 !

*

Une fois accompli ce dernier exploit politique, l'archevêque de Reims Adalbéron meurt en janvier 989, ce qui plonge Gerbert dans une affliction sincère : « Mon père Adalbéron, de sainte mémoire, avait, dans les affaires dépendant de l'Éternité, un tel équilibre et une telle force qu'après sa dissolution dans le principe des choses, le monde, a-t-on pensé, est tombé dans le chaos initial. » Il ne lui succède pas moins comme archevêque de Reims, en 991 – non sans difficulté d'ailleurs, le pape Jean XV se méfiant beaucoup de ses velléités d'indépendance. Gerbert finira par renoncer à sa charge et par trouver refuge à la cour du Saint Empire.

À présent, Otton III est devenu presque un homme : il fait bon accueil à l'ancien précepteur de son père et le nomme à l'archevêché de Ravenne, qui est l'antichambre de la papauté. De fait, Gerbert montera finalement sur le trône de saint Pierre, le 2 avril 999. Cette date un peu particulière lui vaut le surnom de « pape de l'an mil ».

Le nouveau chef de l'Église et le tout jeune empereur s'entendront à merveille : Gerbert veut reconstituer l'ancienne alliance de la tiare et de l'épée, celle qu'avaient autrefois nouée l'empereur romain Constantin et le pape Sylvestre Ier – d'où sa décision de régner sous le nom de Sylvestre II. Mais même une fois installé sur le trône de Pierre, l'ancien écolâtre de Reims, humaniste complet bien avant l'heure, n'aura de cesse de se passionner pour la connaissance, et de faire recenser partout les livres rares. Cet homme exceptionnel, doté précocement de ce que l'on pourrait appeler « l'esprit de la Renaissance », aura eu la chance de vivre dans une époque où les connaissances étaient encore assez limitées : l'on pouvait donc concevoir le projet d'en faire un jour le tour complet. Or, quand la mort vint le saisir, en 1003, après seulement quatre ans de règne, on peut supposer que Sylvestre II, le pape de l'an mil, avait fait le tour du savoir.

Une vie semée de symboles

Comme l'a fait remarquer le sagace Jean-François Prévost[1], le destin de Gerbert d'Aurillac s'inscrit dans un étrange quadrilatère : entre l'Auvergne, Rome, la Hongrie et Senlis. Chacun de ces lieux aura vu, grâce à lui, l'Histoire s'accomplir. L'Auvergne, lieu de sa naissance et de son enfance, est celui de la Providence qui place Gerbert dans les mains de Dieu. Rome reste la ville sainte de sa consécration, quand il se rapproche peu à peu du pouvoir avant de coiffer la tiare. Senlis est évidemment liée à l'avènement d'Hugues Capet, fruit d'une habile et dangereuse politique menée par l'archevêque de Reims et son proche conseiller, avec l'appui de l'impératrice Adélaïde. Quant à la Hongrie, dernier lieu symbolique, il est lié à une promesse faite six siècles plus tôt à Attila !

En effet, le chef des Huns, après avoir dévasté en partie l'Europe, est arrivé devant Rome en 452. Là, contre toute attente, il rebrousse chemin, inspiré par une apparition divine qui lui aurait promis une couronne pour ses descendants, s'il épargnait la Ville éternelle. Sylvestre II connaissait ce récit : en offrant la couronne au duc Étienne de Hongrie,

1. Professeur de droit à la faculté de Paris, auteur de *Credo*, éd. Odile Jacob, 2009.

présenté comme le descendant d'Attila, il exauçait donc une promesse sacrée. Et en « faisant » les rois de Hongrie et de Pologne, il annonçait l'ascendant spirituel et politique que la papauté devait se donner sur les grands royaumes d'Occident.

Le corps de Sylvestre II a été déposé à Saint-Jean-de-Latran. La légende de ce pape était entourée de tant de mystère que l'on finira, au XVIIe siècle, par ouvrir ce tombeau, afin de vérifier que son occupant n'était pas possédé du démon ! Il est vrai que, jusqu'à nos jours, la légende aura prétendu qu'à l'approche de la mort du pape régnant, il serait possible d'entendre des coups répétés, frappés depuis l'intérieur de la bière. Aussi ne serait-il pas rare, dit-on, en cas de maladie du souverain pontife, de croiser près du fameux tombeau quelques prélats curieux… ou impatients.

8

Nés dans le sang

Ce que les Américains appellent Civil War *aura d'abord été l'affrontement sanglant de deux conceptions du nouvel État fédéral : la vision nordiste d'une nation urbaine, industrielle et conquérante, et qui finalement l'emportera ; la vision sudiste d'un pays terrien, patrimonial et traditionnel, celui des producteurs de coton immortalisés par Margaret Mitchell dans* Autant en emporte le vent. *Au nom de ces valeurs inconciliables, trois millions de combattants vont s'affronter pendant quatre ans sur le sol américain, et le joncher de centaines de milliers de morts. Une tuerie fondatrice, en somme, avec en toile de fond la question empoisonnée de l'esclavage.*

Avec le recul, il est tentant de prendre parti dans la guerre de Sécession : les bons seraient au Nord, et les méchants au Sud, au nom d'une simple évidence : la Confédération, au Sud, était esclavagiste, alors que l'Union, au Nord, se proclamait abolitionniste. À l'époque, cependant, les choses n'étaient pas si simples – notamment lorsqu'on les envisageait depuis la France : après tout la Louisiane était restée francophone, et une grande majorité de Français soutenait le Sud ; certains planteurs ou négociants tentèrent du reste, en vain, d'obtenir le soutien de Napoléon III.

À qui veut se garder des caricatures, il importe de souligner le paradoxe suivant : si l'on met de côté la question fondamentale du droit et de la morale pour adopter une approche factuelle, force est de constater qu'à cette époque, les Noirs étaient objectivement mieux traités dans les États esclavagistes que dans les autres ! C'est en tout cas le constat de l'Écossais Charles McKey qui circulait à travers les États-Unis en 1860, juste avant l'éclatement du conflit : « Dans le Sud, les propriétaires d'esclaves ne semblent pas avoir d'objections à se trouver tout près de n'importe quel Noir ; en revanche, les hommes du Nord qui parlent tant de liberté et d'égalité politique, retroussent dédaigneusement les lèvres à la moindre éventualité de contact avec un Africain », écrit-il. Autant dire que ce témoin accuse les nordistes de faire preuve d'hypocrisie, et de défendre d'autant mieux l'égalité civique qu'ils se désintéressent totalement des aspects concrets et sociaux d'une éventuelle cohabitation.

Un autre paradoxe doit être rappelé : en 1860, une majorité de sudistes est favorable à l'idée de supprimer l'esclavage – à condition que cette suppression soit « progressive et sécurisée ». C'est en tout cas ce que constate le fameux architecte Frederick Law Olmsted qui, pour le *New York Daily Times*, s'est rendu plusieurs fois au Texas afin de rédiger des articles sur la question. Il note qu'une majorité de la population serait favorable à l'abolition, mais qu'elle en redoute forcément les conséquences en termes de sécurité des biens et des personnes. Les Blancs du Sud craignent que les Noirs, une fois libérés de l'esclavage, ne se vengent de toutes ces longues années de servitude.

Comprenons bien, enfin, qu'il est très difficile, pour tous ces planteurs installés dans le système esclavagiste depuis tant de générations, de renoncer à un mode de vie certes lourd à assumer, et même impossible à soutenir à la face du monde, mais d'autant plus confortable qu'il est parfaitement ancré dans les mœurs. C'est donc sur une situation des plus complexes que vient se greffer, dans le courant des années 1850, un débat politique houleux.

*

À cette époque, dans la plupart des États du Nord, un certain nombre de jeunes politiciens, pleins d'ambition, sont décidés à en finir avec la mainmise des partis whig et démocrate sur la vie politique fédérale. Eux se veulent les porte-parole d'une population nouvelle, issue de la modernité urbaine et industrielle, population qui ne se reconnaît plus dans la vieille histoire des premières colonies. De ces aspirations neuves naît, en 1854, le Parti républicain, aussitôt plébiscité par les citadins du Nord – employés, commerçants, industriels et financiers – mais aussi par tous ces fermiers du Middle West en attente de nouvelles aides fédérales, et soucieux de relever les tarifs protectionnistes, contre un Sud plus ouvert au libre-échange. Il est essentiel de comprendre qu'en ce milieu de siècle, la société américaine est confrontée à certains défis nouveaux pour elle, et que les républicains, portés par leur champion Abraham Lincoln, se révèlent les mieux à même de les relever. Lincoln est élu en 1860 avec seulement un million huit cent cinquante mille suffrages, ce qui, du fait du système majoritaire, est suffisant pour devenir président. Dans cette élection, c'est bel et bien le

Middle West qui a fait la différence et ce, grâce à une campagne républicaine qui n'a eu de cesse de stigmatiser les grands planteurs du Sud, présentés comme les ennemis naturels des fermiers de la Conquête. La question de l'esclavage, dans ce débat, n'a servi que de prétexte à Lincoln pour fédérer son électorat contre les grands planteurs. Comment s'étonner, dès lors, que le nouveau président soit considéré, au Sud, comme une incarnation du diable ? Tout compromis avec lui paraît impossible aux ennemis irréductibles qu'il s'est créés ; d'ailleurs, certains États du Sud avaient prévenu qu'ils iraient jusqu'à faire sécession, dans l'hypothèse où leur ennemi acharné serait élu.

Précisons qu'une sécession pacifique est prévue par la constitution fédérale, en cas d'impasse politique : les États qui le souhaitent peuvent toujours se retirer de l'Union s'ils n'en partagent plus les intérêts. Une telle solution n'en paraît pas moins désastreuse, politiquement, mais aussi sur un plan économique : pour le Nord comme pour le Middle West, les États du Sud constituent en effet un débouché essentiel pour des produits agricoles et manufacturés, chaque année plus nombreux.

Le pire est en marche, cependant : au lendemain de l'élection d'Abraham Lincoln, sept États du Sud font effectivement sécession, c'est-à-dire qu'ils se séparent du reste du pays ! Dans ces conditions, le Middle West – incarné par Lincoln – va pousser à la guerre, en vue de préserver l'unité des États-Unis. Ceux qui sont favorables à l'Union et à l'abolition de l'esclavage se retrouvent ainsi au Nord, alors que les partisans de l'esclavage et de la séparation politique se concentrent au Sud… Il est assez facile, dès lors, de deviner qui a le plus à gagner à un terrible conflit militaire : les usines à canons de la Nouvelle-Angleterre, ou bien les grandes plantations qui, au Sud, vont servir de théâtre aux batailles à venir ?

Dès l'annonce de la Sécession, les États du Sud prennent possession sur leur sol des bastions de l'autorité fédérale : les bureaux de douane, les arsenaux, les forts sont occupés par des forces sécessionnistes… Ces opérations sont menées rondement et dans un calme relatif, excepté en Caroline du Sud, où la résistance est réelle – notamment dans la ville de Charleston. Cette baie se trouve en effet protégée par les canons du fort Sumter, un bastion fédéral dont le commandant refuse de remettre les clés aux autorités de Caroline du Sud. Washington saute sur l'occasion : Lincoln décide aussitôt de soutenir le fort, et lui envoie une flottille de ravitaillement. Les Caroliniens adressent un ultimatum au commandant du fort, puis un second, en vain… Alors commence un siège dans les règles.

Le vendredi 12 avril 1861, à quatre heures et demie du matin, le premier obus de la guerre de Sécession est lancé, par les sudistes, contre le fort Sumter. Un véritable duel d'artillerie s'engage jusqu'au dimanche, lorsque le commandant finit par capituler et quitte la redoute, drapeau déployé, accompagné de sa musique qui interprète *Yankee Doodle* au nez des Caroliniens. Le lendemain, Lincoln appelle aux armes les États favorables à l'Union.

La guerre de Sécession vient de commencer.

*

Le conflit va rapidement s'étendre. Quatre nouveaux États du Sud – la Virginie, la Caroline du Nord, le Tennessee et l'Arkansas – vont rejoindre les sept premiers, et renforcer ainsi la Confédération. De son côté, Lincoln parvient à maintenir dans l'Union quatre États limitrophes de la région sécessionniste, dont le Missouri et le Kentucky. Au départ, comme dans toutes les guerres, les observateurs s'attendent à un conflit court et limité. Lincoln ne lève d'ailleurs de troupes que pour trois mois : l'opinion pense qu'il s'agira plus ou moins d'une opération de police.

Très vite, il est clair que le rapport des forces s'établit en défaveur du Sud. La Confédération regroupe cinq millions cinq cent mille citoyens, dont un peu moins d'un million de combattants – chiffre variant selon les périodes –, avec un budget de guerre de deux milliards de dollars, réduits au demeurant par une inflation galopante. Du côté de l'Union, au Nord, vingt-deux millions de citoyens occupent une région déjà très industrialisée, qui compte un million cinq cent mille combattants et consacre trois milliards de dollars à l'effort de guerre ! Par ailleurs, la force navale est en grande partie aux mains des nordistes, ce qui permet à Washington d'organiser très vite un blocus méridional. À la veille d'une guerre moderne, nouvelle, où tous les moyens possibles seront mis en œuvre pour remporter rapidement une victoire absolue, il apparaît d'entrée de jeu que la puissance de feu est entre les mains des nordistes.

Il en faudrait davantage pour briser le moral de la Confédération qui aborde ce conflit confiante, avec même un certain enthousiasme. N'est-elle pas puissante, riche de ses grands domaines, de ses exportations de coton lucratives et de chefs militaires de premier ordre, issus pour la plupart de l'académie de West Point ? Face à Lincoln, la Confédération se donne son propre président, Jefferson Davis, lui-même ancien officier. Les soldats sudistes sont des paysans, habitués au terrain, solides et résistants, prêts à défendre leur terre face à des nordistes qui devront adopter une guerre offensive, donc plus risquée. Les sudistes sont par ailleurs convaincus que les deux grandes puissances de l'époque, la France et la Grande-Bretagne, vont les aider. Erreur... Napoléon III préfère profiter de l'affaiblissement américain pour se lancer dans l'aventure mexicaine... Quant aux Britanniques, ils hésitent : s'ils se sentent proches des sudistes et commercent beaucoup avec eux, ils n'en restent pas moins gênés par la question de l'esclavage...

Du côté de l'Union, la puissance matérielle, regardée à juste titre comme un atout majeur, se trouve contrebalancée par l'hostilité politique permanente d'une grande majorité de démocrates, reflétant une opinion qui ne s'engage dans ce conflit qu'à reculons. Du reste, l'instauration par Lincoln de la conscription, en 1863, va entraîner de véritables révoltes : on relèvera jusqu'à cinq cents morts lors d'une rixe à New York ! Le nouveau président se méfie du Congrès. Après l'affaire du fort Sumter, en Caroline du Sud, il attend d'ailleurs trois mois avant de le réunir en session extraordinaire. Partisan d'un exécutif fort, il voit ses pouvoirs largement étendus en tant que commandant en chef – ce qui aura par la suite une influence décisive sur l'histoire politique américaine, le rôle du président et ses rapports avec les États. « Cette guerre est essentiellement le combat du peuple, clame le président Lincoln, l'Union veut maintenir cette forme et cette nature de gouvernement dont le but principal est d'élever la condition des hommes. » Et pour mettre ses actes en conformité avec ses paroles, il proclame, le 22 juillet 1862, l'émancipation des esclaves avec une date d'entrée en application très proche : le 1er janvier 1863. À l'intérieur du pays, cette décision n'a pas beaucoup d'effet puisque les États sudistes ne la reconnaissent pas ; mais elle a un fort retentissement à l'étranger, notamment en Europe. C'est à partir de cette date que l'opinion internationale évolue et passe du côté du Nord. Quant à l'abolition effective de l'esclavage, objet du 13e amendement à la Constitution américaine, elle interviendra le 18 décembre 1865, après la victoire nordiste.

*

Dès le début du conflit, certains nordistes ont parié sur un soulèvement spontané des masses d'esclaves travaillant dans les plantations : ils sont trois millions cinq cent mille exactement. Mais en réalité, un peu moins de 10 % des Noirs seulement rejoignent les rangs du Nord, les autres restant fidèles à leurs maîtres. Paradoxalement, plus le conflit avancera, et plus on verra de Noirs entrer dans les rangs de l'armée sudiste ! Le problème pour la Confédération réside plus dans le pouvoir très étendu que la nouvelle Constitution du Sud accorde aux différents États séparatistes : chacun gère sa propre défense et ses propres troupes. Cela ne facilite pas le front commun… Pis : le pouvoir exécutif se trouve peu à peu miné par la mésentente de fond qui oppose le président Jefferson Davis à son vice-président Alexander Stephens. Car les deux chefs sont en désaccord sur presque tout.

C'est une faiblesse très grave, mais qui n'apparaît guère dans les premiers mois du conflit. Au début, les confédérés dominent les combats. Dès 1861, ils remportent la première grande bataille, celle de Bull Run, aux portes de Washington. À partir de 1862, les troupes nordistes échouent dans leurs tentatives de prendre Richmond, en Virginie, devenue la capitale de la Confédération. Il faut dire que l'armée de Virginie est sous les ordres du très brillant général Robert Edward

Lee. Richmond, de longs mois durant, va littéralement obséder les belligérants et devenir l'enjeu principal des combats.

Par la suite, Lee et le major-général McClellan s'affrontent, en septembre 1862 à Antietam, pour un résultat indécis : le nombre de morts est tel qu'on peut considérer la bataille comme une défaite pour les deux camps. Lincoln limoge alors McClellan, considéré comme trop timoré, et plus soucieux de conserver son armée que de prendre des risques offensifs. Il a fait pâle figure, face à un Lee qui restera comme le plus grand chef militaire de ce conflit : brillant officier, au port aristocratique, à l'opposé de son légendaire adversaire le nordiste Ulysse Grant – ancien alcoolique à la vie dissolue, quoique redoutable meneur d'hommes.

Pendant ce temps, les forces navales fédérales réussissent à prendre La Nouvelle-Orléans, puis elles remontent le Mississippi pour tenter une jonction et couper les forces de la Confédération – opération enfin réussie à l'été 1863. Au même moment, le général Lee se heurte aux nordistes lors de la célèbre bataille de Gettysburg : une victoire pour les fédéraux, mais pas vraiment décisive cependant, les confédérés parvenant à se retirer en bon ordre. Peu à peu, les sudistes devront tout de même évacuer le Tennessee, leur zone d'influence diminuant comme peau de chagrin. Tandis que le général Grant, faisant creuser des tranchées, paraît se résoudre à une guerre de position, c'est à l'initiative du général Sherman, pratiquant une redoutable guerre de terre brûlée, que l'Union doit le coup de force décisif d'avril 1865 : Lee est alors contraint d'abandonner la défense de Richmond. Le 9 avril, ce grand soldat, la nuque encore raidie par le poids des événements, signe l'acte de reddition que lui présente un général Grant hirsute et débraillé, comme à son habitude. La scène se déroule à Appomattox en Virginie. La guerre est finie, la division a pu être évitée, le pays retrouve ses États… L'Union fédérale, le Nord, autant dire Lincoln et les siens, vont pouvoir écrire l'Histoire.

Le spectre de la désunion

Pour l'historien André Kaspi[1], la guerre de Sécession occupe une place tout à fait particulière dans la conscience nationale américaine. C'est l'acte de naissance d'un État uni après avoir été violemment divisé. Ce conflit a laissé des traces plus que durables dans l'Amérique moderne. Il a renforcé le pouvoir exécutif, à commencer par le pouvoir du président. L'assassinat de Lincoln, quelques jours seulement après la victoire, fera également de lui un martyr et le véritable père de la Nation – l'Union restaurée étant baptisée dans le sang, en quelque sorte. Cette guerre attisera aussi une méfiance historique des États fédérés envers Washington : ils conserveront une propension à défendre leurs prérogatives et leurs libertés face à la Fédération. Enfin, le drame aura fait office de contre-exemple absolu : désormais l'unité nationale devra être préservée à tout prix dans la jeune nation.

Il faut dire que ce conflit fut un véritable massacre en laissant sur le terrain six cent cinquante mille morts au total, nordistes et sudistes confondus. Un chiffre supérieur à celui, cumulé, de tous les Américains morts dans toutes les autres

1. Auteur de *La Guerre de Sécession : Les États désunis*, éd. Gallimard, coll. « Découvertes », 1992.

guerres ! Des pertes qui s'expliquent en partie par la formation militaire dispensée à West Point, et qui s'inspirait largement des guerres napoléoniennes. La stratégie dominante consistait à concentrer toutes les forces sur un objectif, quitte à utiliser au maximum l'infanterie – d'où des dégâts humains considérables. La *Civil War* sera la première guerre totale, annonciatrice des massacres de 14-18. Une guerre qui sera aussi beaucoup photographiée, à l'image de celle de Crimée, quelques années auparavant.

André Kaspi insiste sur le fait que la question idéologique autour de l'esclavage n'était pas si essentielle au départ. Elle n'en sera pas moins habilement exploitée par le président Abraham Lincoln, soucieux de recueillir l'adhésion massive de l'opinion… britannique. Car sur le terrain, la proclamation de 1862 n'aura eu que très peu d'effet. N'oublions pas, du reste, qu'il faudra encore attendre un siècle entier pour que l'intégration des Noirs dans la société américaine fasse l'objet de lois spécifiques. De ce point de vue, la guerre de Sécession n'aura été que la toute première marche d'une émancipation très lente.

9

L'or supposé de Nicolas Flamel

« Point n'est besoin d'espérer pour entreprendre, ni de réussir pour persévérer. » La devise de Charles le Téméraire, reprise par la suite par Guillaume d'Orange, aurait parfaitement convenu à ces chercheurs inlassables qu'étaient les alchimistes. S'appuyant sur un savoir immémorial, ils affirmaient détenir le secret de la pierre philosophale – une mystérieuse substance capable de changer les métaux les plus vils en or pur, mais aussi de guérir les malades, voire de prolonger la vie... Leur existence se résumait à une quête perpétuelle, scandée d'échecs qui ne les rebutaient nullement. Ces passionnés étudiaient sans relâche et confrontaient leurs expériences, encouragés par l'exemple de quelques rares initiés, réputés avoir réussi le Grand œuvre. Au premier rang de ces élus : un certain Nicolas Flamel, le plus célèbre des faiseurs d'or du Moyen Âge.

Au livre VII de son *Histoire de France*, Jules Michelet brosse un tableau saisissant de ce que pouvait être Paris sous Charles V. « Ce sont d'étranges époques, écrit-il. On nie, on croit tout. Une fiévreuse atmosphère de superstition sceptique enveloppe les villes sombres. L'ombre augmente dans leurs rues étroites ; leur brouillard va s'épaississant aux brouillards d'alchimie et de sabbat. Les croisées obliques ont des regards louches. La boue noire des carrefours grouille en mauvaises paroles. » De fait, en cette seconde moitié du XIVe siècle, la capitale présente un singulier visage. Il faut l'imaginer resserrée autour de la Seine, formée de pauvres maisons de bois et de torchis s'élevant sur quelques étages, blotties au cœur d'une large enceinte, avec d'innombrables églises et autant de clochers hérissant leurs flèches sur des faubourgs malodorants. La tour Saint-Jacques, ce clocher gothique qui, de nos jours, s'élève seul au milieu d'un square, est alors le clocher de l'église Saint-Jacques-de-la-Boucherie, paroisse indépendante entre Notre-Dame et Saint-Martin-des-Champs. Un quartier de petites masures à colombages pour la plupart, cernées d'ateliers de tanneurs et d'échoppes de bouchers qui déversent des seaux de sang dans les ruelles étroites. L'atmosphère est pestilentielle, les cochons se promènent librement, le bruit est constant : échos de conversations et de disputes, cris des chalands et grincement des charrettes…

En cet an de grâce 1357, maître Nicolas Flamel habite au beau milieu de cette paroisse, à l'angle de la rue des Escrivains et de celle des Marivaux – autant dire « des marais ». Il occupe une assez jolie maison à l'enseigne de la Fleur de Lys – à l'époque, les numéros de rues n'existent pas et le quidam se repère aux enseignes. « Saint-Jacques-de-la-Boucherie, décrit encore Michelet, était la paroisse des bouchers et des Lombards, de l'argent et de la viande. Dignement enceinte d'écorcheries, de tanneries et de mauvais lieux, la sale et riche paroisse s'étendait de la rue Trousse-Vache au quai des Peaux ou Pelletier. À l'ombre de l'église des bouchers, sous la protection de ses confréries, dans une chétive échoppe, écrivaient, intriguaient, amassaient Flamel et sa vieille Pernelle, gens avisés, qui passaient pour alchimistes, et qui de cette boue infecte surent en effet tirer de l'or. »

Précisons-le d'emblée : Nicolas Flamel n'exerce pas ouvertement la profession d'alchimiste ! Cette « science », en effet, relève plus de la vocation que d'un métier proprement dit... Dans son échoppe de cinq pieds sur sept, au rez-de-chaussée de cette maison d'angle, Flamel est plutôt écrivain public et copiste – un métier répandu au XIVe siècle. En un temps où l'imprimerie n'existe pas encore et où les livres, constitués de parchemins reliés en codex, sont soigneusement et inlassablement copiés et recopiés, les fameux « escrivains » et autres copieurs ne chôment guère. Nicolas Flamel est l'un d'eux, même s'il n'est pas « écrivain juré », c'est-à-dire agréé par l'Université. Il ne s'est pas installé par hasard à l'ombre de cette église un peu particulière, et sous la protection du curé de Saint-Jacques, greffier du Parlement et dès lors personnage influent du Paris de l'époque. Nicolas Flamel passe pour fort érudit ; bachelier ès arts, il maîtrise aussi bien le latin que le français. Et à ses heures perdues, il fait office de maître de calligraphie.

En 1357, donc, Nicolas approche de la trentaine – il serait né vers 1330 du côté de Pontoise. Assez grand, brun, avec un beau visage et un regard vif mais aimable, il se distingue nettement de l'image si longtemps répandue du vieillard mutin, au visage dévoré par une barbe blanche, auréolé du prestige un peu sulfureux de ses pouvoirs occultes. On est encore loin du profil type du faiseur d'or, à la fois sombre et mystérieux ! Et pour cause : à cette époque, Flamel n'est pas encore alchimiste. Il ne pense même pas à la pierre philosophale et ignore tout ou presque du long parcours de sagesse que sa recherche implique. À cette époque, sa vie n'a pas encore basculé ; le songe n'a pas encore produit son effet.

*

Une nuit, Nicolas rêve d'un ange vêtu de lumière, tenant à bout de bras un gros livre dont la couverture lui paraît faite de cuivre doré.

« Regarde bien ce livre, lui dit l'ange. Tu n'y comprends rien, et les autres pas davantage ; mais un jour, tu y verras, toi, ce qu'eux n'y pourront voir...

— Approche, dit Nicolas... Laisse-moi regarder mieux. »

Il tend les mains, en rêve, mais l'ange recule, sourit, s'éloigne puis s'évanouit dans l'ombre.

Flamel s'éveille en sursaut, avec le sentiment que son rêve avait quelque chose de réel : « C'était plus qu'un songe », se dit-il – comme si ce livre et cette apparition étaient palpables, plus vrais et plus puissants qu'une simple vision... Plusieurs jours durant, le jeune copiste reste habité par son rêve et peine, visiblement, à s'en remettre. Puis le temps passe et fait son œuvre : le souvenir de l'ange et du livre doré s'estompe, et la vie reprend le dessus... Jusqu'au jour où...

Dans son échoppe du quartier populaire de Saint-Jacques, au coin de la rue des Marivaux, se tient, par un beau matin, un petit homme vêtu de bure, au visage parcheminé. Il porte un lourd paquetage et paraît épuisé.

« Vous semblez venir de loin, lui dit Flamel. Vous êtes fatigué, n'est-ce pas ? Allons, n'hésitez pas, asseyez-vous... »

L'homme ne se fait pas prier. L'écrivain public lui laisse le temps de reprendre son souffle et lui sourit.

« Eh bien, mon ami, m'apportez-vous quelque chose à copier ?

— Non, j'ai un livre à vendre, lâche le voyageur à la peau brune. Un livre très rare… »

Et joignant le geste à la parole, il extirpe de son paquetage un gros volume bien emballé qu'il tend à Flamel. Celui-ci dévisage son visiteur ; puis il entreprend de déballer le livre imposant, à la splendide reliure de cuivre doré – avec les mêmes fermoirs alambiqués, le décor de dragons que dans son rêve. Flamel sent le sol se dérober sous lui. Il finit par ouvrir le volume, et sur ses très vieilles pages d'écorce, retrouve exactement les signes mystérieux que l'ange, dans son sommeil, lui avait montrés. Les feuillets sont couverts de soleils et d'étoiles, de personnages ailés, de signes hermétiques – on y distingue du reste le caducée du dieu Hermès –, de dragons à la queue fléchée, de serpents crucifiés… Flamel ne peut être qu'intrigué par cet objet extraordinaire, qui prend la forme d'une véritable révélation. Il est assez lettré pour déchiffrer rapidement une sorte d'adresse inaugurale : « Abraham, le juif, prince, prêtre lévite, astrologue et philosophe, à la nation des Juifs par l'ire de Dieu, dispersée aux Gaules, salut. »

Le curieux visiteur se défait de l'ouvrage pour quelques florins seulement, puis il disparaît, laissant l'acquéreur penché sur la forêt de signes. À force de scruter, de décrypter ces pages antiques, Flamel finit par comprendre que le précieux codex contient des secrets d'ordre alchimique – de ceux qui ont trait à la transmutation des métaux vils en or !

Comment les déchiffrer ? Comment les faire siens ? L'écrivain se lance alors dans une recherche dont il n'imagine pas encore qu'elle va changer sa vie.

*

Vers 1360, Nicolas Flamel épouse dame Pernelle, une jolie veuve d'une quarantaine d'années, à l'esprit curieux et entreprenant. Mise dans le secret, elle va l'aider, désormais, dans son œuvre de déchiffrage. Elle va non seulement seconder Nicolas et le motiver dans sa quête, mais aussi lui ouvrir de nouvelles perspectives. Plus jeune, elle a fréquenté quelques savants juifs, ce qui lui permet de saisir assez vite la dimension kabbalistique du grimoire. C'est pour elle une évidence : les savants juifs détiennent seuls la clé du déchiffrage ultime. Reste à entrer en contact avec eux... L'entreprise est délicate : sous le règne de Charles V et au début de celui de Charles VI, les Juifs sont tout juste tolérés en France ; ils sont avant tout des boucs émissaires, souvent désignés à la vindicte populaire... Nicolas Flamel et son épouse mettent des années à obtenir la confiance de certains d'entre eux, initiés aux mystères de la Kabbale – cette forme ancienne de sagesse judaïque, mêlant connaissances secrètes et tradition ésotérique. Pendant dix-huit ans de vie commune, le couple copie, étudie, retranscrit sans relâche les pages et les chapitres du vieux livre ! Tous deux finissent par connaître par cœur ce long texte dont ils réalisent une copie complète.

En 1378, Nicolas Flamel a pu mettre un peu d'argent de côté, et acquérir une position plus établie. Il décide alors de partir à la recherche des grands kabbalistes, ceux qui vivent là-bas, de l'autre côté des Pyrénées, dans une Espagne alors en pleine Reconquête. Augure favorable : Flamel tient boutique au pied de l'église Saint-Jacques, d'où partent les grands pèlerinages pour Compostelle. Il lui suffira donc de se mêler à un groupe de pèlerins et de mettre le voyage à profit pour pénétrer les cénacles juifs de la péninsule et leur soumettre les énigmes non résolues du vieux grimoire...

*

Le voyage se fait à pied. C'est un périple interminable à travers des provinces inconnues, pour enfin déboucher sur les terres d'Espagne. Voici Nicolas dans la province de León, où se trouvent un certain nombre de spécialistes juifs de la Kabbale. Parmi eux, le Parisien fait la connaissance d'un vieux savant nommé Canches, médecin converti et fameux alchimiste. Le Français lui montre les copies du livre, qu'il a cousues dans ses vêtements. À la vue de ces textes, Canches se convainc sans peine de leur importance. « Je veux voir l'original, dit-il à Flamel. – Il n'est pas là, il est très lourd, je l'ai laissé à Paris », répond l'écrivain. « Eh bien, dans ce cas, j'irai avec toi à Paris. Et avec ton aide, je viendrai à bout de l'énigme... »

Les deux savants prennent donc ensemble le chemin du retour. Et tout en progressant sur les routes du royaume de France, ils ne perdent aucune occasion de travailler de concert à l'élucidation du mystérieux texte. Pendant cette longue pérégrination, Canches initie de la sorte Nicolas aux secrets du grand œuvre, à ceux de la pierre philosophale. Mais le voyage est harassant, et le vieux Juif converti, épuisé par tant de marche, finit par s'éteindre aux abords d'Orléans – non sans avoir transmis l'essentiel à son compagnon de voyage. Ainsi Nicolas Flamel pourra-t-il décrypter les ultimes énigmes du grimoire.

Après un voyage de deux ans et demi, Nicolas, à présent dépositaire de connaissances exceptionnelles, peut enfin rejoindre son épouse à Paris. Dame Pernelle le convainc de procéder par ordre :

ils copient les nouvelles révélations, classent les textes, déchiffrent les enluminures, compilent les différentes informations, les interprètent, les juxtaposent, tout en les mettant en perspective… jusqu'à la révélation !

*

Si l'on en croit *Le Livre des figures hiéroglyphiques* signé de Nicolas Flamel, l'écrivain public de la paroisse Saint-Jacques-de-la-Boucherie aurait touché au but le 25 avril 1382 : avec son épouse, il serait parvenu à transformer une demi-livre de mercure en or pur ! Ce que tant d'alchimistes avant eux avaient tenté en vain, Nicolas Flamel et dame Pernelle l'auraient accompli : percer enfin le grand secret de la pierre philosophale !

Ils auraient accompli l'œuvre au noir – ou calcination – qui consiste à débarrasser la matière de ses scories ; puis l'œuvre au blanc – phase d'épurement par l'eau et l'air – ; enfin, l'œuvre au rouge, ultime étape, la plus fantastique, celle de la transformation du mercure en argent puis en or alchimique ! Un processus dont Nicolas Flamel est donc réputé avoir percé tous les arcanes.

Ce savoir inouï serait à l'origine de sa spectaculaire fortune… Car nul ne peut contester que le ménage Flamel, en cette fin de XIVe siècle, s'est mis à faire le bien autour de lui. Tous deux achètent des maisons, en revendent, en acquièrent d'autres… Ils font construire la Maison du Grand Pignon, sur des terres achetées au prieuré de Saint-Martin-des-Champs, où ils logent des artisans pour un loyer modique et offrent la gratuité aux laboureurs. Les Flamel versent également des dons généreux à quatorze paroisses et hôpitaux, dont l'hôpital des Quinze-Vingt…

Nicolas Flamel meurt à Paris en 1418, presque nonagénaire si l'on en croit les récits de l'époque… D'aucuns n'ont même jamais cru à son décès, prétendant qu'il avait organisé de fausses funérailles pour se retirer loin, dans les Indes. D'ailleurs, bien plus tard, au tournant du XVIIIe siècle, le célèbre voyageur Paul Lucas affirmera l'avoir croisé là-bas, en compagnie de dame Pernelle, tous deux fort bien portants… et toujours riches !

Trop beau pour être vrai

Le récit qui précède a tout d'un beau conte pour enfants, nous disent les historiens ; car la vérité, c'est que, très certainement, Nicolas Flamel n'a jamais pratiqué l'alchimie ! « Toute cette légende, précise le spécialiste Didier Kahn[1], est apparue plus tard, bien après sa mort... »

On connaît la vie du célèbre bourgeois parisien grâce à une biographie écrite en 1761 par l'abbé Villain, un érudit de la paroisse de Saint-Jacques-de-la-Boucherie. Après une enquête sérieuse, l'abbé conclut que Flamel était un riche libraire, doté d'un sens des affaires incontestable, mais qu'il n'a jamais touché de près ou de loin à l'athanor – le four des initiés... Selon Villain, ce bourgeois aisé aurait seulement laissé dire qu'il avait trouvé le secret de la pierre philosophale ; mais là encore rien n'est prouvé – les habitants du quartier ne devaient même pas le soupçonner d'alchimie... Lui-même n'a rien publié de son vivant : le fameux *Livre des figures hiéroglyphiques,* paru seulement en 1612 et qui lui est attribué, a sans doute été rédigé, dans le meilleur des cas, à la fin du XVIe siècle, soit presque deux siècles après

1. Auteur d'*Alchimie et Paracelsisme en France à la fin de la Renaissance (1567-1625)*, éd. Droz, 2007.

sa mort ! L'identité de l'auteur de cette supercherie reste un mystère...

Quant à la supposée richesse de Nicolas Flamel, il semble bien qu'elle ait été beaucoup exagérée : certes le couple s'est livré à des spéculations immobilières, mais elles n'ont arrondi son pécule que dans des proportions limitées.

Il est certain, en revanche, que le nom de Nicolas Flamel est associé au grand œuvre dès 1561, soit à l'âge d'or des publications de manuscrits sur la quête de la pierre philosophale (entre 1550 et 1670). L'Occident redécouvre alors l'alchimie grecque, traduite des textes arabes. Les Grecs s'intéressaient à cette science d'imitation des métaux précieux par la technique de la teinte, pour faire ressembler un métal vil à de l'argent ou de l'or. L'idée était de passer d'une teinture en surface à une teinture en profondeur, pour atteindre une perfection. Faut-il y croire ? Rien ne permet de démontrer la véracité du postulat, mais rien ne le contredit non plus : la technique est possible, mais elle coûte une fortune et n'est donc pas rentable.

Pour clore sur l'évocation d'un véritable alchimiste, il faut mentionner le plus fascinant de tous : Paracelse, médecin et astrologue de la Renaissance, qui estimait que l'homme, grâce à son estomac qui transforme des aliments en nourriture, possédait en lui un organe alchimique. Paracelse usait aussi de l'alchimie comme d'un paradigme pour expliquer l'ensemble de la nature.

10

La veuve rouge

Pour avoir à jamais connoté la période révolutionnaire, la guillotine reste attachée à une certaine image de la France – sûrement pas la plus séduisante... Chaque époque lui a donné un surnom : le couperet était « rasoir national » au temps des sans-culottes, il est devenu « veuve » ou « lucarne » au siècle suivant, puis « bécane » dans la presse populaire, à la fin de sa sinistre carrière... Voici donc une histoire redoutable et cruelle, certes, mais aussi étonnante, insolite et surtout méconnue. Avec tout un cortège de fantômes.

Rarement machine aura autant marqué les esprits. Dans l'imagerie de certains peuples – chez les Anglo-Saxons notamment – elle vient même au premier rang des objets d'épouvante. La guillotine, comme chacun sait, porte le nom du docteur Guillotin. Mais, en dépit de l'opinion commune, le pauvre homme, député de Paris aux états généraux de 1789, n'est en rien l'inventeur d'un procédé qui existait bien, bien longtemps avant sa naissance ! En vérité, cet emblème sanglant de la Révolution française a vu le jour... au Moyen Âge ! Voici la description d'un instrument de mise à mort, telle qu'on peut la lire, dès le XIIIe siècle, sous la plume d'un des poètes de la légende de la Table ronde : « Quand l'appareil est fermé, on aperçoit un trou qui ressemble à celui du pilori. [...] Un rasoir d'acier, soutenu par une chaîne d'argent, tombe là-dessus si fortement qu'il tranche tout ce qui s'y trouverait placé ; un cercueil de marbre est à portée, qui attend le corps du condamné. » Aucun doute possible : c'est bien une « guillotine » avant la lettre qui se trouve ainsi dépeinte, pas moins de cinq siècles avant sa prétendue invention sous la Révolution ! Il existe par ailleurs des gravures de la Renaissance montrant l'instrument en fonction sous Charles Quint. La plus ancienne de ces œuvres est signée Pentz, et datée de 1530 ; le dessin en est assez précis pour laisser voir son mode de fonctionnement – très proche de celui que nous connaissons.

Une autre gravure, signée Lucas Cranach l'Ancien, ainsi qu'une troisième, figurant dans l'*Hortulus animae* de 1548, sont encore plus explicites. Enfin une quatrième, datée de 1553 et signée du peintre Aldegrever, élève de Dürer, achève de nous prouver qu'au milieu du XVIe siècle, dans les contrées germaniques, une sorte d'ancêtre de la guillotine était déjà utilisé. Cette « machine à décollation » ne semble d'ailleurs pas se limiter aux pays d'outre-Rhin : *L'Histoire de Louis XII*, par Claude de Seyssel, nous la montre en service à Genève au tout début du XVIe siècle. De son côté, au début du XVIIIe siècle, un voyageur dominicain, Jean-Baptiste Labat, décrit le funeste engin en fonction en Italie ; l'instrument de décapitation serait appelé là-bas *mannaia*. Trente ans plus tard en Écosse, l'abbé Joseph de La Porte assiste au fonctionnement d'une machine très similaire, la *maiden* (la pucelle). Des sources affirment par ailleurs que cette invention était en usage en Angleterre dès le règne d'Élisabeth Ire : des dizaines de condamnés auraient même été exécutés, au tournant du XVIIe siècle, par le moyen de cette *maiden* d'invention et de pratique écossaise. En France même, à Toulouse, Puységur nous apprend qu'Henri de Montmorency, l'ennemi de Richelieu condamné pour conspiration, aurait été décapité par le moyen d'une « doloire » dont la description s'apparente à celle d'une guillotine. Or, la sentence date de 1632, soit plus d'un siècle et demi avant la Révolution !

*

Il n'empêche : c'est bien sous la Révolution que l'engin s'impose. On l'appelle alors « gueuse », « veuve rouge », « rasoir national » ou encore « bois de justice »... Les hasards de l'Histoire vaudront au docteur Joseph Ignace Guillotin, homme politique humaniste et réformateur dans l'âme, de lui donner son nom définitif – postérité peu enviable en vérité...

Ce fils d'avocat est né à Saintes en 1738. Bon élève, il achève sa scolarité à Bordeaux en 1761, avant de rejoindre Paris pour y étudier la médecine. Le jeune homme est imprégné d'idées maçonniques. Initié à la loge « La Parfaite Union » d'Angoulême, il devient vénérable de la loge « Concorde fraternelle », puis haut dignitaire du Grand Orient de France qu'il a contribué à fonder. C'est dans cet esprit qu'il se fait remarquer, en 1788, par une brochure très audacieuse adressée au roi, et réclamant pour le tiers état une représentativité proportionnelle à sa place dans la population. Élu haut la main député aux états généraux, puis membre de l'Assemblée nationale, il se fait remarquer le 10 octobre 1789, en plein débat sur la procédure criminelle, en réclamant la fin du préjugé d'infamie s'étendant aux familles des condamnés. Le député demande également que tous les condamnés à mort aient pareillement la tête tranchée – un châtiment jusque-là réservé à la noblesse, les autres étant pendus, roués, brûlés ou encore écartelés, en fonction des crimes commis. Il est à noter que, ce jour-là, les amendements du sieur Guillotin sont ajournés. Mais le 1er décembre de la même année, alors que le sujet revient à l'ordre du jour, le docteur revient à la charge et, cette fois, emporte l'adhésion en réclamant l'adoption, pour la peine capitale, d'une pratique plus humaine : unique, fiable et sans douleur, grâce à une machine qui ne porte pas encore de nom... À la tribune, il trouve des mots restés célèbres pour décrire la procédure de mise à mort : « La mécanique tombe comme la foudre : la tête vole, le sang jaillit, l'homme n'est plus. »

Cela peut aujourd'hui paraître paradoxal, mais c'est ainsi : à l'époque, l'adoption de la guillotine fut bel et bien un progrès humanitaire !

*

La presse révolutionnaire n'a pas tardé à s'emparer de l'idée de M. Guillotin. Le docteur, sans doute, se serait bien passé de voir son nom accolé à la réforme de la peine capitale ; seulement les journaux, en plein essor, friands d'événements et de caricatures diverses, ont tôt fait d'associer l'homme politique à son projet ! Aux yeux de l'opinion, Guillotin sera désormais l'homme de « la machine à tuer ». Il faudra pourtant de longs mois pour que le nouveau Code pénal, celui de 1791, proclame, sur proposition de Le Peletier de Saint-Fargeau : « Tout condamné à mort aura la tête tranchée. » L'idée de Guillotin a fait son chemin...

Sa mise en application n'ira pas sans poser quelques problèmes. Jusqu'alors, l'exécution par « décollation » supposait de disposer non seulement d'un bourreau apte à manier « l'épée de justice », mais aussi d'un condamné digne, ce qui se concevait pour des nobles soucieux de leur honneur, mais devenait moins évident à propos de bandits ou de criminels « sans naissance ». D'où la nécessité nouvelle de mettre au point une machine aux coups imparables et qui ne laisse aucune latitude au condamné. De cette double contrainte va naître la guillotine moderne.

Le soin de mettre l'engin au point revient au secrétaire perpétuel de l'Académie de médecine, le docteur Antoine Louis – d'ailleurs, la machine s'appellera un temps « Louise », « Louison » ou « Louisette »... Le docteur Louis, chirurgien réputé, travaille surtout à perfectionner la machine écossaise en la testant sur des moutons. L'ironie de l'histoire veut que ce soit Louis XVI en personne, auquel le docteur présentait le mécanisme, qui ait eu l'idée de tailler le couperet en biseau...

Il faut attendre le 25 avril 1792 pour que la « Louison » fasse son effroyable baptême, en place de Grève, sous les fenêtres de l'Hôtel de Ville. Le premier de la liste – fort longue – est un prévenu de droit commun, Nicolas Pelletier, condamné pour le vol d'un portefeuille plein d'assignats ! Après une demi-douzaine de semblables repris de justice, vient le tour des condamnés politiques, dont le premier se trouve être Louis-David Collenot d'Angremont, accusé de conspiration. Des milliers suivront bientôt, non seulement à Paris, mais dans toutes les villes de ce qui ne tardera pas à devenir la République.

Les fabricants de guillotines réalisent alors de belles affaires et l'instrument devient peu à peu le symbole d'une époque… Une partie du peuple prend rapidement goût aux exécutions capitales. Pour assister à celles qui se déroulent place de la Révolution – l'actuelle place de la Concorde –, les places réputées les meilleures sont celles en bordure de la terrasse des Tuileries. Plus bas se trouvent les « tricoteuses », ces femmes de la Halle qui viennent tôt, avec leur ouvrage, pour assister au spectacle. À proximité, un gargotier a rebaptisé sa buvette *Cabaret de la guillotine* dont il annonce parfois le programme des réjouissances au dos de son menu du jour… Parmi ces grands supplices publics, c'est la mort du roi qui attire la plus grande foule, le lundi 21 janvier 1793. L'exécution se déroule, après les roulements des tambours de Santerre, dans un silence extraordinaire. On sait que Fouquier-Tinville, toujours expéditif, souhaita un temps faire installer une guillotine dans la salle même des audiences, afin que les sentences puissent être exécutées sur-le-champ ! Il faudra toute l'autorité du Comité de salut public pour le faire renoncer à cette idée douteuse…

À son retour d'exil, Chateaubriand interroge son concierge sur les atrocités commises pendant la Révolution. Réponse du quidam : « Ah, monsieur le vicomte, c'était le bon temps ! Chaque jour, on voyait passer sur des charrettes des duchesses, des comtesses, des grandes dames avec la peau fine et le cou bien blanc. Et ces cous, on les leur coupait, et on allait les voir couper. Aujourd'hui, plus rien ! On a retiré les plaisirs du peuple ! »

Le plus incroyable dans l'histoire, c'est que Joseph Guillotin lui-même ait toujours refusé d'aller voir fonctionner la machine à laquelle il avait eu le malheur de laisser son nom… D'ailleurs, contrairement à la légende, il n'a pas fini ses jours sous le couperet... Bien qu'arrêté sous la Terreur pour des raisons liées probablement à son appartenance maçonnique, il ne sera pas inquiété outre mesure, et pourra rentrer tranquillement chez lui. Bon médecin, il développera notamment le vaccin contre la variole, avant de mourir dans son lit, le 26 mars 1814, à l'âge vénérable de soixante-seize ans ! Dans son oraison funèbre, un de ses confrères devait déclarer : « Malheureusement pour notre confrère, sa notion philanthropique a donné lieu à un instrument auquel le vulgaire a appliqué son nom. Tant il est vrai qu'il est difficile de faire du bien aux hommes sans qu'il en résulte pour soi quelque désagrément. »

*

À Paris, dès le Consulat, les exécutions publiques retrouvent leur cadre traditionnel : la place de Grève. Avec toujours autant de monde, comme en témoigne l'indignation de Victor Hugo, dans *Le Dernier Jour d'un condamné* : « Oh ! L'horrible peuple avec ses cris de hyènes ! » À l'époque, on continue d'exécuter « pour l'exemple », donc à quatre heures et demie de l'après-midi. Mais à partir de 1832, sous la monarchie de Juillet, le pouvoir décide de reporter les exécutions à l'aube, et à Paris, « les bois de justice » sont déplacés vers la barrière Saint-Jacques, c'est-à-dire près de la prison de Bicêtre. Par ailleurs, la fameuse charrette est remplacée par le fourgon pénitentiaire, plus digne. Les premières exécutions menées selon ces nouvelles méthodes n'attirent guère de monde. Cependant, les badauds finissent par s'habituer à cette heure matinale ; et non seulement ils reviennent en foule, mais ils vont prendre l'habitude de festoyer pendant toute la nuit précédant chaque exécution !

En 1851, à la faveur du changement de régime, les exécutions sont transférées place de la Roquette, tout près de la prison du même nom. Le succès du macabre spectacle ne se dément pas pour autant, et c'est une foule qui assiste à la décapitation du médecin Edmond Couty de la Pommerais, en juin 1864, condamné pour avoir empoisonné ses patientes. Jules Claretie écrit, dans sa chronique du *Figaro* : « On y a vu des drôlesses effrontées, venues en toilettes criardes, le verbe haut, le geste assuré, riant, plaisantant avec leurs cavaliers, tout joyeux de payer *gratis* une première à leurs maîtresses. »

Nombre d'auteurs dénoncent le climat malsain de voyeurisme entourant ces châtiments publics. En 1870, pour l'exécution du célèbre assassin Troppmann, la scène accueille des témoins de choix, dont le romancier Ivan Tourgueniev : « Dehors, écrit-il, le bruit de la foule devenait plus fort, plus dense et plus contenu ; la place renfermait plus de vingt-cinq mille personnes. Ce grondement me frappa ; je crus entendre le mugissement de la mer quand les vagues viennent se briser sur la plage [...]. On se sentait en présence de la formule brutale d'un élément, tantôt cet élément se calmait et semblait se recueillir, tantôt il s'enflait, se soulevait, s'élançait avec un redoublement de fureur, comme s'il eût voulu tout engloutir... » Et l'exécution passée, Tourgueniev de conclure : « Les chevaux de la guillotine, qui mangeaient en paix leur picotin d'avoine devant la prison, m'ont paru les seuls êtres innocents parmi nous. » Force est d'admettre que la guillotine devient une véritable attraction à la fin de ce XIXe siècle : pour s'en convaincre, il n'est que de voir la place occupée par les exécutions capitales dans les « réjouissances » de l'Exposition universelle de 1889, sous la IIIe République.

Depuis Guillotin, l'opinion communément répandue était que la mort par décapitation mécanique était aussi instantanée qu'indolore. Cette opinion a perduré jusqu'à l'horrible expérience menée par le docteur Beaurieux, lors de l'exécution de Languille, un vagabond âgé d'une quarantaine d'années, condamné pour l'assassinat d'un aubergiste près de Pithiviers. Ce 29 juin 1905, « les bois de justice » sont dressés tout près de la prison d'Orléans et c'est le bourreau Anatole Deibler qui officie. Languille se montre maître de lui, quoiqu'il affiche une affreuse pâleur. Le couperet s'abat à trois heures trente-cinq du matin. Dans l'instant même, le docteur Beaurieux, médecin de service, procède à son expérience : il appelle le condamné par son nom. « Languille ! » crie-t-il devant la tête tranchée… Et ce qu'il voit alors lui glace les sangs : « J'ai vu les paupières se soulever doucement, sans aucune contraction spasmodique, décrit le médecin. Et les yeux de Languille se fixèrent sur les miens… » Si l'on en croit cet honorable praticien, trente secondes encore après la chute du couperet, le condamné demeurait conscient !

Le spectacle de la mort

« Il aura fallu attendre le XXe siècle pour que les autorités tentent enfin de soustraire le châtiment des condamnés aux regards du peuple, explique Emmanuel Taïeb[1]. Sous l'Ancien Régime et durant le XIXe siècle, tout public peut assister à la mise à mort, d'abord sur les places, puis aux portes des prisons. Les voyous se mêlent aux bourgeois et aux curieux, on vient également en famille, avec parfois les enfants et bien souvent un petit en-cas sans oublier des *demi-mondains* qui viennent finir la nuit en assistant au spectacle macabre. La différence entre les classes sociales est patente, car les privilégiés sont placés dans un carré spécial, aux premières loges si l'on peut dire, tandis que la foule est cantonnée plus loin. »

La célébrité du condamné attire bien sûr les foules, comme pour l'exécution de Landru, de Troppmann, ou encore de Caserio, l'assassin du président Sadi Carnot. Il existe même un barème de location pour les fenêtres « donnant vue ». Puis on en vient à s'interroger sur le bien-fondé de ces mises en scène de la justice : on commencera par supprimer les marches de l'échafaud, afin de ne

1. Auteur de *La Guillotine au secret : les exécutions publiques en France, 1870-1939*, éd. Belin, 2011.

plus mettre la guillotine en spectacle ; on modifie ensuite les horaires des exécutions, dans l'intention de dissuader les grandes foules...

La dernière exécution capitale publique est la décollation de l'assassin Eugène Weidmann, en 1939, devant la prison de Versailles. Elle est l'occasion, pour ainsi dire, d'un fiasco médiatique. En effet, la scène est si abondamment filmée et photographiée que cela pose un problème : la mise à mort est devenue bien trop visible ! Désormais, la guillotine va passer derrière les hauts murs des prisons ; elle y restera jusqu'à l'abolition de la peine de mort en France, en 1981.

11

L'Émir des mers

Les frères Barberousse, d'effroyable mémoire, comptent au nombre des plus grands pirates de tous les temps. Unis et solidaires, ils ont écumé la Méditerranée depuis Alger, terrorisant les flottes chrétiennes et fédérant contre eux les royaumes d'Occident. Le dernier des quatre, pirate sanguinaire mais habile diplomate, se hissera parmi les musulmans au rang de légende vivante. Son épopée pleine de sang et de fureur, parsemée de batailles navales et de rafles d'esclaves, l'aura conduit de la conquête d'Alger aux ambassades du Grand Turc.

L'année 1492 peut sans doute être regardée comme la plus importante de l'histoire espagnole. Tandis que dans la Péninsule, huit siècles d'occupation arabe s'achèvent par la chute de Grenade, de l'autre côté de l'Océan, l'audacieux Christophe Colomb, au nom des souverains « très-catholiques », découvre des îles qu'il s'imagine encore appartenir aux Indes. Douze ans plus tard, en 1504, quand meurt la reine Isabelle, ses successeurs sur le trône sont invités par testament à poursuivre les Arabes vaincus jusqu'en Afrique du Nord, et à les traquer au sein de ces petits royaumes alors appelés « barbaresques ». Un vœu que le Grand Inquisiteur d'Espagne, le cardinal Jiménez de Cisneros, a bien l'intention d'exaucer...

Leur prétexte à intervenir au Maghreb, les Espagnols vont le trouver dans quelques raids perpétrés, dès 1505, sur Alicante et Málaga par des pirates venus de Mers el-Kébir. La flotte chrétienne en profite pour conquérir Oran dès le printemps 1509. Dans la foulée, c'est Alger qui est placée sous contrôle espagnol, puis Tripoli... Ainsi la côte d'Afrique du Nord se hérisse-t-elle de forts castillans chargés d'interdire tout accès aux pirates... et de tenir les Barbaresques en respect ! Pour autant, ces bastions restent fragiles ; ils vont se révéler mal ravitaillés, peu défendus. Aussi les musulmans, bien conscients de telles faiblesses, ne tarderont-ils pas à les exploiter ; c'est le cas du gouverneur de Béjaïa, Abd er-Rahman, en quête de soutiens du côté de l'Ifriqiya – autrement dit de la Tunisie. Pour l'aider à chasser les Espagnols, il décide de faire appel à un corsaire de terrible réputation : Arudj Barba Rossa.

*

De ce brigand des mers, on peut dire qu'il revient de loin. Il est originaire de l'île grecque de Mytilène – Lesbos – dans la mer Égée, où son père, un Berbère, était à la fois pêcheur et potier. Les quatre fils du pauvre homme auront tous mal tourné – à commencer par les deux aînés qui, à peine sortis de l'enfance, écument la mer et finissent par tomber sur plus fort qu'eux : alors qu'Eliah est tué, Arudj est enchaîné sur une galère, vendu comme esclave, puis racheté par un Turc qui le renverra un jour à sa condition de galérien. Arudj fait face : c'est un jeune homme endurant, solide, reconnaissable de loin à la couleur rousse de sa barbe et de ses cheveux – d'où son surnom de Barba Rossa. Finalement évadé, il va s'imposer comme pirate, aux côtés de ses deux autres frères et, en peu de temps, se retrouver à la tête d'une flottille de dix galiotes.

À force d'attaquer avec succès les convois chrétiens qui s'aventurent à sa portée, Arudj se forge une réputation ; il entre même au service du sultan de Tunis. Et La Goulette devient, moyennant le paiement d'une taxe, le port d'attache de ses embarcations. Avec leur plate-forme avant surbaissée et leur voile unique, immense, ces dernières se présentent comme de petites galères, infiniment plus légères et maniables que les lourds vaisseaux chrétiens. Le chef pirate – ou plutôt « corsaire », car il agit désormais pour le compte d'un souverain – se sent pousser des ailes : il s'attaque un beau jour à une escadre du pape et en tire une précieuse cargaison de deux cents esclaves – dont certains étaient hommes d'Église – ce qui contribue grandement à sa réputation chez les habitants de Tunis. Désormais, il ne sera plus que « Baba Arudj » – le père Arudj. Et lorsqu'il se risque à combattre un grand galion napolitain et parvient à le dépouiller, sa notoriété dépasse la côte africaine pour s'étendre à la Méditerranée tout entière.

Barberousse l'aîné est maintenant devenu assez fort pour refuser une part de son tribut au sultan de Tunis. Faute d'un bon accord, Baba Arudj prend la décision de déplacer sa petite flotte et de l'installer plus au sud, dans l'île de Djerba. Il dispose à présent d'une douzaine de galiotes surarmées ; ses deux frères, Ishaq et Khayr al-Din, le secondent de leur mieux – on reconnaît toujours, à leurs cheveux roux comme du cuivre, les membres de la redoutable fratrie… Tous trois commandent à un bon millier de forbans lorsque le fameux Abd er-Rahman, gouverneur de Béjaïa, fait appel à leurs services en vue de contrer les Espagnols déjà en possession de la citadelle locale.

*

La bataille a lieu pendant l'été 1512. Les douze galiotes de Barberousse l'aîné se présentent devant la cité, chargées de mercenaires turcs et arabes. De son côté, le gouverneur dispose d'environ trois mille Berbères des montagnes. Dans ces conditions, l'assaut contre le bastion espagnol pourrait sembler gagné d'avance… Il n'en est rien : les soldats catholiques tiennent bon, ils font même de grosses saignées dans les rangs des assaillants. Soudain, lors d'une attaque, on entend Barberousse hurler de douleur : un boulet de canon vient de lui emporter le bras gauche ! Il est soigné par un médecin turc, tandis que son frère Khayr al-Din ramène les troupes à La Goulette. Or, ce dernier est lui-même attaqué par une flotte génoise sous les ordres du grand amiral Andrea Doria ; il n'a d'autre choix que de se replier à Djerba en compagnie d'une poignée de fidèles – Djerba où son frère aîné, Arudj, va finir par le rejoindre.

Deux ans plus tard, en 1514, les brigands des mers montent une nouvelle expédition sur Béjaïa. Comme la première fois, les Espagnols résistent ; trois assauts se solderont à nouveau par trois échecs ! Au moment de lancer le quatrième, Barberousse est averti que les voiles de toute une flotte espagnole sont en vue. Que faire ? Baba Arudj décide – au sens propre – de « brûler ses vaisseaux » : il met le feu à ses propres navires, de crainte qu'ils ne tombent aux mains des chrétiens ; puis à la tête de ses hommes, il disparaît dans les montagnes. On le retrouvera quelque cent kilomètres plus à l'est, dans le petit port de Djidjelli où, tout en prenant le contrôle de l'arrière-pays kabyle, il se donnera le temps de reconstituer une flotte légère, instrument docile de futures razzias en mer...

En 1515, le sultan d'Alger, Selim Etteumi, fatigué de se trouver à son tour sous la menace permanente d'un bastion espagnol, fait appel au corsaire Barberousse et à ses frères. Il reçoit Arudj de manière royale, le loge, le fête, le cajole... Mal lui en prend. Un pirate reste un brigand : ses hommes se livrent bientôt à des exactions ; ils irritent la population algéroise, au point que les relations entre le sultan et son hôte de marque se dégradent... Le mot est faible... Un soir, Arudj s'en vient surprendre le prince à son bain et l'étrangle ; puis il fait proclamer son coup d'État dans les rues d'Alger par un héraut qui crie à la foule : « Vive Arudj, l'invincible souverain d'Alger, choisi par Allah pour régir les fidèles et chasser les chrétiens ! Malheur à la tête qui oserait ne pas se courber devant lui ! »

Autant dire que Barberousse ne tarde pas à chausser les babouches du sultan : il institue un gouvernement, reçoit les ambassadeurs, fait battre monnaie et, à toutes fins utiles, consolide les défenses de la casbah – le pirate n'est-il point passé maître en artillerie ? Assez vite un complot est ourdi contre lui par quelques notables locaux, excités par les Espagnols. Arudj, aussitôt renseigné par ses mouchards, déjoue cependant la manœuvre. Les conspirateurs sont arrêtés dans une mosquée, puis exécutés en public, avec des raffinements de cruauté... Voilà de quoi étouffer dans l'œuf toute velléité d'opposition.

Désormais, les trois frères Barberousse sont bel et bien les maîtres d'Alger.

*

Les Espagnols rongent leur frein : peuvent-ils sérieusement laisser de tels brigands leur tenir la dragée haute au Maghreb ? À Tolède, le cardinal Jiménez ne décolère pas. Il monte en hâte une expédition : et c'est ainsi que, le 30 septembre 1516, trente-cinq bâtiments de guerre espagnols mouillent devant Alger, avant de débarquer sur la plage de Bab el-Oued plus de trois mille fantassins bien armés. Fatalité : une tempête se lève à point nommé pour Barberousse, obligeant les Espagnols à rembarquer – du moins ceux qui le peuvent. Car Arudj et ses frères lancent aussitôt une contre-attaque ; ils capturent quantité de chrétiens, dont les plus jeunes et vigoureux seront bientôt vendus sur le marché aux esclaves d'Alger...

Barberousse n'en tire pas moins la leçon de cette alerte : il ne saurait se contenter de positions statiques. S'il veut durer, il va lui falloir conquérir de nouveaux fiefs. Confiant la régence d'Alger à son frère Khayr al-Din, Baba Arudj se lance alors dans une politique d'annexions très ambitieuse : la plaine de la Mitidja, Ténès, Tlemcen, tombent tour à tour dans l'escarcelle de celui qui se présente partout en libérateur.

Or, ces territoires conquis finissent par constituer un vaste royaume, dont les limites correspondent *grosso modo* à l'Algérie contemporaine – le tout unifié sous l'égide du pirate rouquin et manchot... Ayant conclu un pacte avec le roi de Fès, au Maroc, Barberousse parvient à encercler très dangereusement les garnisons espagnoles d'Oran et de Mers el-Kébir. C'est alors que le tout jeune roi Charles – le futur empereur Charles Quint – entre dans la partie : il confie dix mille hommes au marquis de Comares, gouverneur d'Oran ; charge à eux de reconquérir la « Barbarossie »...

Les Espagnols vont débarquer au début de l'année 1518 ; à marche forcée, ils gagnent Tlemcen où la population, excédée par la tyrannie des frères Barberousse, leur fait bon accueil. L'affrontement qui s'ensuit est terrible. Du reste, il coûte la vie à Ishaq, le plus jeune des frères Barberousse. Arudj, lui-même en difficulté, abandonne la citadelle en feu ; il va parvenir à s'enfuir, de nuit, par un souterrain. Le brigand a eu le temps de réunir le gros de ses richesses, et il emporte avec lui des coffres de joyaux, d'or et d'orfèvrerie... Une idée lui vient alors : pour retarder ses poursuivants, il sème derrière lui une partie de ces trésors. Peine perdue : les Espagnols de Comares ne se laissent pas leurrer. Ils rejoignent bientôt, près du Río Salado, un Barberousse qui leur oppose une résistance visiblement sans espoir.

Et voilà que l'éphémère roi d'Alger s'effondre dans la mêlée : il meurt à quarante-quatre ans. Sa tête, hâtivement détachée du tronc, sera portée en triomphe jusqu'à Oran, où la garnison espagnole l'accueillera dans une indescriptible liesse. Seulement le marquis de Comares et ses lieutenants, tout à leur victoire, vont se montrer imprévoyants. Au lieu de pousser leur avantage et de reprendre les bastions restés aux mains des pirates, ils font le choix de stopper là leur offensive, convaincus qu'après la décapitation de Barberousse, toute menace serait écartée.

Ont-ils oublié que le dernier des quatre frères, le redoutable Khayr al-Din, était toujours en vie ? Barberousse... Ce nom vient seulement d'entrer dans l'Histoire.

*

À la fin de l'an 1518, le survivant du clan est toujours maître d'Alger, d'où il nargue plus que jamais la garnison espagnole, concentrée dans son île fortifiée du Peñón. Elle est censée tenir en respect la Ville blanche, du haut de ses bastions armés… Cependant, Khayr al-Din est trop fin calculateur pour présumer longtemps de ses forces… Il ne mésestime pas la puissance des Espagnols, et sait pertinemment que les Kabyles de l'Est le haïssent. Conscient, pleinement, de la fragilité de sa situation, il n'hésite pas à faire ce que tant d'autres, à sa place, auraient refusé : se tourner vers la Sublime Porte – c'est-à-dire l'empire ottoman. Une ambassade est envoyée d'urgence à Istanbul, auprès de Sélim Ier qui vient de conquérir l'Égypte. Très habilement, Khayr al-Din va proposer au sultan de Constantinople de devenir son vassal : il lui versera même un tribut, en contrepartie de son auguste protection.

Faut-il préciser que la manœuvre est couronnée de succès ? Dès 1519, la Sublime Porte institue Khayr al-Din Barberousse « gouverneur général de la province ottomane d'Alger ». Et pour donner du poids à sa décision, elle adresse à son nouveau représentant deux mille janissaires (la garde prétorienne du sultan) ainsi que quatre mille fantassins turcs – de quoi modérer les ardeurs espagnoles…

À Tolède, l'empereur Charles Quint peut fulminer : il a été pris de court. Sans perdre plus de temps, il confie à l'amiral Hugo de Moncade une nouvelle et puissante escadre de quarante vaisseaux, grosse de quelque cinq mille soldats, en renfort des positions espagnoles. La confrontation annoncée promet d'être terrible. Le 15 août 1519, le débarquement de ces « Impériaux » se fait sans encombre. Mais alors que les troupes de Charles atteignent les hauteurs d'Alger, un terrible orage se déclare sans qu'on n'ait pu le prévoir. Des trombes d'eau s'abattent d'un coup sur les Espagnols, les plongeant aussitôt dans de véritables torrents de boue et les obligeant à se replier en désordre, sous les coups meurtriers d'un détachement de janissaires ; et c'est le moment que choisissent les Turcs pour surgir sur le flanc des assaillants. Les soldats de Charles Quint sont acculés sur la plage, où ils se font tailler en pièces, tandis que vingt-six de leurs navires, pris dans de violentes bourrasques, s'échouent sur le rivage.

Un désastre doublé d'une tuerie : dans cette journée noire pour la couronne d'Espagne, la moitié des hommes de Moncade va périr ou finir en esclavage !

Le dernier des Barberousse peut ainsi triompher et savourer sa victoire. Pas très longtemps, au demeurant : les Kabyles, soutenus par des Tunisiens, ne vont pas tarder à lui mener la vie dure, le contraignant même à se replier sur le fameux port de Djidjelli, l'ancien repaire du clan. C'est à cette époque seulement que cette base navale deviendra la plaque tournante de la piraterie barbaresque en Méditerranée.

Les raids maritimes peuvent reprendre… L'audace du nouveau Barberousse ne connaît pas de limites, et son trésor grossit à proportion des attaques menées contre les convois espagnols, chargés de l'or des Amériques ! Abordages, pillages, razzias : Khayr al-Din fait son métier de pirate… mais sans perdre Alger de vue. Prenant les Kabyles à revers, par le Constantinois, il rétablit en effet au plus tôt sa position dans la Ville blanche. Ensuite seulement, sachant son autorité rétablie et sa force restaurée, le prince de la flibusterie décidera d'en finir avec les Espagnols d'Alger, cantonnés sur leur îlot du Peñón. Barberousse adresse au gouverneur de la garnison un ultimatum qui va rester sans réponse. Quinze jours durant, il bombarde le bastion. Puis donne l'assaut. Les chrétiens sont vaincus, réduits en esclavage… Le fort est rasé. Les pierres du Peñón permettront d'ériger une immense digue reliant les quatre îlots de la rade d'Alger, et de protéger ainsi le port de la houle... Dans le même temps, le pirate entreprendra les fameuses fortifications de la casbah d'Alger.

*

En 1533, Barberousse est demandé d'urgence à Istanbul : le nouveau sultan Soliman le Magnifique désire le voir. La raison d'une telle convocation ? Une proposition qui lui est faite de réorganiser toute la flotte turque ! Le fils du potier de Mytilène ne peut s'empêcher de sourire dans sa barbe couleur de feu : vraiment, quel destin que le sien ! Désormais, lui, l'ancien corsaire, va se voir instituer concurrent direct, en Méditerranée, de l'empereur Charles Quint en personne !

Ainsi donc, disposant d'une armada gigantesque, le « pirate-amiral » peut investir Tunis au nom de la Sublime Porte. En guise de réponse, l'empereur d'Occident déploie les grands moyens dès le printemps 1535 : ce sont presque trente mille hommes, transportés par quelque six cents navires de guerre, qui viennent au secours du prince tunisien détrôné, et mettent le siège devant La Goulette. Surpris par un assaut des chevaliers de Malte, Barberousse se replie, tandis que les Espagnols libèrent tous les esclaves chrétiens. Mais la riposte ne tarde pas : Khayr al-Din lance une expédition punitive sur les Baléares, d'où il va ramener quelque six mille captifs... et un butin phénoménal.

Qu'on ne s'y trompe pas : l'enjeu de cette guerre maritime n'est rien de moins que le contrôle de la Méditerranée. Barberousse n'est pas seulement devenu le champion des razzias sur les côtes chrétiennes, où il fait chaque fois des milliers de captifs ; aux yeux de toute l'Europe, il est maintenant le véritable maître du *Mare Nostrum*... D'ailleurs, de retour à Istanbul, il se voit décerner par Soliman le titre de *Kapudan Pacha* – « émir des mers » – ce qui fait de lui le Grand Amiral de la flotte turque. Il est devenu un dignitaire des plus honorés, même si les méthodes de l'ancien corsaire n'ont guère changé.

En septembre 1538, son armada se retrouve à Prévéza, au nord-ouest du Péloponnèse, face à toute la flotte chrétienne rassemblée sous les ordres de l'amiral génois Andrea Doria. Pour Khayr al-Din, c'est un nouveau succès : il envoie par le fond bon nombre de vaisseaux de la coalition. Enfin, trois ans plus tard, quand Charles Quint, avant tout soucieux de reprendre son ancienne position d'Alger, confie à Andrea Doria – assisté du futur conquistador Hernán Cortés – le sort d'une nouvelle expédition, Barberousse peut se dire qu'Allah est définitivement de son côté : une tempête – comme les deux fois précédentes – vient ravager la flotte chrétienne. C'est un désastre sans précédent pour Charles Quint qui, dans l'opération, perd huit mille hommes et plus de cent cinquante vaisseaux ! En Europe, cette déroute fait au moins un heureux : le roi de France, François Ier, grand rival de Charles Quint... Le souverain français bouleverse même les traditions, et entérine son rapprochement diplomatique avec Soliman le Magnifique !

Le dernier des Barberousse paraît désormais invincible. En 1543, à la tête d'une flotte de cent quatre-vingts galères ottomanes, il ose ravager les côtes de la Calabre, avant de venir mouiller – « en ami » – dans plusieurs ports français de Méditerranée, où son arrivée fait sensation. L'Émir des mers est partout reçu avec les honneurs réservés d'habitude aux chefs d'État. Le port de Toulon est mis à sa disposition par le roi François, afin que son escadre puisse y trouver refuge durant l'hiver ; il est vrai qu'elle se prépare à quelque affrontement décisif avec l'empereur – un affrontement qui, finalement, n'aura pas lieu.

Sur le chemin du retour, Barberousse trouve encore le moyen de capturer sept mille chrétiens ; et il met l'île d'Elbe au pillage ! On imagine sans peine le triomphe de son arrivée à Istanbul... Trois ans plus tard, en juillet 1546, Khayr al-Din s'éteindra enfin, dans le luxe et les honneurs... On lui prête alors quatre-vingts ans... Au moins six décennies de combats souvent victorieux ont forgé sa légende – une légende si puissante qu'aujourd'hui encore, lorsqu'un navire de guerre turc franchit le Bosphore, il n'est pas rare de voir l'équipage se disposer face au mausolée de Barberousse, pour adresser une prière à l'Émir des mers.

Un véritable homme d'État

« Khayr al-Din ne saurait être réduit à l'image d'un simple corsaire : il possède un réel talent politique et diplomatique, insiste la romancière et historienne Geneviève Chauvel[1]. Il dirige longtemps Alger, une ville considérée comme le verrou géostratégique de la Méditerranée, un port riche, peuplé et influent. "Qui tient Alger tient la mer", dit-on à l'époque. Et lorsque Soliman le Magnifique le nomme amiral, il compte sur lui pour reconstruire entièrement sa flotte, récemment coulée par les Vénitiens. Le corsaire révolutionne alors les techniques de la marine : ses deux cents nouveaux navires seront plus légers, plus maniables, et capables d'utiliser la pleine puissance du vent. »

Khayr al-Din est avant tout un grand stratège : il parle cinq langues, dont l'espagnol évidemment, et maîtrise mieux que quiconque l'échiquier politique de son temps. Depuis Istanbul, l'empire ottoman étend alors son hégémonie sur tout le pourtour sud de la Méditerranée ; de son côté, l'empereur Charles Quint étend la sienne sur tout le pourtour nord. Avec, en arbitre, un roi de France furieux de compter pour peu de chose dans cet affrontement.

1. Auteur de *Barberousse, le maître de la Méditerranée*, éd. Balland, 2010.

Contrairement à ses frères aînés, Khayr al-Din peut être considéré comme un homme plutôt raffiné. Il embellit volontiers ses palais sur la Méditerranée ; et son harem compte les plus belles femmes du monde, avec lesquelles il peut se montrer d'une grande tendresse. Sa dernière épouse, Maria de Gaetano, a vingt ans quand elle l'épouse de son plein gré : elle était promise à l'héritier d'un grand d'Espagne, un Guzmán, mais a choisi Barberousse – en femme libre. Elle va vivre à Istanbul, dans un palais peuplé de deux mille domestiques, où elle perfectionnera son art de la guitare et de la harpe avec un maître italien.

Les époux aiment à remonter ensemble le Bosphore, elle, jouant de la musique, lui, la contemplant inlassablement… Une dernière romance de trois ans qu'il savoure avant de s'éteindre en paix, au crépuscule d'une vie prodigieuse.

12

L'homme de Fachoda

Fachoda : une bourgade inconnue du Soudan, devenue le symbole d'une France humiliée par la « perfide Albion » – la vision est un peu réductrice, mais il est certain qu'en 1898 les deux superpuissances de l'époque, appuyées sur de gigantesques empires coloniaux, ne peuvent que se gêner aux entournures... Le contrôle du fort de Fachoda va dès lors cristalliser de vieilles rancunes, et déclencher la dernière grande crise entre la France et l'Angleterre, avant leur rapprochement définitif sous la pression du péril allemand. Un ultime bras de fer qui faillit provoquer une guerre, dans l'atmosphère électrique de la Belle Époque.

L'Afrique, en cette fin de XIXe siècle, est devenue l'immense terrain de jeu d'une compétition sourde entre les puissances européennes en général, et plus spécialement entre l'Angleterre et la France. Pour résumer la situation, disons que les deux géants se partagent ainsi les deux tiers du continent : la France a fait main basse sur presque tout l'Ouest et le Nord-Ouest, alors que les Britanniques se concentrent sur l'Est et le Sud-Est. Les enjeux stratégiques et commerciaux d'une telle emprise résident dès lors dans le contrôle des axes transversaux. Les Anglais, maîtres du Caire et du Cap, voudraient établir la jonction nord-sud Égypte-Afrique du Sud ; tandis que les Français, présents à Dakar comme à Djibouti, rêvent d'un axe ouest-est Sénégal-Éthiopie. Le hasard a voulu que le village de Fachoda se trouve précisément au croisement de ces deux axes… Un point crucial, donc, situé sur le Nil, au fin fond du Soudan.

En réalité, les Français ne se sont jamais bien résolus à céder le contrôle de l'Égypte aux Britanniques. Depuis la célèbre campagne de Bonaparte, ils continuent de se sentir un peu chez eux au Caire – comme en témoigne le percement du canal de Suez sous leur autorité. Il n'empêche que les Anglais, discrètement, patiemment, ont investi la région dès les années 1880, et n'y ont jamais rencontré qu'un obstacle sérieux : les musulmans du Soudan égyptien. Leur chef religieux, le *Mahdi*, a en effet soulevé la population locale contre les colons britanniques, entraînant en 1885, à Khartoum, le massacre de la garnison du général Gordon. Depuis, les mahdistes ont installé leur capitale à Omdurman, juste en face de Khartoum – comme un défi lancé à la puissance occupante.

Sans cet obstacle, il y a longtemps, sans aucun doute, que les Britanniques auraient accompli leur vieux rêve d'une jonction nord-sud en Afrique. Mais puisqu'un tel obstacle existe, la France entend bien en profiter ; *in petto*, Paris ne répugnerait pas à prendre Londres de vitesse. La République a déjà lancé deux expéditions en vue de désenclaver ses possessions orientales – tout en barrant la route aux Anglais… La première de ces missions, en 1891, s'est achevée aux portes de l'Oubangui. Quant à la seconde, dans la foulée, elle n'est pas parvenue à remonter le Congo jusqu'au bassin du Nil. Dans les deux cas, l'échec a été attribué aux mêmes causes : manque de volonté politique, crédits insuffisants et, partant, quasi-absence de soutien logistique. Il est vrai que les Français, contrairement à leurs concurrents qui se fixent des objectifs au plus haut niveau et se donnent les moyens de leurs ambitions, doivent souvent compter alors, en matière coloniale, sur l'exploit individuel et le dévouement héroïque d'une poignée d'aventuriers…

*

Toutefois, en 1896, le capitaine Marchand va convaincre le gouvernement français de tenter une nouvelle mission dans la région. Drôle de soldat que ce Marchand : issu d'une famille modeste de l'Ain, il est d'abord entré en apprentissage chez un notaire ; mais sa soif d'aventure aidant, il a quitté sa routine pour s'engager dans « la Coloniale » et accumuler de brillants états de service en Afrique. Servi par un physique adapté – l'homme est mince, sec, infiniment résistant –, et d'un caractère pétri d'audace et d'ambition, cet officier à la barbe brune s'est pris à rêver : en 1895, après sept années de service en Afrique, Jean-Baptiste Marchand a imaginé un projet sensationnel et l'a présenté au ministre des Affaires étrangères en personne, Gabriel Hanotaux ! Il s'agirait d'opérer, depuis le Congo, une percée à marche forcée vers l'Est africain, jusqu'à se positionner sur le Haut-Nil, à hauteur du village fortifié de Fachoda – ainsi les Français pourraient-ils barrer la route à l'Angleterre, et poser des jalons en vue d'une jonction ouest-est qui désenclaverait leurs possessions d'Afrique.

A priori, le ministre aurait toutes les raisons de s'opposer à une telle initiative : les Anglais n'ont-ils pas fait savoir qu'ils considéreraient toute visée française sur le Haut-Nil comme un « acte inamical » de la République envers Sa Gracieuse Majesté ? Seulement Hanotaux, dans le même temps, s'inquiète fort de l'intention des Britanniques de faire rapidement main basse sur le Soudan – perspective inacceptable pour un patriote comme lui. Un peu vite, dès lors, et un peu seul, le Quai d'Orsay va donner carte blanche au capitaine Marchand pour monter son expédition.

*

Le 25 juin 1896, la mission Marchand s'embarque à Marseille, munie de la bénédiction officielle du gouvernement français. Elle gagne Loango, à cinq cents kilomètres de Brazzaville – Loango se trouve à l'intérieur des terres, sur le fleuve Congo. L'expédition, qui comprend cent cinquante tirailleurs soudanais, encadrés par une douzaine d'Européens, a mis toutes les chances de son côté ; cependant le capitaine Marchand comprend tôt que le gouverneur local – le célèbre explorateur Savorgnan de Brazza – ne fera rien pour lui faciliter la tâche, et pour cause : il a lui-même échoué dans la première mission Congo-Nil, et ne souhaite guère voir un autre y réussir ! Qu'importe : Marchand loue un grand vapeur aux Belges, et fait ainsi acheminer toute la mission jusqu'au confluent du Congo et de l'Oubangui.

C'est là, évidemment, que les choses commencent à se corser. Il a été prévu que l'expédition se rendrait jusqu'à Fachoda par voie de terre ; or, la région est en proie à de terribles guerres tribales. Le seul chemin praticable passe en définitive par la forêt tropicale, et se poursuit à travers un gigantesque et redoutable marécage, le Bahr el-Ghazal, qu'il va falloir traverser en pirogue, au milieu des moustiques, des crocodiles et des hippopotames. Avant de s'engager dans cet enfer, l'officier prévoyant estime qu'il aura besoin d'un bateau, une fois rejoint le bassin du Nil. Il repère un vieux rafiot ancré près du camp, le *Faidherbe*, et décide de le faire démonter et transporter à dos d'homme, pièce par pièce, jusqu'aux premiers affluents du Nil ! Cet acheminement relève du tour de force. Il faut jeter des passerelles par-dessus les ravins, créer des pistes sur certaines pentes raides, faire parfois rouler la coque du *Faidherbe* sur des rondins… La plupart des porteurs sont des Congolais, sous les ordres d'une poignée d'officiers français. Rien que la chaudière de ce navire à vapeur, même découpée en deux parties, pèse deux tonnes ! C'est donc un exploit inconcevable qui s'accomplit ici en seulement sept mois – et dans des conditions climatiques et sanitaires indescriptibles. Moyennant quoi, le *Faidherbe* sera remonté à temps pour apporter aux troupes de Marchand les munitions nécessaires.

Car, pendant ce temps, à travers le marais du Bahr el-Ghazal, l'expédition, naturellement, se poursuit. Elle s'est enlisée, elle a connu les fièvres ; les désertions se sont multipliées… Après des semaines de calvaire, le découragement n'a pas manqué de la gagner. Or les Anglais, de leur côté, venant d'Égypte, progressent rapidement vers le sud : ils seront bientôt à Fachoda, peut-être avant les Français ! Il faut redonner un coup de collier : l'expédition va se poursuivre sur une flottille de baleinières. On repart le 4 juin 1898 pour une traversée héroïque des marais, en naviguant de nuit comme de jour, au jugé, parmi les herbes géantes, les îles dérivantes et les hauts-fonds mouvants, dans une chaleur épuisante et une humidité record. Il s'agit d'une expédition harassante, et qui inspirera des récits épiques à plusieurs auteurs, dont Roland Dorgelès dans *Sous le casque blanc* :

« Le capitaine Marchand, debout au milieu de la baleinière, se pencha sur l'épaule du guide, l'ombre de son grand feutre recouvrant la tablette.

— Eh bien, Baratier, vous vous y retrouvez ?

L'officier, détachant le nez de sa boussole, se retourna ; son œil gauche, refermé à moitié, était injecté de sang ; l'autre recouvert d'un bandeau.

— C'est très pénible, avoua-t-il, tout se brouille.

La flottille engagée dans ce désert de boue n'avait que cet aveugle pour la conduire[1]. »

À la fin, l'expédition trouve, au sein de cet enfer marécageux, un chenal qui va la conduire jusqu'au Nil Blanc. Trois mille kilomètres séparent à vol d'oiseau Loango et Fachoda ; mais de détour en contournement, la mission en a déjà parcouru plus du double ! Le capitaine Marchand et ses hommes ont néanmoins pris de l'avance par rapport au *Faidherbe*, et progressent donc en avant-garde. Le 10 juillet 1898, dans le soleil couchant, le groupe atteint enfin Fachoda, sur le Nil. Le 12, sur une haute hampe dressée près du camp, le drapeau français est hissé au son du clairon.

Mission accomplie !

*

Cependant l'heure n'est pas au repos. La ville ayant été rasée par les rebelles mahdistes, il s'agit de récupérer le plus possible de matériaux pour rétablir une enceinte fortifiée. Cette mission revient à un certain lieutenant Mangin – le futur général qui s'illustrera au Maroc et lors de la Première Guerre mondiale… Il faudra encore un mois pour

1. Raymond Dorgelès, *Sous le casque blanc*, Éditions de France, 1941.

installer le poste militaire – or, le 25 août, alors que le soleil n'est pas encore levé, la bataille s'engage contre des mahdistes venus déloger les Français.

De la brume du fleuve ont émergé deux lourds vapeurs, remorquant des chalands. Quand ces embarcations parviennent à la hauteur du fort, c'est un violent échange de coups de feu. On entend les balles résonner sur la carène des vapeurs. Il est onze heures quand les mahdistes atteignent la rive, un peu en amont, pour tenter un débarquement. S'ils parviennent à gagner la terre, la situation va devenir périlleuse pour les Français ! Des officiers postés par Marchand les accueillent à leur descente de bateaux, armés de fusils Lebel. Les assaillants sont déroutés par les tirs sans fumée de ces armes qui leur paraissent diaboliques : ils cèdent à la panique et rembarquent en désordre… Au total, ils auront perdu près de cinq cents hommes, pour quelques tués seulement dans les rangs de la mission Marchand. Cependant, les Français ont brûlé quatorze mille cartouches sur les quarante-deux mille dont ils disposaient…

Fachoda sera débaptisée le soir même pour prendre un nom français : Fort Saint-Louis.

*

Quatre jours plus tard, le *Faidherbe* s'annonce à grands coups de trompe ! Il apporte des munitions, forcément, mais aussi des vivres et toutes sortes de produits de première nécessité. Pour ces hommes qui ont tout subi, c'est l'euphorie : le fort prend des airs de pays de cocagne, aux portes du désert ! On chante, on s'embrasse – d'autant plus volontiers qu'une dépêche survient au même moment, annonçant que trois corps d'armée partis d'Éthiopie sont en route pour venir relever les effectifs. Heureux, le capitaine fait télégraphier à Paris que sa mission est un succès total ! Pendant près d'un mois, le nom de Jean-Baptiste Marchand va courir sur toutes les lèvres de France : ce jeune officier paraît incarner le génie et le courage militaire, notamment aux yeux des nationalistes pour qui cet acte de bravoure venge le pays d'innombrables humiliations infligées depuis si longtemps par l'Angleterre – il constitue le plus bel encouragement à tenir bon face aux Allemands vainqueurs en 1870.

À Fort Saint-Louis, cependant, l'euphorie va vite faire place au doute… À la mi-septembre, deux soldats emplumés à l'égyptienne viennent en effet présenter officiellement au capitaine Marchand, désigné comme le « chef de l'expédition européenne de Fachoda », une lettre signée du général Kitchener, commandant en chef des troupes anglo-égyptiennes. La missive, assez ambiguë, feint de considérer Marchand comme un explorateur européen agissant à titre privé... Lord Kitchener l'informe au passage de sa récente victoire sur trente mille mahdistes, et lui annonce son arrivée à Fachoda, à la tête d'un détachement très important et… surarmé.

Le capitaine Marchand ne se démonte pas. Il réplique au général Kitchener : « Je crois devoir vous informer que, par ordre de mon gouvernement, j'ai occupé le pays de la rive gauche du Nil Blanc jusqu'à Fachoda. Je vous présente donc mes souhaits de bienvenue dans le Haut-Nil, et prends bonne note de votre intention de venir à Fachoda où je serai heureux de vous saluer au nom de la France. »

*

Il est dix heures du matin, ce 19 septembre 1898, quand les Français aperçoivent de très loin, vers le nord, les contours encore vagues de la flottille britannique. L'embarcation de Kitchener, *Le Sultan*, est accompagnée de quatre canonnières qui tractent chacune douze chalands remplis de troupes, soit deux mille hommes et plus d'une cinquantaine de pièces d'artillerie – face aux deux cents malheureux Français et à leurs deux canons !

Kitchener et Marchand se rencontrent, mais le capitaine français ne cède pas d'un pouce : « J'ai pris possession de Fachoda sur ordre de mon gouvernement, je ne puis en partir que sur un ordre contraire », lance-t-il, un brin cassant. Kitchener ne prend pas la mouche pour autant ; en stratège de grande expérience, il sait bien que le gouvernement français, dans cette affaire, est loin de se sentir aussi déterminé que son modeste, mais teigneux, représentant sur place... L'officier général britannique feint la résignation ; il attendra donc – ce qui ne l'empêche pas d'adresser tout de même à Marchand une deuxième lettre nettement plus comminatoire, puis une troisième, cette fois carrément menaçante...

*

Pendant ce temps, à des milliers de kilomètres de là, entre Paris et Londres, les passions se déchaînent. Les opinions publiques, fatalement mises au courant, raniment les vieilles haines mal éteintes. Voilà qui ne fait pas du tout l'affaire du tout nouveau ministre des Affaires étrangères français, Théophile Delcassé, dont l'ambition était justement de rapprocher la République du Royaume-Uni, afin de former une alliance dirigée contre le Reich – on en est alors aux prémices de ce qui s'appellera un jour l'Entente cordiale… Quant au président de la République, Félix Faure, il est tout simplement furieux de voir le pays engagé, par un simple officier subalterne, dans ce qui pourrait devenir bien vite un très mauvais pas ! L'alternative est en effet cornélienne : soit la France recule et elle se ridiculise aux yeux du monde entier ; soit elle campe sur ses positions et soutient Marchand, et dans ce cas, il faut qu'elle assume les conséquences d'un inévitable conflit, et probablement d'une guerre contre la Grande-Bretagne. Ce qui ferait évidemment le jeu de Berlin !

La reine Victoria elle-même, consciente d'un éventuel gâchis, va faire son possible pour modérer le gouvernement de Londres et calmer le jeu. « La guerre n'est pas concevable pour un motif si petit, écrit-elle dans son journal. Les Français sont pris dans une horrible impasse, il faut les aider à en sortir. »

Le 9 octobre, le ministre Delcassé écrit à Marchand : « Il importe que je puisse prendre connaissance, le plus tôt possible, des indications que vous êtes en mesure de me fournir sur votre rencontre avec le général Kitchener. » Or, cette demande est aussitôt l'objet d'un malentendu. Du point de vue de Delcassé, il s'agissait simplement d'éviter l'irréparable, tandis que Marchand, aveuglé par ce qu'il n'est pas loin de regarder comme une mission historique, s'imagine en lisant cette phrase que le ministre des Affaires étrangères est en quête d'un prétexte pour en découdre ! En hâte, il dépêche donc à Paris le capitaine Baratier qui se présente au Quai d'Orsay, dans le bureau de Delcassé, dès le 27 octobre au matin.

C'est ce Baratier qui, le premier, va déchanter ; en quelques minutes, il comprend que tout est scellé – pour ne pas dire perdu – pour la mission Marchand. Ce que veut le ministre, ce qu'exige officiellement la France, c'est la paix ! Rien d'autre ! De sorte que, le 3 novembre, le gouvernement français annonce purement et simplement le retrait de ses troupes de Fachoda en raison « de l'état sanitaire de la mission Marchand ».

Sur place, quand le capitaine apprend la nouvelle, il est atterré. Mais ce qui le rend ivre de rage, plus encore que l'ordre lui-même, c'est le piteux motif invoqué : ainsi donc, son expédition souffrirait d'un mauvais état sanitaire ! Dans un ultime sursaut d'orgueil, Marchand adresse alors à Delcassé un télégramme incendiaire, dans lequel il réfute vigoureusement le prétexte invoqué. Qu'importe ! Les politiques ont statué sur Fachoda : le capitaine Marchand et ses hommes doivent baisser pavillon et plier bagage. C'en est fini, pour eux, d'un beau rêve...

*

Au matin de leur départ, les Britanniques, au grand complet, se sont déployés en formation pour rendre aux vaincus par forfait les honneurs militaires – ce qui ne fait qu'enfoncer un peu plus le couteau dans la plaie des partants. Ainsi les héros d'hier rentrent-ils en métropole...

Pour leur chef, c'est un crève-cœur indicible. Jean-Baptiste Marchand serre les dents ; il sera fait chef de bataillon et commandeur de la Légion d'honneur, des consolations bien dérisoires à ses yeux. Lors du passage à Addis-Abeba de la mission qui porte son nom, l'empereur d'Abyssinie en personne, Ménélik II, va le couvrir d'honneurs et de présents. Quant au peuple français, il réserve à son héros un accueil triomphal : ovation au Cercle militaire, dotation par l'Institut de France, décision des élèves de Saint-Cyr de baptiser leur promotion du nom de Marchand... Faut-il préciser que, pour l'intéressé, ces hommages n'en ont pas moins un arrière-goût très amer ? Il reste alors au capitaine Marchand quelque trente-cinq années à vivre ; gageons que, pas un soir à compter de son retour d'Afrique, il n'aura fermé les yeux sans un pincement au cœur à l'image ineffaçable de ce drapeau français qui descend le long de sa hampe, là-bas, très loin dans un bourg oublié du Soudan.

Une équipe de choc

Marchand n'est pas le gentil naïf que l'on pourrait imaginer : « C'est un personnage foncièrement autoritaire, extrêmement décidé, des plus exigeants avec ses hommes, auxquels il inspire d'abord de la crainte, souligne le journaliste et historien Pierre Pellissier[1]. Il sort de Saint-Maixent, l'école des sous-officiers, et se trouve commander lui-même à des Saint-Cyriens, ce qui provoque inévitablement quelques frictions... » Disons clairement qu'il s'agit aussi d'un homme dévoré d'ambition, et qui aura surtout rêvé de laisser un nom dans l'Histoire.

L'une de ses qualités est de savoir s'entourer de gens compétents, formant une équipe extrêmement solide – elle le prouvera en parcourant près de six mille kilomètres dans une Afrique hostile, avec seulement quatre hommes tués par les maladies ou les animaux ; un exploit magnifique ! Au premier rang des fidèles de Jean-Baptiste Marchand se trouve Albert Baratier, passionné de photographie, qui rapportera du périple des clichés fascinants. Baratier fait preuve d'un dévouement sans bornes à son chef. C'est lui qui se rendra en urgence à Paris pour y rencontrer Delcassé, et fera

1. Auteur de *Fachoda et la Mission Marchand, 1896-1899*, éd. Perrin, 2011.

preuve, dans ces circonstances, d'un incroyable talent de diplomate…

Autre fidèle, le discret capitaine Germain, polytechnicien et artilleur, qui assure la sécurité des garnisons laissées par la mission sur le chemin de Fachoda. Il organise les défenses, après que le capitaine Mangin a construit les fortifications de rigueur. Mangin est un bon soldat au fort caractère, qui s'accroche souvent avec Marchand… En réalité, le fougueux officier soupçonnera son chef de vouloir se tailler un petit empire en Afrique, et en tirera ses propres conclusions. Après l'affaire, il sera l'un des rares membres de l'expédition à poursuivre une belle carrière politique et militaire, les autres soldats étant dispersés dans toutes les garnisons de France, parfois même jusqu'en Chine…

13

Les secrets de Mayerling

Le 30 janvier 1889, une nouvelle fracassante bouleverse l'Europe et le monde : le séduisant héritier de l'Autriche-Hongrie, fils chéri de l'empereur François-Joseph et de la célèbre Sissi, l'archiduc Rodolphe, est mort ! On a retrouvé son corps aux côtés de celui de sa toute jeune maîtresse, Marie Vetsera. L'émotion est grande, à la mesure du scandale. Si l'hypothèse d'un double suicide est avancée en guise d'explication, nul ne sait, nul ne saura jamais ce qui est advenu réellement, cette nuit-là, dans le relais enneigé de Mayerling, près de Vienne. Ce drame, première station sur le long chemin de croix des Habsbourg d'Autriche, reste à ce jour une des plus grandes énigmes de l'Histoire.

La neige épaisse de l'hiver autrichien pèse sur le relais de chasse de Mayerling, à une quarantaine de kilomètres au sud de Vienne. C'est là qu'aux premières lueurs du 30 janvier 1889 vont être découverts les corps sans vie de l'archiduc Rodolphe et de Marie Vetsera. Elle n'avait pas dix-sept ans, lui en avait trente. Ce prince un peu fantasque, libéral, ami de la France et de sa République, féru de chasse, de bonne chère et de petites femmes, est donc mort aux côtés de son amante : on les a retrouvés tous deux baignant dans leur sang... Trois témoins capitaux ont vu la scène d'horreur : deux proches de l'archiduc – son beau-frère Philippe de Saxe-Cobourg et son meilleur ami, le comte Hoyos –, ainsi que le valet de chambre de l'archiduc, un dénommé Loschek. Si l'on en croit les rapports officiels, seul Loschek serait entré dans la chambre du drame, où il aurait trouvé des lettres des amants. Voici ce que Marie aurait écrit à sa mère : « Nous sommes à présent très curieux de savoir comment est fait l'autre monde, pardonnez-moi ce que j'ai fait, je ne pouvais résister à l'amour. » Quant à Rodolphe, il aurait écrit de son côté : « Je n'ai plus le droit de vivre : j'ai tué. »

Le corps de la jeune Vetsera est prestement – et discrètement – escamoté par ses oncles et ses frères, prévenus aussitôt. La mère de Marie, en revanche, la baronne Vetsera, ne sera jamais autorisée à voir la dépouille de sa fille. Raison d'État ? En quelques heures, c'est une chape de plomb qui s'abat sur le relais de chasse. Les principaux témoins sont, le jour même, convoqués chez l'empereur qui prend leurs mains dans les siennes et leur fait jurer un silence absolu. Cela n'aura pas empêché le prince de Saxe-Cobourg de confier à son épouse, au retour de Mayerling : « C'est horrible, horrible ce que j'ai vu là-bas ! Mais je ne peux, je ne dois rien dire, sinon qu'ils sont morts tous les deux. »

Dès l'après-midi du 30 janvier, le palais impérial annonce la mort de l'archiduc héritier, mais sans faire mention de Marie Vetsera. Rodolphe, selon la dépêche officielle, aurait « succombé à une crise cardiaque ». Évidemment, personne ne croit à cette version ; la rumeur a précédé le communiqué du palais ; les « fuites » sont nombreuses et tout Vienne se perd en conjectures : on évoque notamment des coups de feu, un suicide, voire un crime... Le 1er février à l'aube, une seconde annonce officielle rectifie le mensonge du 30 janvier : « Le prince héritier a mis fin lui-même à ses jours, le mercredi matin, entre sept et huit heures », et l'on précise, en insistant bien sur les termes : « dans un accès de folie ». Rapidement un rapport d'autopsie, signé des trois médecins de la cour, tend à accréditer cette nouvelle thèse : le prince se serait donc tiré une balle dans la tempe. Seulement aucune précision n'est donnée quant à l'arme du crime ; et la balle n'a jamais été retrouvée. Pour ce qui est de la folie du prince, les praticiens tentent de démontrer qu'elle serait confirmée... par un examen cérébral ! Difficile de se montrer plus confus et plus maladroit.

En vérité, les proches de l'archiduc Rodolphe se montrent d'emblée sceptiques. Le prince héritier était un homme sain d'esprit. Un noceur sans doute, un débauché peut-être, enclin à toutes sortes d'excès – mais il n'était pas fou ! Chacun comprend, dans les milieux informés, que si les autorités soutiennent à tout prix cette thèse de l'accès de folie, c'est pour obtenir de l'Église des obsèques religieuses – interdites, à l'époque, aux personnes ayant volontairement mis fin à leurs jours. D'ailleurs, l'empereur François-Joseph n'a pas manqué d'adresser au pape Léon XIII un très long télégramme, longtemps tenu secret. Démarche efficace, puisque des obsèques religieuses vont avoir lieu, en grande pompe, le 6 février.

Alors qu'ils défilent devant le lit de mort de l'archiduc, nombre de Viennois sont surpris de lui découvrir le crâne entièrement bandé ; plusieurs constatent aussi que ses mains sont gantées, ce qui est inhabituel. Certains ont même remarqué que les fameux gants avaient une forme bizarre, comme s'ils ne recouvraient rien... Peu importe :

la légende romantique est déjà en train de prendre son envol. Le beau Rodolphe, éperdument épris de la petite Marie, n'aurait pas supporté que son père le force à renoncer à cet amour. Acculés à la rupture, les deux amants, tels Roméo et Juliette, auraient décidé d'entrer ensemble dans un sommeil éternel…

*

Ce qui est certain, pourtant, c'est que derrière ce drame romantique, la disparition de l'héritier des Habsbourg comporte une dimension politique. En 1889, l'empire autrichien est la principale puissance catholique d'Europe. François-Joseph règne depuis le milieu du siècle : il est l'homme de la durée, de la continuité mais aussi de l'immobilisme… Par défiance envers la France, l'Autriche a fait alliance avec l'Allemagne, afin de constituer un pôle stable, germanique, au cœur de l'Europe. Or le premier opposant à cet immobilisme, l'adversaire le plus célèbre de François-Joseph, était bel et bien son propre fils, l'archiduc Rodolphe ! L'héritier du trône rejetait en bloc la politique conservatrice de son père. Il avait fait paraître des articles dans la presse républicaine, et n'avait cessé de remettre en cause l'alliance avec l'Allemagne. Rodolphe se voulait libéral, progressiste, socialement avancé, et pour la France, comme pour les libéraux d'Europe, il représentait une alternative inespérée à la vieille garde autrichienne. On pensait à Paris que, le jour où Rodolphe succéderait à son père, les choses pourraient radicalement évoluer, aussi bien dans l'empire qu'en Europe. C'en serait peut-être fini de l'isolement de la France face à l'Allemagne… On mesure mieux, dès lors, l'importance internationale qu'a pu revêtir le drame de Mayerling : avec la mort de Rodolphe, c'est l'avenir de l'Europe qui aura basculé.

Ainsi le père et le fils ne se comprenaient-ils pas. La clé de cette mésentente, il faut la chercher, sans doute, dans l'enfance de l'archiduc Rodolphe, unique garçon de François-Joseph et d'Élisabeth. Dès sa jeunesse, il a été déchiré entre un père lointain, figé dans l'idée de son devoir, et une mère absente, incapable d'apporter à ce fils la stabilité, la sécurité qui vont lui faire défaut. Un père rigide, une mère défaillante : ce déséquilibre psychologique a poussé l'adolescent à la rébellion, à l'indépendance extrême, voire à la dépression et à un certain penchant suicidaire... Rodolphe avait vingt-trois ans quand il a épousé la trop sage Stéphanie de Belgique. Incapable d'équilibrer son mari, elle était de surcroît devenue stérile après avoir mis au monde une petite fille. Son mari l'avait alors délaissée... Épris d'indépendance, il s'était épuisé à la chasse, goûtant sa ration quotidienne de sang versé, et avait fui dans les conquêtes féminines. La jeune Marie Vetsera n'aura été que la dernière en date... Rodolphe l'avait rencontrée dans un bal ; ils s'étaient revus grâce à la complicité de la comtesse Larische, une sulfureuse cousine de la famille impériale. Une passion était née. Le prince avait trouvé un écho à son mal de vivre dans la fragilité de cette jeune fille au regard plein de feu, mais sujette à un déséquilibre névrotique – même si Marie savait donner le change en société, où elle pouvait se montrer rayonnante.

Ainsi l'héritier incompris, rebelle à son père et au régime qu'il incarne, incapable de trouver dans ce monde la tendresse qui lui avait toujours fait défaut, avait-il enfin trouvé l'âme sœur en la personne d'une jeune fille de dix-sept ans... Ce qu'ils ignoraient forcément l'un et l'autre, c'est que leurs jours étaient déjà comptés. Il semble que leur histoire ait connu un tournant le 13 janvier 1889, date énigmatique, inscrite à l'intérieur d'un étui à cigarettes offert par Marie à Rodolphe, avec ces quelques mots : « Merci à l'heureux destin. » La phrase conservera son mystère : annonçait-elle une naissance ? Toutes les hypothèses sont permises. Ce qui est certain, c'est que le prince avait aussitôt adressé une supplique au pape Léon XIII pour lui demander d'annuler son mariage avec Stéphanie, signifiant ainsi qu'il avait l'intention d'épouser Marie. Le 27 janvier, lors d'une grande soirée, tous les témoins devaient constater que Rodolphe ne quittait guère Mlle Vetsera, cette dernière toisant ostensiblement l'archiduchesse Stéphanie, sa rivale.

Le lendemain de cet affront public, l'empereur François-Joseph en personne a convoqué son fils dans son bureau, pour une explication plus qu'orageuse : on sait qu'il y a été question de la supplique au pape, que ce dernier a d'ailleurs refusé d'honorer. On suppose que François-Joseph aurait présenté un ultimatum à Rodolphe : soit il renonçait séance tenante à Marie Vetsera, soit il perdait ses droits héréditaires. La conversation est-elle allée plus loin ? Le père a-t-il révélé au fils des éléments intimes qu'il ignorait à propos de Marie ? Selon certaines sources, dès le lendemain de la fameuse altercation, Marie aurait été conduite à la Hofburg, le palais impérial, par le fidèle cocher de l'archiduc, afin d'y subir un avortement sous l'autorité de la sage-femme impériale en personne… Après quoi le cocher Bratfish aurait emmené la pauvre patiente vers le relais de chasse de Mayerling, où l'archiduc l'aurait rejointe en compagnie de quelques amis.

*

Sur place à Mayerling, le mystère demeure impénétrable. Que s'est-il vraiment passé au cours de cette nuit funeste ? Les suppositions sont nombreuses.

Le prince Léopold, fils de Philippe de Saxe-Cobourg, soutiendra que Marie était hystérique, furieuse d'une rupture qui semblait inévitable, et qu'elle aurait profité du sommeil de Rodolphe pour le mutiler au bas-ventre ! Ils se seraient battus et Rodolphe aurait alors étranglé sa maîtresse, avant de se tirer une balle dans la bouche. Sauf que la balle – c'est là un élément certain – a frappé la tempe droite, ce qui ne correspond pas à cette rumeur.

D'autres versions circulent… L'impératrice Eugénie, veuve de Napoléon III, tenait de Sissi elle-même une autre thèse, publiée plus tard par le diplomate et historien Maurice Paléologue : Marie Vetsera, au moment de la rupture, aurait annoncé à Rodolphe qu'elle était enceinte, et tous deux auraient alors décidé de mourir ensemble. Un historien autrichien s'est appuyé, de son côté, sur une comparaison de portraits pour élaborer la thèse selon laquelle Marie était elle-même le fruit d'une brève liaison entre sa mère et l'empereur d'Autriche, faisant alors de Rodolphe et Marie des demi-frère et sœur !

Dans les années 1990, le docteur Gerd Holler s'est aventuré encore plus loin : sachant que la baronne Vetsera, mère de Marie, peut être suspectée d'avoir déniaisé Rodolphe, le docteur a envisagé que Marie puisse être la propre fille de l'archiduc ! On imagine pour les deux amants l'horreur de la révélation d'un tel inceste… Impossible à prouver, évidemment, mais cela pourrait du moins expliquer le violent psychodrame du 28 janvier, dans le bureau de l'empereur…

La palme de l'audace revient sans doute à la baronne Surcouf qui, sur la foi d'un familier de la cour de Vienne, a toujours soutenu que ni Rodolphe ni Marie ne seraient morts à Mayerling, mais que leur disparition aurait été le fruit d'une mise en scène destinée à leur permettre d'aller vivre leur amour en Grèce, *incognito*.

*

Les suppositions auraient pu en rester là si, tout à coup, en 1982, l'impératrice Zita en personne, dernier grand témoin de la dynastie, n'avait décidé de rompre la loi du silence et de livrer à la presse une révélation fracassante. Pourquoi cette vieille dame, si digne, si discrète, décide-t-elle alors de sortir de sa réserve ? Peut-être par souci de s'acquitter d'un devoir : selon elle, le vieil empereur François-Joseph s'estimait tenu au secret sur le drame de Mayerling, et il aurait transmis oralement ce qu'il en savait à son petit-neveu et successeur, Charles Ier, afin que la vérité puisse être révélée en temps utile… Mais Charles, chassé du trône en 1918 après seulement deux ans de règne, était mort en 1922, sans avoir le temps de livrer le secret de Mayerling. Dès lors, sa veuve aurait décidé de briser le silence sur cette affaire…

« L'archiduc Rodolphe ne s'est pas suicidé, affirme en 1982 l'impératrice Zita. Il a été victime d'un attentat politique. » Selon elle, il s'est agi d'un complot. La thèse a toujours été défendue par certains – on accusait notamment des Allemands conservateurs, ces cercles berlinois que Rodolphe haïssait tellement. Mais Zita pointe du doigt d'autres coupables : selon elle, l'archiduc aurait été tué car il menaçait de révéler une conjuration visant à renverser son père, et à laquelle il aurait finalement renoncé de participer. Une conjuration menée non par les Allemands, mais par un groupe d'activistes essentiellement français, au sein desquels on trouve un certain Cornelius Hertz, homme d'affaires, mais aussi Georges Clemenceau !

Voilà qui expliquerait, il est vrai, tous ces témoignages faisant état d'effraction, de luttes dans le pavillon, d'absence de blessures par balle sur Marie – pour ne rien dire de ces mystérieuses et profondes plaies que Rodolphe avait semble-t-il au poignet, justifiant le port insolite de gants sur son lit de mort.

L'un des frères de l'impératrice Zita, le prince Xavier de Bourbon-Parme, était allé jusqu'à prétendre que, dans la lutte, le poignet droit de l'archiduc avait été sectionné. Cette thèse justifierait aussi l'envoi d'un très long télégramme codé au Vatican. Car, si les amants de Mayerling ont été assassinés, il était nécessaire de faire justice aux victimes et d'expliquer au pape le mensonge du suicide endossé par l'empereur François-Joseph, uniquement dans le but d'éviter une crise diplomatique. Ou même une guerre.

Reste une grande question : faut-il prendre pour argent comptant les révélations de la dernière impératrice ? Il est certain que sa version coïncide assez bien avec de nombreux détails... Par exemple, le 6 juillet 1912, *Le Monde illustré* avait livré ce curieux témoignage d'un certain Jean de Bonnefond : « Le pape Léon XIII, qui savait le grand et le menu détail, laissa filtrer un jour un rayon de lumière : alors qu'une princesse romaine avait sollicité de lui des funérailles religieuses pour son fils mort par suicide, emportée par la douleur, la malheureuse femme finit par s'écrier : "Saint-Père, faites pour une mère romaine ce que vous avez fait pour un empereur autrichien." "Je n'ai jamais eu de faveur à faire, répondit le pontife. Car l'archiduc ne s'est pas suicidé." Un pape peut-il mentir à une femme éplorée ? »

Les révélations de l'impératrice

Lorsque, le 10 novembre 1982, Jean des Cars[1] rencontre l'impératrice Zita à la faveur de son retour officiel à Vienne, il ne s'attend pas à tomber sur un véritable scoop ! Le grand reporter recueille les impressions de la dernière souveraine de l'empire d'Autriche-Hongrie, après soixante-trois ans d'un long exil, lorsque la conversation dévie sur Mayerling. Soudain, dans un français parfait, la souveraine lance : « Vous devez savoir que l'affaire de Mayerling n'est pas ce que l'on raconte, Rodolphe ne s'est pas suicidé, c'est un attentat politique... » Et de citer le nom de Georges Clemenceau dans cette conjuration. Jamais un membre de la Maison de Habsbourg n'avait pris position publiquement depuis le moment du drame ; et voilà que, près d'un siècle après les événements, une vérité inattendue tombe de la bouche d'un témoin capital.

Il est sûr que Zita a toujours eu un compte à régler avec Clemenceau qui, dans sa hargne à faire tomber les derniers empires, avait notamment saboté la paix séparée en 1917. Mais il est non moins certain que des faits concrets tendent à accréditer la version de l'impératrice. D'abord, il y

1. Auteur de *Rodolphe et les secrets de Mayerling*, éd. Perrin, coll. « Tempus », 2004.

a la curieuse réaction des parents de Rodolphe : ni François-Joseph ni Élisabeth ne se sont précipités au chevet de leur fils. S'il s'avère qu'ils ont été informés d'un attentat, l'on conçoit que leur principal souci ait été de cacher cette information, afin d'écarter l'éventualité d'une guerre que, de toute façon, l'Autriche n'était pas en mesure de soutenir. Il y a ensuite le fameux télégramme de l'empereur au pape – document dont Jean des Cars a retrouvé la trace dans les archives diplomatiques secrètes du Vatican, et qui commence par ces mots : « Très Saint-Père, notre cher fils a été assassiné. » Même s'il n'entre pas dans les détails, le message sera jugé suffisamment crédible par Léon XIII pour que soient accordées des obsèques religieuses.

Enfin, un dernier élément capital s'ajoute en 1955, lorsque les troupes d'occupation soviétiques évacuent l'Autriche, à la suite du traité du Belvédère, et notamment la zone de Mayerling. Des soldats éméchés profanent la tombe de Marie Vetsera, dans l'espoir de récupérer des bijoux des Habsbourg : le corps est rapidement identifié, mais à la stupéfaction générale, la tempe n'est absolument pas perforée par une balle contrairement à la version officielle plus ou moins laborieusement admise… En revanche, un coup fatal lui a été donné par un objet agraire – une pelle ou une pioche ? –, fracassant le haut de son crâne. Or, dès le 30 janvier 1889, un échange officieux entre le nonce apostolique et l'ambassadeur d'Allemagne en Autriche, rapportait déjà cette précision, à savoir que la jeune femme avait été tuée d'un coup sur la tête, comme si on voulait faire disparaître un témoin bien trop gênant. À partir du moment où un détail capital du fait divers s'écroule, toutes les hypothèses s'effondrent, crédibilisant de fait la thèse de l'attentat.

14

Les avatars du Diamant bleu

C'est un des joyaux les plus fascinants qui soient : le fameux Diamant Hope, du nom d'un de ses anciens propriétaires – un nom paradoxal, car hope, *en anglais, veut dire « espoir », alors que cette pierre a la réputation de porter malheur. D'une taille énorme pour un diamant – elle titre aujourd'hui quarante-cinq carats et demi – elle présente un bleu très profond qui la ferait paraître un très gros saphir, si les saphirs pouvaient atteindre une telle luminosité. Mais le plus inouï, concernant le Diamant Hope, c'est sa trajectoire incroyable au cours des trois derniers siècles ; car il est possible aujourd'hui, sans l'ombre d'un doute, d'affirmer que ce joyau est une version retaillée du légendaire Diamant bleu de la Couronne de France !*

Un siècle déjà que les Américaines en sont folles. À la Smithsonian Institution de Washington, où le Diamant Hope est en permanence exposé, cette pierre hors normes reçoit chaque année la visite de quelque huit millions de personnes : bien davantage que *La Joconde* à Paris ! Cet engouement ne s'est pas démenti depuis 1911, date à laquelle Evalyn Walsh McLean, la jeune épouse de l'héritier américain Ned McLean, s'est fait offrir le diamant par son mari, à Paris, chez Cartier. Le célèbre joaillier l'avait racheté à son confrère Rosenau qui lui-même le tenait de Selim Habib, un marchand et collectionneur turc. Avant lui, la pierre appartenait en réalité à la famille Hope de Londres, et plus précisément au financier Henry Philip Hope, d'où son nom ; elle a figuré dès 1839 dans l'inventaire après décès du banquier.

*

Rue de la Paix, dans la boutique d'Alfred Cartier, c'est Pierre, l'un des fils de la maison, qui s'est occupé de cette vente exceptionnelle. Pierre est alors en charge de la clientèle américaine et connaît le genre d'histoire qu'il faut raconter aux jeunes et riches héritières...

Ce jour-là, il retrace pour Evalyn une formidable légende, en s'appuyant sur les récits de Jean-Baptiste Tavernier, un aventurier français du XVIIe siècle : « Un soir, dit-il, un voleur s'est laissé enfermer dans un temple, en Inde. Son but était de dérober, pendant la nuit, le diamant qui ornait le front d'une grande statue en or du dieu Vishnou. Un diamant d'une taille et d'une pureté hors du commun – mais surtout d'une couleur exceptionnelle : il était d'un bleu incomparable... »

La jeune Evalyn ouvre de grands yeux et tend l'oreille. « Le voleur s'est emparé de la pierre merveilleuse, poursuit Pierre Cartier. Mais au matin, quand on a rouvert les portes de bronze et qu'il a voulu en profiter pour s'enfuir, il s'est trouvé frappé par la foudre, au seuil même du temple. Depuis ce jour, le diamant est réputé porter malheur à tous ceux qui l'approchent. »

Stupéfaction de l'héritière… « Je vous rassure, précise le jeune joaillier dans un sourire, tout ceci n'est qu'une légende… » Faire rêver les clientes est une chose ; il ne s'agirait pas de les faire fuir !

Evalyn McLean est fascinée : « À moi, il me portera bonheur, je le sens, dit-elle en s'emparant du joyau sublime qu'elle porte à son cou. Il me le faut absolument ! » Et voilà comment le Diamant Hope est entré en possession de la jeune milliardaire…

Evalyn McLean fait alors partie de la haute société de la côte Est ; elle est notamment une amie proche de Mme Harding, l'épouse du futur président ; et lorsqu'elle honore de sa présence une soirée très élégante, c'est avec fierté qu'elle arbore la pierre bleue, connue bientôt de toute l'Amérique. Un livre et même un film – en 1921 – seront inspirés de sa légende. Le Diamant Hope va devenir une sorte de trésor national, dont on retrouvera d'ailleurs une évocation dans le film *Titanic* de James Cameron.

Question sournoise : a-t-il porté bonheur ou malheur à Evalyn McLean ? Les superstitieux auraient plutôt tendance à pencher pour la seconde hypothèse. Après tout, la vie d'Evalyn aura été semée de drames : elle perd ses deux enfants dans des circonstances horribles, puis son mari, devenu fou, sera interné. Elle-même succombera à une pneumonie, à l'âge de soixante ans seulement… À sa mort, après la dernière guerre, le diamant est racheté par le célèbre joaillier new-yorkais Harry Winston qui, après quelques années, choisit d'en faire don à l'État américain. On raconte souvent la façon dont il s'y est pris pour faire parvenir sans risque le diamant à la Smithsonian Institution : allait-il affréter un camion blindé, ou livrer personnellement le joyau dans une mallette attachée à son poignet ? Harry Winston s'est dit que la méthode la plus discrète serait encore la plus sûre, et il a envoyé le Diamant Hope par la poste, comme un simple colis – tout juste recommandé !

*

Faut-il le préciser ? Une pierre à ce point exceptionnelle a toujours suscité les interrogations, toujours attisé la curiosité des collectionneurs et des passionnés quant à ses origines. Dès 1856 – soit quelques années seulement après sa découverte dans l'inventaire du banquier Hope –, le joaillier Charles Barbot devait faire le rapprochement entre elle et le célèbre Diamant bleu de la Couronne de France, disparu depuis la Révolution. Barbot s'est alors demandé si « le Hope » n'aurait pas été, tout simplement, une version retaillée du joyau français. Ce dernier était du reste un peu plus gros que le Hope ; il titrait soixante-neuf carats.

Les soupçons, par la suite, ne feront que se préciser. Ainsi, plus d'un siècle plus tard, dans les années 1980, l'historien des gemmes Bernard Morel est lui aussi convaincu de cette filiation, qu'il défend chaudement sans pouvoir la prouver. La suite de l'histoire lui donnera raison ; car aujourd'hui, l'énigme est résolue. Sans aucun doute possible. Grâce à la découverte providentielle effectuée par le professeur François Farges, du département de minéralogie du Muséum national d'histoire naturelle, le 8 décembre 2007.

Ce matin-là, le professeur Farges est alerté par un technicien qui a posé la main, par hasard, sur un petit écrin de cuir rouge contenant un curieux objet : le modèle en plomb de ce qui paraît être une pierre taillée, de dimension stupéfiante. Le professeur Farges identifie sans peine cet objet : il s'agit d'une sorte de maquette, comme celles que réalisaient autrefois les joailliers, en vue de présenter à leurs commanditaires la forme que devait prendre une pierre une fois taillée. Le professeur tient donc là le modèle d'un joyau d'exception ; et dans un coin de son esprit naît déjà sa petite idée quant à l'identité de la pièce en question. Pour s'en assurer, il se rend à la Bibliothèque nationale, et consulte un ouvrage de l'historien Germain Bapst – un recueil dans lequel figure la seule représentation connue alors du grand Diamant bleu de la Couronne de France. À sa taille réelle. François Farges n'a qu'à poser le modèle de plomb sur la gravure pour se rendre compte que l'ajustement coïncide exactement : taille, style, facettes, tout correspond ! Lorsqu'il finit par apprendre que ce modèle de plomb s'est trouvé être, un temps, la propriété de M. Hope, le chercheur voit se dissiper ses derniers doutes : ainsi donc, le fleuron des collections du banquier londonien n'était autre que le fameux chef-d'œuvre taillé jadis à la gloire de Louis XIV !

*

Il nous faut donc remonter au XVIIe siècle pour compléter l'histoire de l'incroyable pierre bleue... Et retrouver – comme l'avait fait Pierre Cartier – la trace d'un voyageur de commerce injustement oublié de nos jours : Jean-Baptiste Tavernier.

Explorateur, aventurier, ce personnage hors du commun est issu d'une famille de géographes – chez les Tavernier, on dessine des cartes depuis au moins deux générations. À vingt-trois ans, il a déjà écumé l'Europe, dont il parle les langues principales. Et puisque désormais l'Occident n'est plus assez grand pour lui, il s'en va bientôt courir le monde jusqu'en Asie. Dès l'année 1632, l'intrépide voyageur tisse dans ces contrées lointaines, grâce à un art consommé du négoce et à quelques cadeaux somptueux, tout un réseau de relations commerciales. Il devient ainsi l'intime du shah de Perse, l'un des plus grands souverains de l'époque. Il est également reçu par le Grand Moghol qui règne alors sur un empire immense, de Kaboul jusqu'aux plateaux du Dekkan. Le potentat reçoit ses visiteurs dans des salons d'apparat qui paraissent tout droit sortis des *Mille et une Nuits*, et dont les trônes somptueux sont constellés de milliers de diamants, de rubis et d'émeraudes. Le Grand Moghol, formidablement riche, n'a nullement besoin de céder ses diamants à quiconque... à l'exception des bleus, peut-être, moins prisés que d'autres à sa cour.

C'est auprès de ce souverain richissime que Jean-Baptiste Tavernier acquiert des pierres proprement fabuleuses – celles qui vont faire sa fortune. L'aventurier développe son commerce en traitant avec plusieurs princes orientaux, en qualité de marchand de haut rang. Il sera l'un des premiers négociants à rapporter en Europe les précieux diamants de Golconde, ce royaume de légende qui a tant fait rêver le monde occidental.

Dans le courant de l'année 1668, Jean-Baptiste revient en Europe, riche de sacs entiers de pierres précieuses. Il se précipite au Louvre pour les présenter à Louis XIV : depuis la mort de Mazarin – qui l'avait initié aux gemmes – le monarque entretient une collection d'œuvres d'art ou de pièces rares. Le jeune roi est ébloui par les centaines de gros diamants que Tavernier lui propose ; au début de 1669, il lui achète les quarante-sept plus gros, pour une somme d'ailleurs colossale : l'équivalent de huit cents kilos d'or pur ! Et pour faire bonne mesure, le négociant obtient en prime des lettres de noblesse ! C'est dans ce lot sans équivalent que figure bien évidemment le fabuleux joyau qui nous occupe.

Entendons-nous bien : à cette époque, le Diamant bleu est encore presque brut, ce qui en fait un objet de curiosité plus qu'une pièce de joaillerie. Le souverain se contente du reste de l'exposer au sein du – déjà célèbre – cabinet de curiosités du château de Saint-Germain. Il n'en était pas moins inévitable que Louis XIV finisse par nourrir d'autres projets pour cette pièce remarquable. Il la confie dès lors au meilleur joaillier de son temps, l'inégalable Jean Pittan, chargé de concevoir une taille digne de la pierre bleue. Et c'est peu de dire que le maître y met tout son cœur : en vérité, il va se surpasser ! Il lui faut deux années pour mettre au point le dessin définitif de son projet, et deux années encore pour l'exécuter et aboutir à un véritable chef-d'œuvre.

La taille – soixante-douze facettes – est à double symétrie impaire : une complexité sans précédent, digne de Léonard de Vinci ! De sorte que, lorsqu'il sort des mains du maître joaillier Pittan, le Diamant bleu de la Couronne brille comme aucun joyau n'avait encore jamais brillé. La lumière qui l'inonde est renvoyée de face en face, en un jeu étincelant de reflets, avant d'être projetée vers l'observateur qu'elle ne peut qu'éblouir.

*

Désormais, le Diamant bleu est bien celui des rois de France. Tous auront fierté à porter cette gemme taillée de soixante-neuf carats. Louis XIV l'arbore en cravate lors des fêtes et réceptions qui illuminent son règne. Louis XV décide de la faire sertir, avec un énorme rubis taillé en dragon, sur les insignes de sa Toison d'or : elle devient le fleuron de la célébrissime « parure de couleur » réservée aux grandes occasions – parure offrant ce que la Couronne de France possède de plus extraordinaire en fait de saphirs, d'émeraudes et de rubis…

Quand éclate la Révolution française, une grande menace pèse sur les joyaux de la Couronne. Ils sont conservés au nouveau Garde-Meuble, notre actuel hôtel de la Marine, sur la place Louis XV, rebaptisée place de la Révolution, puis place de la Concorde. Le bâtiment est en effet très proche des Tuileries, triste théâtre des soubresauts révolutionnaires : la monarchie s'effondre le 10 août 1792, la République est proclamée en septembre, sur fond de massacres dans les prisons et de grand péril aux frontières. La France traverse alors une période des plus troublées : les armées austro-prussiennes avancent en direction de Paris et la capitale est livrée à toutes sortes de débordements.

C'est dans ce contexte que se produit le plus grand cambriolage de tous les temps. Un vol organisé, bénéficiant d'étranges complicités, et qui dure plusieurs nuits consécutives à la mi-septembre 1792 ! Ce véritable « casse du millénaire », perpétré au sein du Garde-Meuble, a pour cible les joyaux de la Couronne. Curieux pillage en vérité, car non seulement il s'éternise, à la barbe des gardes nationaux, mais il implique peu à peu tous les malfrats connus des services de police… Au milieu de ce capharnaüm, dans ce cambriolage monstre, il convient d'isoler et de distinguer l'œuvre d'une première équipe de voleurs, à la fois très habile et très bien renseignée. C'est elle qui connaît les réserves avec précision ; elle qui fracture les armoires principales ; elle qui s'empare des pièces majeures – dont la fameuse Toison d'or ornée, en son centre, du merveilleux Diamant bleu.

Dès que le vol des joyaux est rendu public, le scandale est énorme. Roland, ministre de l'Intérieur, est sommé de s'expliquer à la tribune de l'Assemblée – il ne sera pas le seul. La toute jeune République est humiliée ; et plusieurs de ses responsables s'acharnent à saisir les coupables, dont certains, surtout les petites mains, sont guillotinés sur les lieux mêmes de leur forfait. À cette occasion, l'échafaud est déplacé de la place du Carrousel pour être dressé face au Garde-Meuble, sur l'actuelle place de la Concorde – c'est là que, quelques mois plus tard, on exécutera Louis XVI.

L'enquête progresse rapidement, aussi bien dans les bas-fonds de Paris que dans le labyrinthe de certains milieux royalistes. La plupart des grands joyaux, invendables d'ailleurs, seront finalement récupérés. Pas tous, cependant. La Toison d'or, cette parure exceptionnelle sur laquelle figure le Diamant bleu, reste notamment introuvable...

*

Même aujourd'hui, malgré tout ce que l'on a pu apprendre, sa trace est difficile à suivre entre 1792 et 1839. C'est un vrai jeu de piste, où l'on croise la route d'un certain Cadet Guillot, soupçonné d'avoir volé la parure avant de rejoindre l'Angleterre, d'où la pierre, dit-on, aurait gagné Constantinople... À moins qu'elle ne soit tout simplement restée à Londres, discrètement cachée, le temps du délai de prescription. Ce que l'on peut affirmer, du moins, c'est que le Diamant bleu, dans cette affaire, n'a pas été perdu pour tout le monde... Et que, lorsqu'il refait surface, il a été retaillé... La raison de cette mutilation est évidente : en théorie, n'appartient-il pas toujours à la France ?

À la poursuite du diamant perdu

C'est une enquête haletante qu'a menée, dès 2007, le professeur de minéralogie François Farges[1]. À partir du modèle de plomb retrouvé, il procède à une modélisation numérique en trois dimensions, pour vérifier que le Hope s'intègre sans peine au volume initial. Il existait jusqu'alors un autre prétendant, le Mouawad Blue Diamond ; mais la forme allongée de ce dernier le rend incompatible avec le modèle en plomb. Or, ce modèle a été enregistré sous la mention suivante, conservée aux archives du Muséum : « Modèle en plomb d'un diamant, remarquable par sa limpidité, appartenant à M. Hope de Londres ».

Le banquier anglais est donc au centre de l'affaire : c'est bien lui qui rachète le diamant, et le fait retailler. Cette opération coïncide, naturellement, avec les délais de prescription : le diamant réapparaît en effet dès 1812, soit vingt ans tout juste après le vol de septembre 1792. Toutefois, si le délai de prescription est de vingt ans pour un vol, il n'y a pas de délai de prescription pour le recel ; donc Hope n'est pas à l'abri : il est vital pour lui que le diamant revête un nouvel aspect.

---

1. Auteur, avec Thierry Piantanida, du *Diamant Bleu*, éd. Michel Lafon, 2010.

Pour François Farges, la dernière étape était la reconstitution, en pierre synthétique, de la fameuse Toison d'or, portée par Louis XV et Louis XVI. Un défi pour les experts et les grands orfèvres, encore fascinés par un objet regardé comme la pièce fondatrice de la grande joaillerie française. Le joaillier genevois Herbert Horovitz et le professeur Farges ont supervisé cette reconstitution historique, qui a nécessité près de trois ans de travail en compagnie des meilleurs artisans lapidaires, doreurs et sertisseurs... L'ensemble est fidèle à l'original, et donne une idée de l'effet sidérant que devait produire, en son temps, le légendaire Diamant bleu de la Couronne de France.

15

Guillaume l'intrépide

Digne descendant des Vikings, ces « Nord-men » devenus Normands, le jeune duc Guillaume traverse la Manche au cours d'une expédition épique pour conquérir, en 1066, le royaume d'Angleterre et devenir l'un des plus puissants souverains de l'Occident chrétien. Ambition, trahison, audace et fureur : toutes les composantes de l'épopée chevaleresque se trouvent mêlées dans son destin – un destin magnifié pour l'éternité dans la Telle du Conquest*, ce chef-d'œuvre de broderie que l'on appelle communément la* Tapisserie de Bayeux.

Les Normands du temps de Guillaume sont les enfants de deux peuples bien différents, les Vikings et les Francs. Leur violence guerrière, ils la tiennent de leurs pères scandinaves ; mais il semble qu'elle se soit en quelque sorte polie, modérée, au contact de Francs largement imprégnés de l'héritage romain. Guillaume lui-même est le fruit de cette double appartenance, un mélange efficace qui lui confère une force digne des Vikings, mais lui permet de l'exprimer dans des formes délibérément latines.

Avant de devenir « le Conquérant », Guillaume est appelé « le Bâtard » ; il faut dire qu'il est issu de l'union du duc de Normandie en personne, Robert Ier, dit « le Libéral », avec une simple fille de bourgeois, la belle Herleva, dont le père exerçait à Falaise le pauvre métier de tanneur. Robert avait tout juste dix-huit ans quand il est tombé sous le charme de cette jolie fille et lui a fait un enfant : Guillaume. Pour autant, il n'a pas osé heurter les traditions au point de l'épouser – en tout cas pas selon le rite chrétien, car il est possible qu'ils se soient unis dans le rite danois.

À peine six ans plus tard, en 1034, Robert annonce son départ pour la Terre Sainte, à l'occasion de la célébration du millénaire de la mort du Christ. Avant de partir, il fait jurer à tous ses barons, pour le cas où il ne reviendrait pas, d'accepter son bâtard Guillaume comme seigneur et maître. Or, dès l'année suivante, on apprend la mort de Robert le Libéral… À sept ans, Guillaume devient ainsi duc de Normandie. Non sans difficultés car, forcément, nombreux sont les seigneurs qui aimeraient profiter de sa jeunesse pour s'emparer du pouvoir. Le duché sombre dès lors dans l'anarchie, et l'enfant-duc court de grands dangers. La famille de sa mère – les fameux tanneurs de Falaise – s'emploie à le protéger : on le cache dans un endroit secret et on l'y entretient pendant quatre ans ! Le petit Guillaume souffre énormément de cette situation, et c'est probablement dans cette longue humiliation que s'est peu à peu forgée sa prodigieuse force de caractère.

Durant ces années noires, deux factions s'opposent dans le duché : en Basse-Normandie, autour de Caen, le parti scandinave et païen, animé par une noblesse guerrière, rêve de ressusciter l'esprit viking ; en Haute-Normandie, autour de Rouen, la faction française et chrétienne, plutôt soutenue par les bourgeois des villes, entend de son côté défendre l'héritage latin. C'est justement sur cette puissance franque que Guillaume le Bâtard – comme il se présente à l'âge de quatorze ans – entreprend de s'appuyer pour reprendre en main le duché. Son mariage avec Mathilde de Flandre, en 1050, participe de cette reconquête : il estompe la bâtardise du jeune duc et renforce son autorité, Mathilde étant à la fois fille du comte Baudouin de Flandre et nièce du roi Henri Ier de France ! Hélas, le pape Léon IX, pour d'obscures raisons politiques, s'oppose à cette union ; Baudouin et Guillaume n'en maintiennent pas moins leur décision, au risque d'une excommunication qui leur tombe dessus comme la foudre. Sa réconciliation avec le Saint-Siège, Guillaume ne l'obtiendra que bien plus tard, grâce au théologien Lanfranc qui deviendra son confident et fidèle conseiller.

*

De l'autre côté de la Manche, en ces années 1060, le roi d'Angleterre est un prince faible mais profondément pieux – on l'a surnommé, du reste, Édouard le Confesseur. Ce souverain a fait vœu de chasteté ; il n'a donc pas d'enfants, et en profite pour promettre régulièrement sa couronne aux princes de passage à sa cour – dont le jeune Guillaume, alors âgé de plus de trente ans, et qui prend cette promesse très au sérieux. En réalité, dans l'ombre du malheureux Édouard, le véritable tenant du pouvoir en Angleterre demeure Harold de Wessex, depuis toujours méfiant envers les Normands. Le hasard – ou la Providence – va faire, toutefois, qu'un jour venteux de 1064, ce fameux Harold en vienne à dériver au large de l'Angleterre et à s'échouer en terre normande. Conduit à Caen, devant le duc, il est reçu avec les honneurs dus à son rang ; mais Guillaume est habile, et il profite de l'incroyable aubaine pour faire jurer à son vieux rival de l'aider, lui Guillaume, à entrer en possession du royaume d'Angleterre sitôt le roi Édouard disparu. Harold, qui ne songe qu'à se tirer d'un mauvais pas, jure tout ce que l'on veut, la main levée sur des coffres placés devant lui – des coffres dont il ignore le contenu. En réalité, il s'agit de saintes reliques censées, en vertu des lois féodales, rendre son serment infrangible jusqu'à la mort.

Et pourtant… Lorsque le roi Édouard le Confesseur meurt, en 1066, Harold n'a rien de plus pressé que de se saisir de la couronne d'Angleterre ; il entend bien la garder pour lui-même ; aussi commet-il, aux yeux du duc de Normandie, un terrible parjure. L'occasion rêvée pour Guillaume le Bâtard d'en découdre ! La conjoncture est d'ailleurs plus que favorable au jeune duc : en Angleterre, Harold doit faire face, au nord de son royaume, à une attaque des Danois ; sur le continent, le beau-père de Guillaume, Baudouin de Flandre, exerce la régence de France ; quant au nouveau pape – avec lequel Guillaume a fini par s'entendre – il attend du Bâtard une réforme à son profit de l'Église d'Angleterre.

Voilà donc le duc de Normandie à la veille d'entreprendre la plus audacieuse des campagnes, sous la bannière consacrée du Saint-Père ! Organisant le pouvoir en son absence, il confie solennellement le duché aux soins attentifs de la duchesse Mathilde, son épouse, et s'emploie à réunir une armée capable de traverser la Manche – soit environ sept mille hommes aguerris. Guillaume choisit l'estuaire de la Dives, près de Cabourg, comme site d'embarquement. D'énormes quantités de bois sont acheminées à cet endroit pour y être assemblées par une armée de charpentiers, et donner naissance à des centaines d'embarcations. Six mois plus tard, quand tout est au point et que les vents s'y prêtent – c'est-à-dire le 12 septembre 1066 –, l'expédition se dirige par cabotage vers l'anse de Saint-Valéry-sur-Somme, d'où la traversée sera plus courte. Mais les vents sont contraires et, pendant quinze longues journées, Guillaume va devoir patienter, les yeux rivés à la girouette de l'église du village, tressaillant au moindre mouvement d'air… Enfin, les vents veulent bien tourner au sud, et le jeune duc, cachant son émotion, grimpe à bord de la *Mora*, le bateau que lui a offert Mathilde sur ses deniers, et dont la figure de proue désigne du doigt le royaume à conquérir !

*

Les opérations d'embarquement s'effectuent dans une précipitation indescriptible, de peur que le vent ne change à nouveau… Vite, il faut foncer vers les côtes anglaises, même si la nuit tombe. Pour éviter les collisions, un fanal brille sur la mâture des centaines de petits navires ; et lorsque se lève enfin la journée du 29 septembre, l'embarcation de Guillaume, mieux pontée, plus rapide aussi que les autres, se retrouve seule au milieu des flots. À travers la légère brume matinale, on ne distingue pas encore les côtes à conquérir. Mais le Normand se doute bien que le Saxon fourbit ses armes de l'autre côté… Il importe dès lors de ne pas débarquer en ordre dispersé : on attendra tous les retardataires ! Et pour occuper l'esprit de ses compagnons, le duc fait servir à bord un véritable banquet à la normande.

Enfin, la mer se couvre peu à peu de dizaines et de dizaines de voilures ; l'armada des Normands rejoint sans peine, à marée basse, la plage de Pevensey – là même où Jules César, mille ans plus tôt, avait déjà débarqué !

Parvenus à pied d'œuvre, les assaillants n'en croient pas leurs yeux : pas l'ombre d'un Anglais ! Guillaume s'interroge : les espions d'Harold, pourtant nombreux, auraient-ils failli ? En réalité, le roi d'Angleterre a dû parer au plus pressé ! Ce même vent de nord qui a retardé la traversée des Normands a favorisé, en effet, celle des Danois ! Harold a dû se porter rapidement vers le nord ; et livrer bataille aux envahisseurs du côté de Stamford Bridge.

Les Normands pourront mettre la situation à profit pour s'installer plus tranquillement… Ce n'est qu'aux premiers jours d'octobre qu'Harold apprend le débarquement des forces du duc de Normandie sur ses côtes. Aussitôt, il décide de rentrer à Londres, à marche forcée, mais c'est pour constater la défection de ses barons du Nord ! Le nouveau roi d'Angleterre – celui que les Normands traitent d'« usurpateur » – devra donc se contenter, pour aller contrer le débarquement de Guillaume et des siens, d'une armée réduite à sept ou huit mille hommes. Ainsi les forces seront à peu près égales, de part et d'autre.

Avant la confrontation, les deux chefs échangent les politesses d'usage… Le Saxon délègue un moine auprès du Normand, muni d'un message dont la teneur est en substance la suivante : certes, le feu roi Édouard avait constitué Guillaume son héritier, seulement il a changé d'avis sur son lit de mort et l'a nommé finalement, lui, Harold… Naturellement, Guillaume ne veut rien entendre d'un tel argumentaire ; il envoie à son tour un moine à Harold, pour lui rappeler la promesse d'Édouard et surtout, son propre serment, à lui, sur des coffres remplis de saintes reliques ! L'émissaire ajoute que le duc de Normandie propose de plaider sa cause « en jugement », car il est sûr de son droit… Et dans le cas où Harold viendrait à redouter ledit jugement, le duc serait même prêt à l'affronter en combat singulier, dans le but très chrétien d'épargner des vies humaines...

Harold s'en étouffe de rage : la confrontation armée est inévitable.

*

Le 13 octobre 1066 dans la soirée, les deux armées sont en vue l'une de l'autre, près de la bourgade d'Hastings. Le roi Harold fait stationner la sienne au sommet d'une colline, censée lui offrir la position avantageuse. Mais l'endroit est étroit – moins de cinq cents mètres – ce qui contraint ses hommes à se serrer ; les meilleures troupes anglaises, les *housecarles*, qui combattent à la hache, seront gênées dans leurs mouvements tournoyants... De son côté, Guillaume prend position en plaine. Le 14 au matin, il assiste à la messe et prend soin de porter à son cou certaines des petites reliques sur lesquelles Harold avait prêté serment. Il a fait vœu, en cas de victoire, d'édifier sur place une abbaye. Puis il harangue ses guerriers, d'une voix chaude et puissante, en leur rappelant qu'ils sont dos à la mer et n'ont par conséquent aucun espoir de fuite ; mais qu'en revanche, s'ils combattent avec ardeur, la récompense de leur courage sera non seulement l'un des plus hauts faits d'armes de tous les temps, mais aussi, à portée de la main, toutes les richesses, toutes les terres grasses, tous les bonheurs de l'Angleterre !

Le combat s'engage au matin, très âpre, d'une rare violence même – une véritable tuerie qui s'éternise jusqu'au soir. Les Normands montent en hurlant à l'assaut du promontoire d'Hastings... Mais du haut de cette position dominante, les Anglais criblent les troupes du jeune duc, et notamment ses rangées d'archers, à l'aide d'armes de jet qui les clouent sur place. Déjà, sur le flanc gauche de Guillaume, des cavaliers et fantassins bretons commencent à battre en retraite. Très vite, la rumeur se répand que le duc lui-même a été tué d'une flèche : c'est la panique chez les Normands ! Pour détromper ses propres hommes, Guillaume se voit contraint d'arracher son casque ; il se montre à tous en criant : « Je suis vivant ! Regardez-moi ! Je suis vivant et je serai vainqueur ! » Le courage renaît aussitôt dans ses rangs...

Mais du haut de leur colline, les Anglais unis se défendent admirablement. C'est alors que le duc a l'idée de feindre la retraite. Voyant les Normands détaler devant eux et redescendre la pente, les Anglais se mettent à charger à leur tour, et se dispersent en direction de la plaine. C'est exactement ce qu'attendait Guillaume : ses guerriers et ses archers, faisant alors volte-face, peuvent plus facilement atteindre l'ennemi. À deux reprises, la même tactique entraînera le même succès. Guillaume engage la cavalerie normande à prendre ensuite les Saxons à revers, leur infligeant des pertes terribles. Mais le gros de l'armée anglaise, composée de paysans réquisitionnés – on appelle cela le *fyrd* – fait preuve d'une bonne résistance. Il n'empêche, la bataille tourne maintenant à l'avantage de Guillaume : Harold vient de recevoir une flèche – les chroniqueurs disent « une flèche perdue », ce qui la rend plus que suspecte – et il gît dans le sang des siens, sur le champ de bataille. La tradition veut que l'on ait fait appel à son ancienne maîtresse, Édith au col de cygne, pour identifier formellement le corps que Guillaume fera enterrer sur le rivage. « Comme cela, aurait-il dit, il gardera la côte après sa mort comme il l'a gardée de son vivant »...

*

Harold mort, son royaume tombe dans les mains de Guillaume. Du moins en théorie, car les barons d'Angleterre ne se pressent pas pour lui rendre hommage ! Avec l'aide de quelques centaines de chevaliers seulement, le nouveau roi doit prendre possession d'un pays trop vaste, partager ses fiefs et se faire accepter des populations. Une fois encore, la double culture des Normands va faire merveille : d'un côté, ils n'hésiteront pas à s'imposer par la terreur en incendiant la moindre poche de résistance, comme le faisaient leurs ancêtres vikings ; d'un autre côté, en administrateurs avisés, ils s'attacheront à doter l'Angleterre de structures de gouvernement déjà modernes.

Encore Guillaume doit-il aller ceindre la couronne d'Édouard... En effet, à Londres, le *Witan* – le conseil des grands barons – vient de lui faire faux bond et d'élire au trône un certain Edgar. Le Conquérant se doit de rétablir son autorité ; il remonte vers Londres et reprend en main la situation. Dans cette affaire, le soutien du pape va se révéler crucial : en effet, non seulement Edgar ne trouvera aucun évêque pour le couronner, mais les prêtres, dans leurs paroisses, ont reçu l'ordre de vanter les mérites du nouveau maître ! Guillaume sait bien qu'il est un peu tôt pour se faire couronner ; mais il finit par se ranger aux avis contraires. Ainsi donc lui, « le Bâtard », le simple duc de Normandie, va-t-il devenir roi d'Angleterre, l'un des plus puissants suzerains d'Occident !

Le sacre se déroule à Westminster, le jour de Noël 1066, sous les auspices du pape dont la bannière sacrée continue d'accompagner partout Guillaume. Au moment de couronner le nouveau roi, l'archevêque d'York demande rituellement à l'assistance, en français et en anglais, si elle accepte pour souverain le duc de Normandie. La foule acclame alors bruyamment Guillaume – mais au-dehors, les soldats à cheval, postés près de la basilique, se méprennent sur le sens de ces cris ; ils s'imaginent que l'on vient de tuer leur chef et prennent peur ! Alarmés, paniqués, ils se mettent en ordre de bataille et, suivant leur bonne habitude, boutent le feu aux maisons des environs. Dans l'abbatiale, la foule horrifiée s'égaille et le couronnement se termine dans un désordre de fin du monde ! Guillaume, quoique stoïque, tremble en fait de tout son corps au moment où le prélat lui pose sur la tête la couronne d'Angleterre.

Pour tous, ce sacre aura semblé de mauvais augure. Du reste, Guillaume le Conquérant n'est pas au bout de ses peines. Les graves incidents sont le symbole d'un malentendu profond entre deux pays, deux langues, deux cultures qui n'ont pas grand-chose en commun. Certes, la pression démographique, liée à la prospérité normande, a poussé Guillaume à étendre son domaine. Mais les terres conquises étaient loin d'être vierges et les Saxons considèrent d'emblée les Normands comme des occupants militaires. La belle synthèse qui, sur le sol de la Basse-Seine, s'était opérée pacifiquement et lentement, entre le sang normand et la culture latine, cette osmose est loin d'être accomplie entre l'envahisseur normand et la victime anglaise. Elle n'aura lieu que plus tard, et donnera naissance, en son temps, à une culture riche et féconde – la fameuse culture anglo-normande des XIIe et XIIIe siècles, dont les Britanniques d'aujourd'hui sont si fiers.

En attendant, pour Guillaume, l'époque d'une vie stable et douce est révolue. Désormais, il lui faut voguer sans cesse d'une côte à l'autre de la Manche ; à peine a-t-il réglé les problèmes du Nord qu'il doit voler vers ceux du Sud… Loin de fusionner,

Normandie et Angleterre restent bien deux pays différents, gérés par le même souverain. Il s'agit d'un des rares exemples dans l'Histoire où le chef suprême aura dû partager son temps entre deux États. Or, le Conquérant vieillit. En 1083, sa douce et fidèle Mathilde, celle qu'il avait fait couronner à Westminster et avec laquelle il partageait son fardeau, rend son âme à Dieu ; elle le laisse seul, avec très peu de vrais amis.

L'année précédente, son demi-frère Odon, l'évêque de Bayeux – le supposé commanditaire de la fameuse broderie narrant la conquête – avait abusé du pouvoir très grand que Guillaume lui avait octroyé outre-Manche ; la mort dans l'âme, le roi avait dû l'arrêter de ses propres mains. Les difficultés naissent de partout : barons récalcitrants, révoltes multiples, manœuvres incessantes du roi de France, sans compter les trahisons de ses propres fils... En somme, si la conquête de l'Angleterre reste le plus bel exploit de Guillaume, elle aura aussi été son pire cauchemar. À compter du fatidique 14 octobre 1066, tout ce qui lui avait réussi va lui filer des mains. À l'automne 1087, le duc-roi, devenu si puissant, si riche, si glorieux, finira par mourir seul, obèse, aux portes de Rouen. Ses funérailles seront à l'image du sanglant couronnement de Londres : perturbées. Si l'on en croit en effet le grand chroniqueur anglo-normand, Orderic Vital, son corps aurait éclaté durant la cérémonie, troublant la foule par des exhalaisons méphitiques.

Le grand document de Bayeux

La fameuse *Tapisserie de Bayeux* – en vérité une broderie – visitée chaque année par un nombreux public, constitue un témoignage unique sur l'expédition du Conquérant. Composée d'une cinquantaine de pièces de lin cousues ensemble, et formant une bande étoffe de soixante-dix mètres de long sur environ cinquante centimètres de large, elle utilise avec audace huit coloris de fils de laine – les pattes des chevaux sont par exemple de teintes différentes en fonction de la perspective. Pour le romancier Adrien Goetz[1], elle serait porteuse de multiples messages. L'historien et romancier avance une hypothèse assez osée : à la façon de la colonne Trajane – en marbre – et de la colonne Vendôme – en bronze –, la tapisserie aurait pu s'enrouler autour d'une âme – d'un cylindre – de bois, et présenter de la sorte tout un jeu de correspondances verticales.

Quoi qu'il en soit, la *Telle du Conquest* se présente comme un ancêtre de la bande dessinée : on y suit les histoires croisées de Harold et de Guillaume – comme la transposition textile d'une chanson de geste. Les chercheurs y trouvent une mine de renseignements : ses six cent vingt-six

1. Auteur d'*Intrigue à l'anglaise*, éd. Grasset, 2007.

personnages sont évidemment présentés avec leurs tenues, leurs armements, leur habitat, leurs navires – les fameux *langskips* hérités des Vikings –, leurs coutumes, etc. La « tapisserie » possède de ce fait une valeur archéologique majeure. Sa fabrication remonterait aux années 1080. On suppose qu'elle a pu être commanditée par le demi-frère de Guillaume, l'évêque Odon – mais d'autres historiens estiment qu'elle a été offerte par un seigneur boulonnais, pour rappeler la participation décisive de Boulogne à l'expédition.

Longtemps oublié, ou du moins négligé, le chef-d'œuvre sera redécouvert sous le Consulat et l'Empire, Napoléon s'en servant comme instrument de propagande, à un moment où sont massées, à Boulogne, les troupes qu'il destine à envahir l'Angleterre…

16

La statue de Pasteur

Louis Pasteur est honoré partout en France et dans le monde. Le père de la vaccination moderne – et du célèbre Institut qui porte son nom – demeure à ce jour l'un des rares hommes que l'on ait statufiés de leur vivant. En 1892, pour son soixante-dixième anniversaire, la IIIe République lui réservera, dans le grand amphithéâtre de la Sorbonne, un véritable jubilé : déjà très malade, le chimiste fera son entrée au bras du président Sadi Carnot, sous les vivats de tous les grands savants de l'époque, dont certains ont traversé l'Océan pour venir l'acclamer.

Une si grande réussite voulait des origines modestes : Louis Pasteur est le fils d'un tout petit tanneur jurassien, certes vétéran de la Grande Armée, mais au revenu bien maigre. Il naît à Dole en 1822, grandit auprès de ses parents dans la ville d'Arbois, puis s'en ira faire ses études à Paris. Entièrement versé dans les sciences, Louis se spécialise dans des disciplines aussi arides que la cristallographie – ce qui ne le détourne pour autant pas des spécialités vitales ! Car ce qui passionnera toujours et avant tout ce chimiste – ou ce biologiste en puissance – c'est la vie et ses mystérieux phénomènes. Le processus vital, il a l'occasion de le cerner de plus près lors des travaux qu'il entreprend à la faculté de Lille, à partir de 1854, notamment sur la fermentation de la bière. Dès cette époque, il met en évidence la présence dans l'air de micro-organismes invisibles à l'œil nu, mais très actifs : des germes qu'on va bientôt appeler microbes. La découverte est trop fondamentale pour ne pas ramener Pasteur à la théorie ; et d'autant plus qu'une longue et sévère polémique s'engage dès lors entre le nouveau savant et les tenants de l'antique et indémodable « génération spontanée », qui voudrait que les maladies naissent et se développent d'elles-mêmes, sans cause identifiable.

En 1865, à quarante-trois ans donc, Louis Pasteur dépose un brevet pour son procédé de conservation des vins par chauffage modéré, à l'abri de l'air – la fameuse « pasteurisation » ! Certes, la technique avait déjà été mise au point, un bon demi-siècle plus tôt, par l'ingénieux Nicolas Appert ; mais le brevet n'avait jamais été déposé. Du reste, la démarche sera constante chez Pasteur : toujours il saura peaufiner et reprendre, développer, perfectionner sans doute le travail des autres, depuis la découverte des « microzymas » – nos bactéries – par le professeur Antoine Béchamp, jusqu'à l'asepsie de Semmelweis.

Le savant fait surtout preuve, avant l'heure, d'un sens inouï de la communication qui semble le pousser à se mettre en avant. Son nom circule tôt dans le milieu scientifique ; il devient un membre de l'Institut, puis le directeur un peu tyrannique de l'École normale supérieure. Introduit jusque dans l'entourage de l'empereur Napoléon III et de l'impératrice Eugénie, c'est peu dire qu'il va déplorer la chute d'un Second Empire qui avait su l'honorer... La Commune de Paris le révulse, et c'est à regret qu'il accepte l'avènement de la République.

Pendant ces années troubles, le découvreur des microbes met tout son prestige au service des pratiques hygiénistes, expliquant et démontrant l'intérêt de l'asepsie. Un virage vers la médecine paraît désormais s'imposer… À partir de 1873, Pasteur devient membre de l'Académie de médecine, mais il ne sera jamais médecin – il reste biologiste. Ce qui ne va pas l'empêcher d'exercer une influence majeure sur l'histoire de la médecine, notamment par le biais de la vaccination. Celle-ci existait déjà en Europe depuis le XVIIIe siècle, notamment pour lutter contre la variole – on l'inoculait aux enfants pour les préserver d'une contamination à l'âge adulte. Le Britannique Edward Jenner avait ainsi perfectionné le principe du vaccin, encore préventif à l'époque. Pasteur, lui, entend bien passer un jour de la prévention à la thérapie.

Dans un premier temps, Pasteur mène ses expériences en ce domaine sur des poules et des moutons. En 1881, il annonce la mise au point d'un vaccin contre cette maladie du charbon qui fait des ravages dans les élevages français. La première expérience est menée près de Melun, à Pouilly-le-Fort – un essai très concluant si l'on en croit Pasteur et son équipe. Véritable sommité du monde scientifique, le chercheur – qui entre à l'Académie française – passe pour le bienfaiteur des campagnes françaises.

Mais Pasteur aspire à de tout autres gloires ; et pour cela, il va lui falloir s'attaquer à un fléau d'une autre trempe. Pourquoi pas la rage ? La maladie est l'une des plus terribles qui soient : une infection qui s'attaque au système nerveux en provoquant des spasmes et des souffrances atroces. Le mal possède sa légende noire. Percer les mystères d'une telle calamité ne reviendrait-il pas à vaincre une sorte de malédiction ?

*

« Celui qui vaincra la rage donnera le sentiment d'avoir vaincu la Maladie », affirme Pasteur. À cette époque, du reste, le vétérinaire Pierre Victor Galtier a déjà largement ouvert la voie, en multipliant les travaux – travaux dont Pasteur saura s'inspirer. Le savant, âgé de soixante ans, se lance dans ce qui sera, il le pressent, le couronnement de sa carrière : la mise au point du vaccin contre la rage ! Il a eu l'idée géniale d'intégrer à sa mixture un germe qui soit à la fois assez virulent pour limiter la période d'incubation, et assez peu offensif pour que le patient ait le temps de développer contre lui des défenses, sans tomber malade. Un vrai tour de force. L'une des difficultés consiste à fixer le satané germe sur un support valable, avant d'en réduire la nocivité à des fins d'inoculation. Pasteur doute, naturellement ; il multiplie les essais, puis jette son dévolu sur la moelle épinière de lapins contaminés, qu'il expose à un air sec pour obtenir une forme atténuée du virus. Afin d'en étudier les effets, il implante cette moelle, à différents stades de dessèchement, sur des chiens atteints de rage, et connaît la joie indicible de les voir guérir ! Reste à franchir le grand pas entre l'application à l'animal et celle à l'homme – avec les risques terribles que cela comporte…

Pour ses premiers essais sur l'homme, en mai 1885, Pasteur choisit discrètement des malades déjà très atteints, des cas désespérés en quelque sorte. Mais leur état trop avancé rend le vaccin inopérant sur eux… Les diverses expériences se révèlent décourageantes ; or elles sèment le doute dans l'équipe – et jusque dans l'esprit du savant…

Avant que le destin ne vienne frapper à la porte de M. Pasteur : au petit matin du 6 juillet 1885, Mme Meister, une Alsacienne, se présente avec son fils, Joseph, âgé de neuf ans seulement et mordu depuis peu par un chien enragé. Pasteur, cette fois, se retrouve seul face à sa conscience : doit-il vacciner Joseph Meister ? Le chimiste est sûr de son fait, certes ; mais il s'agit tout de même de faire entrer dans le corps d'un enfant – encore sain, du moins en apparence – le germe d'une maladie terrifiante ! Ce genre de décision ne se prend pas à la légère.

La première inoculation est néanmoins effectuée, le 7 juillet à neuf heures du matin, par un médecin de l'équipe avec de la moelle de lapin contaminée vieille de treize jours. Pour ce faire, le docteur Grancher utilise une seringue de Pravaz, et pratique la petite incision au flanc droit de l'enfant. Une nouvelle piqûre devra désormais intervenir tous les jours, la substance injectée étant chaque fois plus virulente – moelle de douze jours, de onze jours, de dix jours, etc. L'équipe est évidemment nerveuse, elle guette la moindre réaction de ce tout jeune patient qui, entre deux séances douloureuses d'injection, paraît se porter à merveille. Le hasard a voulu que Joseph soit un de ces enfants charmants, attachants, pleins de vie, de jovialité. Le petit patient se montre de plus en plus complice avec le « cher M. Pasteur », et quand arrivent les trois dernières inoculations – porteuses d'une substance maintenant très virulente – tout le monde retient son souffle…

Pasteur, de son côté, ne vit plus : il passe des nuits blanches à tourner en rond chez lui et se consume sur place – jusqu'au jour où, n'osant trop y croire, il adresse tout de même à son gendre et futur biographe, René Vallery-Radot, la convocation suivante : « Venez vite ! Il se prépare ici un des faits médicaux importants du siècle ; et vous regretteriez de ne pas y avoir assisté. » De fait, à l'issue du traitement, le petit Joseph continue d'aller au mieux. La virulence du germe qu'on vient de lui administrer présente au moins un avantage : on devrait être fixé sur son compte en moins de trois semaines...

Pasteur, épuisé, se laisse convaincre d'aller se reposer chez lui dans le Morvan ; mais il fait promettre au docteur Grancher de lui envoyer chaque jour un bulletin de santé détaillé. Les jours passent, l'état de santé de Joseph se révèle bon, excellent même... Bientôt Pasteur est soulagé : il voit se confirmer son intuition. Cette fois, il en est convaincu : c'est bien son vaccin qui vient de sauver l'enfant !

*

Problème : comment faire connaître la formidable découverte, sans avoir à révéler *a posteriori* les risques pris pour soigner le jeune rescapé ? Des indiscrétions commencent à filtrer, notamment dans la presse... Une fois de plus, le hasard sourit à Pasteur en la personne d'un jeune berger de quinze ans, originaire du Jura, grièvement mordu par un chien enragé alors qu'il portait secours à un groupe d'enfants attaqués. Cette fois, forts de l'expérience Meister, le savant et son équipe vont pouvoir rendre public le traitement administré à l'adolescent, présenté d'emblée comme un héros : ils se doivent de sauver le petit berger qui, « au péril de sa vie, s'est précipité seul face au fauve enragé ». Bien entendu, la presse s'empare de l'affaire. Le traitement doit commencer de toute urgence, l'accident date de six jours déjà et l'on sait désormais que le vaccin n'est efficace que pendant la période d'incubation – et non quand la maladie est déclarée.

Et cette fois encore, à l'issue du traitement, le garçon est sauvé. Ce ne sera pas toujours le cas, le vaccin n'étant pas encore très perfectionné… L'équipe perdra ainsi la petite Louise Pelletier, âgée de dix ans, dont le traitement avait peut-être commencé trop tard. Le soir où elle rendra son dernier soupir, on verra Pasteur sortir en sanglots de la chambre, comme anéanti. Ces larmes amères, on les comprend mieux quand on sait qu'à trois reprises, le scientifique et son épouse Marie ont eu la douleur de perdre trois filles : Jeanne, Camille et Cécile – dont deux victimes de la fièvre typhoïde. Comment une telle calamité n'aurait-elle pas pesé lourdement sur le destin de Pasteur et sur sa motivation ? Le père de la pauvre petite Louise, loin d'en vouloir au chimiste, rendra hommage à son courage face au cas désespéré de sa fille : « Parmi les grands hommes dont j'ai pu connaître la vie, aucun ne me paraît plus grand. Je n'en vois pas un seul capable, comme dans le cas de notre chère petite fille, de sacrifier de longues années de travail, de mettre en péril une réputation universelle de savant et de marcher sciemment à un douloureux échec, simplement par humanité. »

*

Mais au moment où Pasteur fait la preuve de l'intérêt de son vaccin, ses adversaires ne désarment pas – bien au contraire ! On va voir se déchaîner contre lui une véritable avalanche d'accusations et de mises en cause : sa méthode est contestée, ses résultats sont niés… Certains médecins, dont plusieurs professeurs éminents, vont jusqu'à accuser Pasteur de mettre en danger la vie des gens !

À l'Académie de médecine, attaquer violemment le savant est devenu presque une posture. Il faut dire que Pasteur révolutionne les connaissances scientifiques et médicales de l'époque : jusqu'alors, les médecins étaient convaincus que la maladie venait de l'intérieur ; or lui tente de leur démontrer que la maladie contagieuse vient de l'extérieur, véhiculée par un organisme qu'on ne voit pas…

Il se trouve néanmoins quelques sommités pour défendre le grand chimiste, notamment le professeur Brouardel : « Pour moi, messieurs, lance-t-il aux académiciens, quand un homme a ouvert à mon esprit tant de nouveaux horizons scientifiques, je le respecte, il est mon maître et je reste son débiteur. » De son côté, même s'il est affecté par ces attaques, Louis Pasteur s'efforce de combler l'attente de patients mordus par des animaux enragés, qui affluent désormais du monde entier vers son laboratoire. Le chimiste met au point un traitement plus court, plus efficace, en inoculant plus vite des doses plus virulentes. Un premier bilan, transmis par l'équipe du savant à la fin de l'année 1886, fait état de deux mille quatre cent quatre-vingt-dix personnes traitées contre la rage – dont mille sept cent vingt-six femmes –, avec seulement dix échecs. Précisons que ces chiffres ont été largement remis en cause, depuis lors, par nombre d'historiens qui ont tenté de démontrer que la vaccination n'avait pas rencontré autant de succès que Pasteur et les siens l'ont prétendu…

Le centre de vaccination n'en fait pas moins d'émules, tant en France qu'en Europe, à commencer par la Russie où les loups sont encore nombreux à l'époque. Or, partout, la maladie va régresser. Le succès sera tel qu'il faudra finalement mettre sur pied une structure adaptée à la vaccination : ce sera le fameux Institut Pasteur, dont la souscription est lancée dès 1886, et dont les premières salles seront inaugurées en 1888 – soit sept ans avant la mort du savant.

Depuis lors, l'institution a joué un rôle considérable dans la lutte contre les épidémies et la recherche médicale ; elle a beaucoup contribué à renforcer la réputation scientifique de la France. Une mission internationale que n'aurait pas reniée Louis Pasteur, tellement semblable à son temps : rationaliste et volontiers cocardier.

*

En juin 1940, quand les Allemands envahirent Paris, ils entrèrent notamment à l'Institut Pasteur et exigèrent de se faire ouvrir le tombeau de Louis et Marie, au sein de la crypte entièrement tapissée de mosaïques à fond d'or. Mais alors, l'envahisseur se heurta au gardien des lieux, un petit homme aux cheveux tout blancs, qui fit l'impossible pour leur résister. Cet homme, alsacien de naissance et qui ne cachait pas son désespoir, irait bientôt jusqu'à se suicider pour avoir vu les Allemands profaner le mausolée de son bienfaiteur. Oui, « de son bienfaiteur » ; car cet homme de soixante-quatre ans, c'était Joseph Meister.

Pasteur, avant tout communicateur ?

« Le sens de la propagande a guidé Pasteur, assure le journaliste Marc Menant[1]. Le savant s'y est toujours entendu pour transformer un fiasco expérimental en triomphe scientifique, quitte à se déjuger parfois ! » Lorsqu'il commence à travailler sur le bacille du charbon et se rend *in situ* pour constater les dégâts sur les troupeaux d'ovins, Pasteur comprend vite que les moutons paissant dans des champs où ont été enterrés des animaux contaminés contractent le bacille à leur tour. « Belle intuition ! admet le journaliste. Dès lors, il impose aux paysans une simple action sanitaire, à savoir : ne plus enterrer les animaux infectés dans les pâturages ! Et l'on passe aussitôt de 9 % du bétail affecté à seulement 1 % ! Or, dans le même temps, il a mis en pratique son vaccin, ce qui lui permet de clamer : "Regardez, c'est le vaccin qui les a sauvés !" »

Toujours selon Marc Menant, si Pasteur s'est intéressé à la rage, c'est « parce que la maladie, qui terrifiait les gens, pouvait être éliminée grâce à un système immunitaire solide ». De surcroît, elle touchait peu de monde. « Une étude menée à Dunkerque

1. Auteur de *Médecine-Régimes : la terrifiante imposture*, Éditions du Rocher, 2011.

par le grand clinicien Peter montre qu'il y aurait eu là-bas, en vingt-cinq ans, une seule victime de la rage avant le vaccin de Pasteur, alors que l'on a constaté un mort dès la première année suivant "l'application de la méthode pasteurienne" ! »

Mais il y a pis : les essais de Pasteur auraient fait nombre de morts, que l'on aurait passés sous silence. « Dans le cas du petit Alsacien Meister, il n'y a pas eu de contre-test, donc on ne sait pas si l'enfant avait réellement la rage. Mais trois mois plus tard, le petit Jules Rouyer est vacciné par Pasteur, et il meurt ! Après autopsie, on s'aperçoit qu'il a bel et bien développé la rage, conclusion certifiée par une contre-expertise menée par le professeur Émile Roux, assistant du savant. Cette fois-là, le vaccin n'a donc pas été efficace.

« Le professeur Brouardel, proche de Pasteur, commence alors à douter ; mais les deux médecins finiront par mentir délibérément, affirmant que l'enfant ne serait pas mort de la rage – mentir afin d'éviter, pensent-ils, "un recul de cinquante ans" pour la science. Mensonge qui sera répété devant l'Académie ! »

La force du savant, conclut Marc Menant, c'est « son culot sans bornes, son sens de la communication et de la démonstration. Il a ainsi pillé les travaux du scientifique Béchamp, tout en les dénaturant. » Pour Pasteur, les microbes seraient des ennemis venant de l'extérieur, tandis que pour Béchamp, ils étaient profondément liés à l'organisme vivant, à la spécificité des cellules animales ou humaines. « Comble du destin, on dit qu'à sa mort, Pasteur aurait confié : "Béchamp avait raison : le microbe n'est rien, le terrain est tout." »

17

L'engrenage de la débâcle

10 mai 1940 : une date noire pour l'histoire de France. Ce matin-là, dès l'aube, les batteries de téléphone s'affolent au vieux fort de Vincennes, dans le PC du général Gamelin. Cette fois, c'est officiel : les rapports qui, depuis minuit, faisaient état de mouvements des troupes allemandes sont confirmés ! Ce terrible coup de tonnerre a de quoi faire trembler toute l'Europe : la Wehrmacht est en train de déferler en masse sur le Luxembourg, la Belgique et la Hollande – mais aussi sur la France ! Or, cela, personne ne l'envisageait sérieusement.

Si l'on veut saisir l'ampleur de l'électrochoc produit par l'offensive allemande, il faut revenir quelques jours en arrière, au tout début de mai 1940. À cette époque, cela fait huit mois déjà que la France et le Royaume-Uni ont déclaré la guerre à l'Allemagne, dans la foulée de l'invasion de la Pologne. Huit mois que l'on est donc en guerre sans y être vraiment – situation inédite, et que le romancier Claude Jamet baptisera « drôle de guerre »... Étrange période en vérité, comme une veillée d'armes où chacun a fini par prendre ses marques. Pour un peu, les Français en viendraient à douter de la réalité d'un conflit qui pourrait – espère-t-on encore – connaître une issue diplomatique... En attendant, pour les cinq millions de jeunes soldats mobilisés dans les trois armes, l'heure est à la routine militaire, avec ses popotes, ses manœuvres, ses petits arrangements, ses roulements de service et ses permissions – avec aussi un Théâtre aux Armées particulièrement actif... Pour résumer : les militaires sont sur le pied de guerre, certes ; mais le cœur n'est nullement à l'affrontement.

Les forces armées françaises se trouvent placées sous le commandement du généralissime Maurice Gamelin, soixante-sept ans, dont le poste de commandement, en partie souterrain, se trouve en bordure du château de Vincennes. Les conceptions stratégiques de ce chef par défaut sont essentiellement défensives, et doivent être regardées comme un héritage de la Grande Guerre : l'armistice de 1918 a été signé seulement vingt et un ans plus tôt ; au moins deux générations de Français continuent de vivre dans le souvenir horrifié du carnage. Gamelin ne peut guère qu'en tenir compte...

Il dispose d'une centaine de divisions, mais en a placé les deux tiers derrière la ligne Maginot – véritable paradoxe, puisque cette ligne défensive avait pour mission, précisément, de libérer des troupes ! Cette ligne est un front de défense réputé inviolable, mais il s'arrête au niveau de la frontière belge – comme une invitation lancée aux Allemands à passer par ce petit pays officiellement neutre ! La question belge se trouve donc au cœur de la réflexion stratégique française. En effet, forte de l'expérience de 14-18, la France est bien décidée, cette fois, à protéger coûte que coûte le Nord, son bassin industriel et minier ; et c'est pourquoi, dès octobre 1939, il a été envisagé de faire entrer en Flandre l'aile gauche de l'armée française. En novembre, à la demande du chef du gouvernement Daladier, on va même accepter l'idée de pousser ainsi jusqu'à la plaine de Brabant.

Mais Édouard Daladier se révèle attentiste – « Je ne fais pas la guerre », répète-t-il en référence au célèbre « Je fais la guerre ! » de Clemenceau – et reste l'homme des concessions de Munich... Un radical irréductible, dont le goût de l'équilibre et la recherche du compromis reflètent la mentalité dominante du pays. Un président du Conseil intelligent, par ailleurs ; trop intelligent peut-être – l'écrivain Paul Valéry n'a-t-il pas écrit qu' « une trop grande intelligence [était] plus nuisible qu'utile dans la conduite des affaires » ? L'homme de lettres ajoutait : « Elle s'accommode mal du désordre des événements. » Ce qui est certain, c'est que l'attentisme est la pire réponse que l'on puisse donner, en 1939-1940, aux provocations d'un activiste sans frein comme Adolf Hitler.

Mais il y a plus grave encore ; car la principale faiblesse de la France n'est pas politique, elle est militaire. Les troupes disponibles ne sont pas seulement insuffisantes ; elles sont aussi notoirement sous-équipées ! À l'aube des combats, les effets des récents soubresauts politiques – notamment ceux du Front populaire – et le retard industriel natif de la France s'annoncent lourds de conséquences. À titre d'exemple, cinq millions de Français travaillent dans l'industrie, contre quatorze millions d'Allemands ; le rapport des industries lourdes est de 1 contre 4, et la France produit seulement vingt millions de tonnes d'acier par an quand l'Allemagne en fabrique soixante-huit ! Certes, en nombre d'hommes, les forces en présence s'équilibrent, avec même un léger avantage aux Alliés (deux millions huit cent mille soldats dans l'infanterie). Les blindés aussi sont plus nombreux côté allié, avec quatre mille unités contre deux mille cinq cents pour l'Allemagne. Mais ces hommes et ces chars ne sont pas secondés comme peuvent l'être ceux d'en face : les Allemands disposent de quatre mille avions parfaitement rompus à des missions d'appui, contre trois mille deux cents appareils franco-anglais moins adaptés.

Le 21 mars 1940, Édouard Daladier a tout de même cédé la place à Paul Reynaud, plus dynamique, plus battant. Reynaud a depuis longtemps compris l'intérêt de prendre l'initiative – mais il l'a compris… sur le papier ! Dans les faits, il se garde bien d'adopter cette attitude offensive que refuserait absolument l'opinion française – toujours le spectre immense, glaçant, de la Grande Guerre ! Du moins le nouveau président du Conseil présente-t-il l'avantage d'être conscient d'un certain nombre de paradoxes de la stratégie française, à commencer par le plus criant : comment la France peut-elle tout à la fois se retrancher derrière sa ligne Maginot, et accorder sa protection à nombre de petits alliés en Europe ?

Paul Reynaud, surtout, est l'homme de la modernité : lui a compris que l'on aborde ce nouveau conflit avec une guerre de retard. Il a lu – et adopté pour l'essentiel – les conceptions d'un certain Charles de Gaulle sur la guerre de mouvement – l'alliance des chars et de l'aviation – et d'ailleurs il va faire du bouillant colonel, devenu général de brigade à l'issue de l'offensive, son sous-secrétaire d'État à la Guerre. Pour résumer, on pourrait dire que Reynaud est partisan de l'action, là où Daladier privilégiait l'attente. Mais cette bonne volonté tardive ne va pas suffire pour autant, face au rouleau compresseur allemand.

*

Dès le 5 mai 1940, l'on entend se multiplier les nouvelles alarmantes. Et l'on se demande, à bon droit : mais que fait donc le généralissime Gamelin ? Réponse : il continue de se terrer dans son PC vincennois... Dans ses *Mémoires de guerre*, le général de Gaulle avouera sa consternation : « Dans sa thébaïde de Vincennes, écrira-t-il, le général Gamelin me fit l'effet d'un savant, combinant en laboratoire les réactions de sa stratégie[1]... » Au fond, ce n'est pas l'intelligence qui fait défaut à ces chefs ; c'est le caractère et la motivation. La hargne, en somme.

Or de la rage, de l'audace, Hitler, de son côté, en a à revendre : son offensive éclair, lancée comme un coup de tonnerre, va prendre les Français de court. Pourtant, que d'avertissements, que de signes avant-coureurs négligés par le gouvernement et l'armée ! Dès le 30 avril, un attaché militaire en Suisse adresse au Deuxième Bureau – le renseignement militaire – cette dépêche explicite : « L'Allemagne attaquera entre le 8 et le 10 mai. STOP. Axe principal d'effort : Sedan. STOP. Occupation prévue de la Hollande, de la Belgique et du nord de la France en dix jours. STOP. Occupation totale de la France en un mois. » Le 5 mai, c'est au tour du Vatican d'adresser à Paris à peu près les mêmes informations. Dans la nuit du 7 au 8 mai, un aviateur français, occupé à lancer des tracts antinazis sur la Ruhr, survole soudain un étrange serpent lumineux ; il prend alors le risque de perdre de l'altitude pour s'approcher et découvre, stupéfait, une gigantesque colonne de blindés qui s'étend sur plus de cent kilomètres – observation capitale, dont il informe évidemment sa hiérarchie ! Le 8 mai, l'ambassadeur français auprès du Saint-Siège insiste : le pape vient de lui faire parvenir des informations plus qu'alar-

1. Charles de Gaulle, *Mémoires de guerre*, tome 1, Plon, 1954.

mantes… Sans compter qu'à Vincennes, le général Gamelin a eu connaissance, dès le 20 avril, du projet d'Hitler contre la Meuse. Les fiches du Deuxième Bureau s'accumulent sur ses tablettes à compter du 1er mai : toutes annoncent une offensive allemande entre le 8 et le 10.

Cependant, rien n'y fait : l'état-major semble tétanisé, comme incrédule devant ces renseignements pourtant précis, mais qui ne vont donner lieu à aucun avertissement, à aucun ordre d'alerte. « L'Allemagne se désagrège », pérore aveuglément, dans l'entourage de Gamelin, le général Colson ! Pis que cela : les permissions accordées aux soldats, suspendues le 14 avril, au moment de l'invasion de la Norvège par les Allemands, ont été rétablies le 26… Cela paraît incroyable. Résultat : au matin du 10 mai 1940, ce sont pas moins de 12 % des officiers et des soldats mobilisés qui se trouveront au repos dans leurs familles, et devront rejoindre leur unité dans le plus parfait désordre – certains n'y parvenant que le 14 mai, soit quatre jours après l'offensive éclair des Allemands !

*

La vérité, c'est que l'armée française est complètement désemparée. Rien ne semble avoir été prévu. Sidéré de tout ce qu'il découvre, le président Paul Reynaud prend la décision de remplacer Gamelin au plus vite… Trop tard : ce 10 mai 1940, à quatre heures du matin, le téléphone retentit sur la table de nuit du chef du gouvernement : il apprend alors, de la bouche de l'ambassadeur de Belgique, l'imminence de la bataille. Il n'est plus temps de renvoyer Gamelin, de remplacer l'horloger qui a précisément monté le mécanisme de l'opération belge… Le généralissime sera maintenu en fonction… Avec un seul mot d'ordre : « Courage, énergie, confiance. Comme l'a dit, il y a vingt-quatre ans, le maréchal Pétain : nous les aurons ! »

Ainsi donc, la France contre-attaque... avec une guerre de retard ! Automatiquement, comme un robot, Gamelin lance la manœuvre *Dyle* – du nom d'une petite rivière belge – consistant à protéger Bruxelles, Anvers et les mines de charbon. La VIIe armée de Giraud a reçu pour mission de remonter le long du littoral belge, et d'y réaliser la jonction avec les forces néerlandaises : enfin de l'audace, il est bien temps ! Pour résumer, la majorité des troupes – de celles qui ne sont pas de permission – est stationnée sans utilité derrière la ligne Maginot ; pour le reste, il va bientôt se retrouver... en Belgique ! Quant au secteur des Ardennes, le voilà sous la garde de... dix-sept divisions seulement ; il est vrai que l'on croit, à l'époque, dur comme fer à ce vieux précepte militaire : « Dans les Ardennes, la Meuse se défend toute seule ! » Et de fait, le secteur est difficile à franchir. « Difficile » – mais pas « impossible » : les Allemands vont le prouver dans les jours qui viennent.

C'est que, depuis le commencement, le Grand Quartier général allié se trompe sur la stratégie adoptée par Hitler. À l'issue de sa victoire totale sur la Pologne, le Führer avait accepté un plan très proche de celui de von Schlieffen, en 1914, préconisant l'invasion de la Belgique, du Luxembourg et des Pays-Bas, et mettant l'accent sur l'aile droite des troupes. Seulement, au cours de l'hiver, cette stratégie a changé du tout au tout, lorsque l'adjoint du chef d'état-major allemand, le général von Manstein, a pu convaincre Hitler d'adopter un nouveau plan, plus original – le fameux « Plan jaune » – et surtout beaucoup plus audacieux : la manœuvre consistera cette fois à dégarnir l'aile droite au profit du corps central de l'armée d'invasion. Il ne s'agira pas de contrer frontalement l'ennemi : l'armée allemande est plutôt censée isoler les troupes françaises entrées en Belgique du reste de leur armée, et ce, par un coup de cisaille brutal, imprévisible. Le corps central effectuera alors une percée décisive à travers… le massif ardennais, franchissant la Meuse entre Sedan et Dinant, puis il négociera un formidable virage à l'ouest, vers Calais, Boulogne et Dunkerque.

La réussite d'une opération à ce point audacieuse repose sur une conception entièrement renouvelée de l'offensive – conception intégrant le couple avions/blindés, appelé alors « forces aériennes et mécaniques ». Or, personne n'irait contester la supériorité de la Luftwaffe, absolument écrasante ! Certes, les critiques sont nombreuses au sein de la Wehrmacht, ce plan s'éloignant beaucoup d'une promenade de santé ; mais il y a là un projet pour le moins ambitieux, et susceptible de faire des miracles pour peu que les Français tardent à réagir…

Phase opératoire : au Benelux, les paras allemands s'emparent rapidement des faubourgs de Rotterdam, dont le centre est rasé par les bombes, tandis que d'autres bombes neutralisent les défenses du canal Albert, en direction de Liège. Aussi n'est-il pas exagéré de dire qu'au moment où l'avant-garde de l'armée d'Henri Giraud arrive enfin devant Breda, les Pays-Bas sont déjà perdus : le Luxembourg est occupé ; quant aux Belges, ils ne peuvent aucunement contenir la poussée allemande.

Mais c'est plus au sud que la surprise fait des ravages : la redoutable association avions/blindés – *Stuka-Panzer* – permet au général Guderian une percée décisive à Sedan alors même que Rommel, de son côté, s'avance déjà au nord de Dinant. Dès le 20 mai, le plan Manstein se sera révélé un succès total.

La veille, le président du Conseil, Paul Reynaud, s'est enfin décidé à remplacer Gamelin par Weygand – mais celui-ci, qui arrive de Syrie, ignore l'essentiel de la situation sur le terrain. Les Anglais, choqués par l'ampleur du désastre, essaient de sauver quant à eux leur corps expéditionnaire, en le faisant refluer vers Dunkerque. Entre le 28 mai et le 4 juin, ce sont ainsi quelque deux cent vingt mille Britanniques et cent dix mille Français qui gagneront tant bien que mal, dans cette rade, toutes sortes d'embarcations, grâce aux efforts conjugués des marines britannique et française.

*

Déjà la campagne a basculé en faveur des Allemands… Le 15 mai, l'armée néerlandaise capitule, suivie le 28 par l'armée belge : la reine de Hollande a réussi à gagner Londres, le roi des Belges est placé en résidence surveillée. De son côté, le général Weygand tente de colmater les brèches et de stabiliser le front, au mieux, entre la ligne Maginot et la mer du Nord, de Montmédy à Abbeville. Mais sa manœuvre, pour donner des résultats valables, supposerait une intendance d'élite ; or, l'intendance ne suit pas – c'est le moins qu'on puisse dire ! On manque de tout, dans toutes les divisions – pour ne rien dire du terrible exode des populations civiles, qui complique tout et encombre les voies de communication : près de dix millions de personnes se retrouvent ainsi, errant au gré des routes…

Disons-le clairement : les Alliés sont alors à deux doigts d'une défaite totale. Cependant, le 24 mai à midi, Hitler, contre toute attente, donne à ses généraux l'ordre d'arrêter leur progression ! Pourquoi un tel revirement dans la stratégie allemande ? Il semble que le Führer ait été convaincu que les Anglais, aux abois, allaient signer la paix – une option qui, en ce 24 mai, demeure envisageable, en effet ou le serait demeuré, sans l'arrivée, au 10, Downing Street, d'un nouveau Premier ministre ! Car Winston Churchill n'est pas taillé du même bois que ses devanciers : lui va se montrer, d'entrée de jeu, opposé à toute idée de cessation des combats.

Aussi bien Hitler avait-il tout prévu, sauf la personnalité intransigeante, sauf le caractère architrempé de Churchill. Changement de décor… Après deux semaines de répit, l'assaut allemand reprend donc de plus belle. Mais entre-temps, la donne a changé ; et les 5 et 6 juin, la Wehrmacht se heurte à une résistance acharnée de l'armée française. Car, en dépit d'une pénible idée reçue, les soldats français se sont battus comme des lions durant ces semaines cruciales. À preuve, un bilan très lourd : quatre-vingt-douze mille Français tués, et plus de deux cent mille blessés, en ces journées de combat total. De leur côté, les Allemands compteront « seulement » trente mille morts et cent dix mille blessés. La bataille de France constitue donc une saignée terrible. Et certaines unités se sont battues jusqu'au bout.

Cela ne va pas empêcher la supériorité matérielle des Allemands de se révéler décisive : Rommel est aux Andelys le 9 juin ; il interdit, dans la foulée, un embarquement allié à Saint-Valéry-en-Caux, où se déroulent des combats d'une violence effroyable. En Champagne, les *Panzer* de Guderian ont gagné Reims. Le 10 juin, l'Italie fasciste entre en guerre aux côtés de l'Allemagne, et deux jours plus tard, le mot « armistice » est prononcé pour la première fois au Conseil des ministres. Deux partis s'y affrontent plus que jamais : d'un côté les militaires – surtout Weygand et Pétain – et leurs soutiens, qui souhaitent la demande d'un armistice, afin de pouvoir rejeter la responsabilité du désastre sur les politiques ; de l'autre, une bonne partie du gouvernement – dont Paul Reynaud – qui voudrait continuer la guerre avec le soutien de l'empire colonial, notamment depuis l'Afrique. On connaît la suite...

Le 14 juin, Paris est déclarée ville ouverte. Le 16, le cabinet Churchill propose la conclusion d'un pacte d'union franco-britannique, finalement rejetée par un gouvernement français tétanisé par la défaite. Les Allemands sont à Dijon, à Besançon, à Caen ; ils gardent deux millions de prisonniers sur leurs arrières... Les politiques et les militaires s'avouent vaincus – un peu vite ? Les partisans de l'armistice, en tout cas, l'emportent : Paul Reynaud sera bientôt remplacé par le maréchal Pétain. Le 17 juin, « le vainqueur de Verdun » va pouvoir s'adresser à la nation dans des termes demeurés célèbres, tristement : « C'est le cœur serré que je vous dis aujourd'hui qu'il faut cesser le combat... »

Le lendemain, un autre appel sera lancé depuis Londres, par un général de Gaulle encore presque inconnu des Français. C'est l'analyse de fond de son « Appel » que retiendra pourtant l'Histoire : au printemps de 1940, « la France a perdu une bataille, mais elle n'a pas perdu la guerre ».

Hitler sous-estimé

Selon l'historien François Delpla[1], les armées allemandes ont réussi, en 1940, un tour de force à peine croyable. Personne alors ne s'attendait à ce que l'invasion du Benelux ait pu se prolonger par celle de la France. Sauf exception, la plupart des dépêches « informées » évoquaient une invasion du nord de l'Europe – pas celle du nord de la France. Il est vrai que, jusqu'alors, Hitler n'avait avancé qu'en croquant de petits pays : ce qu'il restait de l'Autriche, la Tchécoslovaquie, la Pologne… Autant l'admettre dès lors : il avait joué, de bout en bout, un jeu complexe et maîtrisé.

N'oublions pas non plus que, dans les années 1930, l'anticommunisme nazi a rendu Hitler plutôt sympathique à bien des Occidentaux, persuadés que son armement ultramoderne servirait essentiellement contre Staline… Les responsables politiques, notamment américains, se sont par ailleurs trompés sur le chancelier allemand. Ils l'ont caricaturé, ils ont négligé son génie stratégique et politique – éclipsé il est vrai par une folie paranoïaque et destructrice, notamment contre les Juifs et tous les ennemis supposés du Reich.

---

1. Auteur de *La Face cachée de 1940 : Comment Churchill réussit à prolonger la partie*, éd. François-Xavier de Guibert, 2003.

Ces malentendus permettent de comprendre qu'au matin du 10 mai, le général Gamelin se soit montré confiant : il a pensé que les Allemands commettaient une faute majeure en attaquant la Belgique, où tout semblait prêt pour les recevoir. Ce matin-là, l'ambiance est donc détendue au sein des états-majors alliés : les stratèges se disent qu'Hitler est en train de tomber dans leur piège ! Seulement le 14 mai, quand les Allemands franchissent la Meuse à Sedan, le réveil est brutal. L'attaque ne se déroule plus comme prévu : les troupes ennemies déferlent sur la France par une brèche de plus en plus large ! Le sentiment de sécurité de la veille se mue alors en défaitisme – voire en panique.

Pour François Delpla, quand Hitler, le 24 mai, interrompt brusquement l'offensive, c'est dans l'espoir de signer une paix générale avec les Alliés, sur le sable de Dunkerque. Son but est en effet de se dégager au plus vite à l'ouest, afin de se retourner contre l'URSS et d'aller conquérir l'« espace vital » dont il parlait dès *Mein Kampf* (*Mon combat*). Et c'est Churchill qui bouscule le scénario : le nouveau Premier ministre britannique a bien cerné Hitler ; il se veut l'homme de la situation. En revenant aux affaires *in extremis*, c'est lui qui, presque seul, va faire obstacle aux plans trop bien huilés du Führer. Du coup, la guerre va continuer...

18

Balzac, éternel amoureux

On croit connaître Balzac parce qu'on a lu Le Père Goriot *à l'école, ou vu* Le Colonel Chabert *au cinéma... Mais l'œuvre du grand homme est émaillée de titres méconnus – qui a lu, par exemple,* Une passion dans le désert, *ou bien* L'Illustre Gaudissart *? Le « Napoléon des lettres », père des quelque trois mille personnages de* La Comédie humaine, *reste en fait un étranger pour ses compatriotes. Travailleur acharné, imprimeur, journaliste, romancier, critique d'art, il noircissait des pages pour régler ses montagnes de dettes, tout en rêvant d'atteindre la postérité... Voici un homme entier, immense, un ogre littéraire aux nombreuses liaisons féminines – et cependant amoureux d'une seule femme : la comtesse Hanska qu'il courtisa pendant seize ans !*

Au printemps 1832, Honoré de Balzac a trente-trois ans ; il sort d'une aventure un peu trop chaste à son goût avec la marquise de Castries – cet « ange de bonté » qui sera le modèle de *La Duchesse de Langeais*. Il est intrigué par une lettre tout juste reçue, mystérieusement signée « L'Étrangère » – une lettre qui l'intrigue d'autant plus que sa provenance a de quoi faire rêver : Odessa ! L'Ukraine, la mer

Noire... À l'époque, le bout du monde. Le romancier tourne et retourne le courrier, il en palpe le joli papier de ses petites mains potelées. Une belle écriture, un style assez exquis... Charmante lettre en vérité, de celles qui, pour un écrivain, sont la récompense et comme le prix de ses efforts. Le jeune Balzac soupire. La mystérieuse « étrangère » est une admiratrice, certes, mais pas une inconditionnelle pour autant. Ses réflexions sont celles d'une lectrice avertie du génie de l'auteur, mais en même temps consciente de ses défauts et des facilités auxquelles il peut céder... Elle admire par exemple le roman *Les Chouans*, place très haut la nouvelle intitulée *Un épisode sous la Terreur* ; en revanche, un autre roman, récent, lui paraît manquer de délicatesse amoureuse et, sans détour, elle a éprouvé le besoin de l'écrire à M. de Balzac.

Honoré aimerait en savoir davantage sur cette femme à l'appréciation juste et sensible. Ce papier, ce style, cette calligraphie... Une princesse russe ou polonaise... « Sans aucun doute une beauté », se dit-il. Mais comment la retrouver ? Il n'y a sur le pli aucun nom, nulle adresse... Une idée vient à l'écrivain : après tout, puisque « l'Étrangère » n'a pas laissé d'adresse, et qu'une réponse privée se révèle donc impossible, pourquoi ne pas lui adresser une réponse... publique ?

Dans le numéro du 4 avril 1832, les lecteurs de la *Gazette de France* peuvent ainsi lire le « prière d'insérer » suivant : « M. de B. a reçu une lettre qui lui a été adressée le 28 février ; il regrette d'avoir été mis dans l'impossibilité de répondre, et si ses vœux ne sont pas de nature à être publiés ici, il espère que son silence sera compris. »

Malheureusement, depuis la révolution des Trois Glorieuses, en 1830, la quasi-totalité des journaux français – dont la *Gazette* elle-même – sont interdits sur le territoire russe. L'écrivain l'ignore et ce singulier message reste comme une bouteille à la mer… Les semaines et les mois passent, sans réponse… Pourtant, le 7 novembre, une nouvelle missive – signée, de nouveau, « l'Étrangère » parvient à Balzac : « Un instinct d'âme me fait pressentir votre être, écrit-elle. Je me le figure à ma manière, et je dirais : "le voilà" si je vous voyais. Votre extérieur ne doit point faire pressentir votre brûlante imagination ; il faut vous animer ; il faut que se réveille en vous le feu sacré du génie, qui alors vous fait paraître ce que vous êtes, et vous êtes ce que je sens : un homme supérieur dans la connaissance du cœur de l'homme. » On imagine que ces mots vont droit au cœur du romancier. Heureusement, cette fois, « l'Étrangère » propose un moyen d'entrer – très indirectement encore – en relation avec elle : « Un mot de vous dans *La Quotidienne* me donnera l'assurance que vous avez reçu ma lettre, et que je puis vous écrire sans crainte. Signez-le : "À l'E.H.B". »

La Quotidienne est le seul journal français autorisé à pénétrer en Russie. Quant aux initiales proposées, on les décrypte aisément : « à l'Étrangère, Honoré de Balzac ». Le jeune auteur saute sur l'occasion et, dans le numéro du 9 décembre 1832, fait donc paraître ces quelques lignes : « M. de B. a reçu l'envoi qui lui a été fait. Il n'a pu qu'aujourd'hui donner avis par la voie de ce journal, et regrette de ne pas savoir à qui adresser sa réponse. À l'E.H.B. »

*

Une étonnante et délicate correspondance s'installe ainsi dans la durée, vite doublée d'une intrigue furieusement romantique. « L'Étrangère » a fini par révéler son nom – elle s'appelle Mme Hanska –

et livre une adresse ou plutôt un nom de domaine : Wierszchownia, des terres situées en Ukraine… Si elle refuse toujours de livrer son prénom, du moins Balzac peut-il à présent lui répondre : « Si vous saviez avec quelle force une âme solitaire, et dont personne ne veut, s'élance vers une affection vraie ! Je vous aime, inconnue, et cette bizarre chose n'est que l'effet naturel d'une vie toujours vide et malheureuse. Je suis comme un prisonnier qui, du fond de son cachot, entend au loin une délicieuse voix de femme… Je vous aime déjà trop sans vous avoir vue. Il y a certaines phrases de vos lettres qui m'ont fait battre le cœur, et si vous saviez avec quelle ardeur je me lance vers ce que j'ai si longtemps désiré, de quel mouvement je me sens capable ! » Ces missives exaltées commencent à impressionner Mme Hanska qui tente de refréner les ardeurs de son correspondant : « Pour vous, écrit-elle, je suis "l'Étrangère" et je le serai toute ma vie : vous ne me connaîtrez jamais. »

La vérité, c'est qu'Évelyne Hanska est âgée d'une petite trentaine d'années, comme son fougueux correspondant. D'origine polonaise, elle a été mariée très jeune à un riche propriétaire terrien, le comte polonais Hanski, seigneur de Wierszchownia – un domaine de vingt-deux mille hectares avec pas moins de trois cents domestiques – à la tête d'une fortune estimée à douze millions de roubles. Pas de quoi rendre heureuse cependant une épouse qui lui a donné cinq enfants, dont un seul a survécu : une fille, prénommée Anna. Évelyne s'ennuie sur ses terres et dévore la littérature française dans le texte – elle parle couramment les langues de Goethe et de Corneille. Durant ses très longs loisirs, la comtesse s'est plongée dans la littérature romanesque du pays de Chateaubriand : elle a lu Lamartine, dévoré Hugo, découvert

George Sand – et enfin Balzac qui l'a choquée, bouleversée, éblouie !

*

Mme Hanska peut bien tenter de maintenir l'écrivain à distance, une sorte d'attirance mutuelle les conduit à se rencontrer... Les deux intrigants se croisent enfin en septembre 1833, en Suisse, sur les bords du lac de Neuchâtel. Balzac est subjugué par cette jeune femme élégante et raffinée, passionnée de littérature, qui se dit parente de la reine de France Marie Leczinska, l'épouse de Louis XV. Est-elle déçue par le physique moyen, voire vulgaire, de l'écrivain français, elle qui rêve de tomber amoureuse ? Ou ne voit-elle que le génie de Balzac et cette fougue qui l'anime inlassablement ? Le romancier lui fait une cour intense, faite de billets et de déclarations quotidiennes, il ne l'appelle désormais plus que « Ève », car elle est la première femme, son « Étoile du Nord », celle qu'il veut éperdument épouser. « L'essentiel est que nous ayons vingt-sept ans, écrit-il à sa sœur en parlant d'Évelyne, que nous soyons belle par admiration, que nous possédions les plus beaux cheveux noirs du monde, la peau suave et délicieusement fine des brunes, que nous ayons une petite main d'amour. »

Balzac suit discrètement le couple Hanski dans sa villégiature helvétique. Et quelques jours seulement après la première rencontre, Ève et Honoré se retrouvent, cette fois au milieu du lac de Bienne, dans l'île Saint-Pierre. Et là, tandis que le mari est occupé à déjeuner, Honoré parvient à arracher un premier baiser à la comtesse. Ils ont des projets plein la tête : il ira la voir en Ukraine, ils visiteront le Caucase ensemble, elle viendra séjourner à Paris et deviendra l'égérie des romantiques ! En attendant, ils se croisent à nouveau à Genève pour Noël et, main dans la main, communient dans le souvenir de lord Byron et visitent la Villa Diodati où le poète s'exila un temps pour fuir la vindicte britannique…

Hélas, quand Balzac rentre à Paris, c'est pour retrouver la meute de ses créanciers, et cette table de travail où, comme un forçat, il lui faut chaque jour noircir les feuillets de ses feuilletons durant de très longues heures, souvent de minuit à six heures du soir, ne tenant que par l'absorption de litres de café… Ce régime harassant ne l'empêche nullement d'entretenir quelques aventures dont la rumeur parvient par bribes à Ève Hanska. La comtesse a des doutes, colportés par des connaissances à Paris ; elle se plaint par courriers interposés. Elle fait promettre à Balzac de la rejoindre à Vienne, au printemps – ce qu'il fait après avoir emprunté deux mille francs à son éditeur… Les nombreux créanciers, eux, ne s'en montrent que plus pressants. Pour les calmer, la sœur de l'écrivain sera contrainte de porter son argenterie au mont-de-piété.

*

Dans la capitale autrichienne, les retrouvailles ne se déroulent pas comme Balzac l'avait espéré. Mme Hanska s'est laissé convaincre par les ragots que lui rapportent certaines de ses amies, selon lesquels l'écrivain multiplierait les aventures et les frasques : elle est jalouse et l'accueille plutôt froidement. Tout le contraire de Vienne, qui réserve un accueil magnifique et enthousiaste à Balzac, presque un triomphe pour le romancier français dont les œuvres inondent l'Europe. En voyage ou pas, il s'épuise douze heures par jour à sa table de travail... et passe les douze autres avec la belle Polonaise qui, peu à peu, se radoucit... Avant qu'il ne reparte pour Paris, elle lui pardonne ses incartades, réelles ou supposées. « Mon Ève adorée, lui écrit-il, je n'ai jamais été si heureux et je n'ai jamais tant souffert. Je savais ce que je venais chercher de douleurs, et je les ai trouvées. »

Pourtant le destin décide de les séparer. Ils vont rester ainsi loin l'un de l'autre pendant plus de sept ans ! Pour Balzac, c'est une période extrêmement pénible ; sa vie devient un enfer : ses essais d'adaptations théâtrales sont autant d'échecs, ses dettes deviennent insurmontables. Elles sont néanmoins un aiguillon, une motivation à travailler toujours plus, à produire et à écrire ces romans qui feront sa légende. Un jour qu'il bavarde avec un visiteur, il interrompt brutalement la conversation : « Voilà bientôt une heure que nous causons de choses inutiles, lui lance-t-il. Vous m'avez fait perdre deux cents francs ! » Et quand on lui demande : « Si vous étiez riche, que feriez-vous ? » « Faillite ! » répond-il non sans humour. À l'été 1840, l'écrivain se réfugie à Passy, qui n'est encore qu'un village, chez une de ses proches, Mme de Breugnol, pour tenter d'échapper aux saisies. Sa protectrice réussit à créer de son mieux un havre de paix autour de lui, afin qu'il puisse à nouveau se remettre à l'écriture – finalement, comme il le reconnaît lui-même, la seule chose qu'il sache faire.

À force de publier, Balzac commence à renouer avec le succès, notamment à partir des années 1840. Sa correspondance avec Mme Hanska se fait plus rare. La comtesse s'est exilée dans son domaine d'Ukraine, où elle entend toujours parler des frasques de l'auteur – elles sont en réalité bien moins nombreuses qu'elle ne l'imagine... Menacet-elle de ne plus le revoir ? « Ne m'abandonne jamais, supplie-t-il par courrier. Car ce serait un assassinat. Ne détruis jamais la confiance qui est notre seul bien complet dans cet amour si pur. N'aie pas de jalousies qui n'auront jamais de fondements. Que peux-tu craindre ! Mes travaux te prouvent mon amour. » Il n'en décide pas moins de s'offrir une escapade en Italie avec l'écrivain Caroline Marbouty. Pour limiter les ragots et faire en sorte qu'Ève ne le démasque pas, il demande à Caroline de se déguiser en homme – et voilà sa maîtresse du moment transformée en « petit page ».

Le 5 janvier 1842, coup de théâtre : une lettre de la belle Polonaise apprend à l'écrivain que le comte Hanski est mort. Autrement dit, Mme Hanska est veuve et libre d'épouser qui elle veut ! Et très riche. Pour Balzac, cette nouvelle est un ravissement. Il en reste tout hébété pendant vingt-quatre heures, « enfermé dans son cabinet, sans vouloir qu'on lui parle », écrit-il dans une lettre à la comtesse. Le mariage devient une réalité. Et plus encore, une sécurité : Balzac entrevoit la fin de ses misères financières, de ce travail harassant qui finit par miner son corps. Toutes ces terres, ces fermes, ce château, ces équipages pourraient bien être la solution définitive à cette exténuante partie de cache-cache qu'il joue, depuis tant d'années, avec ses créanciers…

Mais Évelyne n'a plus l'air aussi pressée de l'épouser… Balzac le lui reproche : « Souvent vous m'avez dit : “Patientez, on vous aime autant que vous aimez. Ne changez point, car on ne change point.” Nous avons été courageux l'un et l'autre, pourquoi ne serions-nous pas heureux aujourd'hui ? J'aurais voulu deux mots pour moi dans cette lettre, et je les ai cherchés en vain. » Mais la comtesse hésite : son entourage lui dépeint le fiancé sous les traits les plus noirs, il y a toutes ces dettes à éponger et elle-même bataille avec sa belle-famille pour préserver ses biens. « Il faudrait au moins qu'on se revoie », soupire-t-elle… Qu'à cela ne tienne, Honoré de Balzac accourt ! Après un long et pénible voyage de près d'une semaine, il arrive au château de Wierszchownia le 13 septembre 1847. Au bout d'une longue allée de tilleuls, la voiture s'arrête devant une façade classique dans laquelle se reflète le coucher du soleil. Un appartement l'attend, décoré de façon exquise, dans lequel il vivra sans doute les plus beaux moments de sa vie, aux côtés de sa maîtresse polonaise.

*

En 1848, l'écrivain quitte l'Ukraine pour rentrer à Paris. Au moment où la Révolution balaie la monarchie de Juillet et tente d'instaurer la République, il s'occupe à préparer et aménager leur nouveau nid d'amour – Évelyne lui a confié de l'argent. Il acquiert une belle maison rue Fortunée – aujourd'hui la rue Balzac – et la fait meubler et garnir de ses souvenirs de voyages. Des aquarelles de Renou immortaliseront le souvenir de l'atmosphère luxueuse, un rien chargée sans doute, du nouveau logis où le romancier s'installe avec maître d'hôtel, cuisinière et femme de chambre, tous prêts à accueillir celle qui devrait devenir la nouvelle Mme Balzac.

Comme Ève tarde un peu, Honoré se décide pour un nouveau voyage jusqu'à cette lointaine Ukraine, via Bruxelles, Cologne, Hanovre, Berlin, Wroclaw puis Cracovie, avant d'atteindre enfin Wierszchownia. Il passe finalement encore plus d'un an là-bas, près d'elle – de plus en plus fatigué, usé par ses nuits d'insomnie et ses excès de café. Balzac est essoufflé pour un rien, il crache bientôt du sang… Qu'importe, il va épouser celle qu'il courtise depuis des années :

oui, Évelyne Hanska accorde enfin le mariage à Honoré de Balzac. En mars 1850. Seulement il n'est déjà plus qu'un mourant qui, durant la lune de miel, s'accroche à sa main comme il s'accrocherait à la vie, murmurant : « Mon loup, mon pauvre louloup, mon Ève, mon Évelyne, je me sens mal… Je vais mourir. »

Le voyage de retour vers Paris, par un temps effroyable, relève cette fois du calvaire. À plusieurs reprises, Honoré croit qu'il est en train de rendre l'âme, loin de son pays… L'arrivée dans la capitale, rue Fortunée, prend des allures dantesques : le valet, devenu fou, a éclairé la maison *a giorno* mais refuse d'ouvrir aux arrivants ! Il faut appeler un serrurier pour que Mme Hanska, devenue Mme de Balzac, parvienne à entrer « chez elle ». Or, à peine l'écrivain est-il là que sa santé empire : hypertrophie cardiaque, complications respiratoires évoluant vers une lente asphyxie. Les souffrances se succèdent et son état dégénère. L'homme pèse plus de cent kilos, la gangrène s'installe dans le bas du corps…

Victor Hugo, sentant son ami partir, viendra lui rendre une ultime visite. « Une vieille femme et un domestique se tenaient debout des deux côtés du lit, une bougie brûlait derrière le chevet, sur une table, une autre sur une commode près de la porte. Une odeur insupportable s'exhalait du lit. Je soulevai la couverture et pris la main de Balzac. Elle était couverte de sueur, je la pressai, il ne répondit pas à la pression. » Le génie des lettres rend son dernier soupir le soir du 18 août de cette année 1850.

À son chevet, Évelyne verse des larmes. Peut-être faut-il deviner dans son chagrin une once de remords ? Elle vivra encore trente-deux ans dans la maison de la rue Fortunée. Trente-deux ans avant de rejoindre son amant – son mari – dans leur caveau du Père-Lachaise.

Un destin vécu pleinement

« Je suis inexplicable pour tous, nul n'a le secret de ma vie », disait Balzac. Ce qu'il cache dans sa vie intime, il le délivre finalement dans son œuvre immense, aux milliers de personnages dont il est objectivement le père. « C'est un homme passionné, ambitieux et gourmand de tout, explique le romancier Gonzague Saint Bris[1], fondateur du mouvement des Nouveaux Romantiques. Dès quinze ans, il annonce à sa famille qu'il sera célèbre grâce aux romans, il s'invente une particule, emprunte des armoiries. Il veut régner sur le monde des lettres françaises. » Balzac se montrera curieux de tout : collectionneur d'art, amateur de cuisine – il publie un livre de recettes comme son ami Dumas –, fasciné par la photographie, intrigué par l'occultisme et féru de musique – la grande affaire de sa vie, après les femmes bien sûr… Il aime Berlioz, Beethoven – « le seul qui me rendrait jaloux », reconnaît-il – et Rossini qu'il apprécie d'autant plus qu'il a été l'amant d'Olympe Pélissier, la future femme du compositeur… Balzac voue aussi un véritable culte à Napoléon, comme beaucoup d'auteurs de l'époque, et pour mieux le connaître, tombe dans les bras de la duchesse d'Abrantès, qui n'est autre que la femme

1. Auteur de *Balzac, une vie de roman*, éd. Télémaque, 2011.

de Junot, l'un des tout premiers compagnons de l'empereur.

Avec Mme Hanska, c'est une autre liaison qui s'installe, une relation épistolaire, un amour d'écriture. « Une histoire extraordinaire : dix-huit ans d'amour, seize ans d'attente, deux ans de bonheur, six mois de mariage… puis la mort ! s'enflamme Gonzague Saint Bris. Leur intrigue n'en est pas moins sensuelle. Leur rencontre, sur le ponton du lac de Neuchâtel, est furieusement romantique : pour se reconnaître, elle l'informe qu'elle l'attendra “avec dans ma main droite votre dernier roman”. Et quand la belle femme de trente ans voit arriver cet homme trapu et rondouillard – il mesure un mètre soixante – elle se dit qu'elle ne pourra jamais l'aimer, qu'elle n'y arrivera pas ! Balzac se met alors à genoux, la fixe de ses yeux bruns pailletés d'or et lui parle avec une telle passion qu'elle vacille, et se dit finalement “oui, peut-être”… »

On a reproché à Mme Hanska de n'avoir pas été l'amoureuse que le romancier était en droit d'attendre ; elle aurait notamment trop tardé à l'épouser… Mais Balzac aurait-il écrit ses cent quarante livres, inventé ses milliers de personnages, en partageant son quotidien avec la comtesse Hanska ? Elle a choisi d'être l'égérie lointaine, un rôle auquel son compagnon trouvait lui-même des avantages… Il le suggère avec délicatesse dans ses écrits : « Travaille, petit auteur de *La Comédie humaine* ! se dit-il à lui-même. Paie ton luxe, expie tes folies et attends ton Ève dans l'enfer de l'encrier et du papier blanc… »

19

La chute de Robespierre

On lui a donné tous les noms, des plus glorieux aux plus infamants. Pour les uns, il est le « Défenseur du Peuple et de la Constitution », ou encore le « Géant de la Révolution ». D'autres n'ont voulu voir en lui qu'un tyran sanguinaire, un frustré sans âme, l'un des premiers criminels contre l'humanité. Aux yeux de l'Histoire, il reste « l'Incorruptible » – surnom qu'il doit à une artiste de talent, Mme Labille-Guiard, ancienne portraitiste de la cour et qui devait donner ce titre à un portrait de lui, exposé au Salon de 1791. Trois ans plus tard, au terme d'une dictature insoutenable, Maximilien Robespierre périra sur l'échafaud, rejeté par cette Révolution qu'il avait tenté, à sa façon, de maintenir vertueuse. Désespérément.

Un paradoxe veut que Maximilien de Robespierre, terreur des aristocrates, soit précisément d'origine aristocratique. Certes, il est issu de petite noblesse artésienne, noblesse de robe puisque ses ancêtres étaient qui avocat, qui procureur ou encore notaire – mais noblesse tout de même. À l'âge de six ans, en 1764, le jeune Maximilien perd sa mère ; dans la foulée, son père, que l'on dit fou de chagrin, s'évanouit dans la nature... Les enfants, au nombre de quatre, sont alors confiés à la famille : le grand-père maternel s'occupera des garçons – Maximilien et Augustin – et les tantes prendront en charge les filles – dont la fameuse Charlotte qui vivra jusqu'au règne de Louis-Philippe et à qui l'on doit bien des détails sur la prime jeunesse de son célèbre frère.

Grâce à une bourse, Robespierre achève ses études à Paris, au lycée Louis-le-Grand. Très bon élève, il est d'ailleurs choisi, en 1775, pour prononcer le compliment d'usage devant Louis XVI, de retour de Reims où il vient d'être sacré. On raconte que ce jour-là, le roi – rebuté par une pluie battante – aurait préféré ne pas descendre de voiture, et que le jeune homme a dû déclamer son beau discours au pied d'un carrosse détrempé… Selon certains chroniqueurs – un peu légers tout de même –, il n'en aurait pas fallu davantage pour braquer Maximilien contre la monarchie…

De retour à Arras, le jeune homme exerce la profession d'avocat, embrassant ainsi la carrière déjà suivie par ses aïeux. Fortement influencé par les idéaux des Lumières, il fréquente les milieux littéraires, évolués, de la ville. C'est donc tout naturellement que, lors de la convocation des états généraux, en 1789, il se porte candidat, rédigeant les cahiers de doléances des savetiers mineurs de la cité.

L'Assemblée constituante ne va pas tarder à s'habituer à ce jeune élu de l'Artois, pas toujours brillant, certes, mais des plus engagés, et réclamant avec vigueur l'abolition de l'esclavage ou encore celle de la peine de mort. Robespierre a tôt rejoint le très puissant club des Jacobins, dont il devient l'un des membres influents. Ardent défenseur de la République, il contribue à la chute de la royauté, s'oppose alors aux députés girondins et se rapproche peu à peu du cœur du pouvoir. En juillet 1793, le voilà membre du Comité de salut public – un gouvernement d'exception mis en place pour faire face, dans l'urgence, aux invasions et à la guerre civile.

Autant admettre qu'à seulement trente-cinq ans, Maximilien Robespierre – sa particule a disparu dans l'ascension – tient désormais les rênes du pays.

*

Il a trente-cinq ans, soit ; mais il n'a rien vécu : il n'a jamais pris part au moindre combat, n'a mené aucune affaire ou dirigé la plus petite administration ; on ne lui connaît même pas d'aventure amoureuse ! Si incroyable que cela paraisse à ce niveau de responsabilités, Maximilien ne possède pas son propre appartement ; il se contente de louer son logis – on le dit d'ailleurs locataire exemplaire…

Robespierre est un de ces hommes brillants, certes, mais entièrement nourris de théorie, et auxquels des idées sont censées tenir lieu d'expérience. Il a beaucoup lu Rousseau et s'est constitué sa propre morale philosophique, faite de simplicité, de vertu, de respect absolu de l'intérêt général… Il est profondément marqué par le modèle de la Rome antique – c'est là son univers de prédilection. Mais à l'évidence, un tel homme va se révéler pétri de contradictions : il n'a que le peuple à la bouche, mais déteste la foule et se méfie beaucoup de la rue ; il prône en tout une rigueur spartiate, seulement il passe des heures à sa toilette et peut se montrer coquet jusqu'au ridicule ; il a beaucoup lutté contre la royauté, mais on retrouvera des souvenirs de Marie-Antoinette jusque sous son matelas ; il envoie des centaines de personnes à l'échafaud, mais refuse de voir à quoi ressemble une guillotine ; il s'est voulu violemment anticlérical, seulement c'est sous son égide qu'est institué le culte de l'Être suprême dont il deviendra lui-même le sentencieux pontife…

Personnage de roman… Mais personnage réel, néanmoins : en prenant, dans une période des plus troublées, la tête de ce qui tient lieu de gouvernement, Maximilien Robespierre va décider de supprimer tous ceux qui feront obstacle à son idéal néoromain de pureté politique et morale. Sans trop d'états d'âme…

*

Le massacre commence en juin 1793, lorsque le dictateur de fait encourage l'arrestation, puis l'exécution, d'une vingtaine de députés girondins. Ainsi met-il fin au pouvoir des modérés, ouvrant en grand la voie à la « Montagne » – c'est-à-dire aux députés extrémistes siégeant en haut, sur les gradins à la Convention. Depuis lors, la guillotine fonctionne à plein régime. On connaît la valse macabre des chefs révolutionnaires : Robespierre se débarrasse des « Enragés » – les militants les plus radicaux – avec l'appui de Jacques-René Hébert ; puis des Hébertistes avec, cette fois, le soutien de Danton et des « Indulgents » ; puis il se retourne contre Danton dont la popularité lui fait trop d'ombre. Les têtes n'en finissent plus de tomber… Robespierre ne fait pas de sentiments : il a – ou bien il feint d'avoir – le cœur sec. La réalité est plus nuancée : l'homme reste un grand nerveux, un hypersensible ; il doit se faire constamment violence. Pour lui, la Terreur se justifie par la Vertu – son grand mot, son idéal. Et cette Vertu ne saurait elle-même se défendre que par la Terreur… Effrayant cercle vicieux.

À force de terroriser tout le monde, l'Incorruptible va finir par s'assurer un pouvoir sans partage ; en tout cas, un pouvoir seulement partagé avec ses dévoués et fidèles, comme le terrifiant Couthon – un député infirme des jambes – ou le jeune et fébrile Saint-Just – surnommé « l'Archange de la Terreur » en raison de sa grande beauté. C'est avec ces deux séides que Maximilien va former ce que certains appellent le « triumvirat ». Pendant cette période extrêmement tendue – c'est un euphémisme – le climat se durcit à Paris et partout en France : dans l'Ouest avec l'insurrection vendéenne, mais aussi dans le Sud-Est, lorsque Lyon se soulève… L'apothéose de Robespierre se situe au mois de juin 1794, quand il accède à la présidence de la Convention et préside, sur le Champ-de-Mars, la grandiose fête de l'Être suprême. Ce jour-là, on fait brûler une immense effigie de l'Athéisme, tandis que sous le brasier apparaît une statue de la déesse Raison… Le décor et la mise en scène, réglés au cordeau, sont du peintre David en personne. Lors de cette apparente communion populaire, Robespierre a sans doute l'impression de renouer avec l'Antiquité si chère à son cœur : la nouvelle Rome serait-elle en train de naître sous ses yeux ?

*

La vision est optimiste, pour le moins… En vérité, Paris tente plutôt de survivre en ces heures sombres de la « Grande Terreur » – radicalisation ultime d'un régime de peur et d'oppression mis en place au printemps de l'an II, l'année 1794 du vieux calendrier grégorien. Robespierre va durcir encore le régime en imposant le vote de la terrible « loi des Suspects », le 10 juin – 22 prairial –, permettant d'arrêter et de condamner à peu près n'importe qui.

Les membres de la Convention en sont conscients : ainsi est-ce à nouveau le temps des purges... Même les plus acharnés parmi les députés commencent alors à se demander si, demain, ne viendra pas leur tour... À l'intérieur du Comité de salut public, les affrontements se multiplient ; et bientôt « l'Incorruptible » verra le Comité de sûreté générale commencer de lui faire barrage. Chez lui, l'amateur de topographie antique aurait dû se rappeler que la roche Tarpéienne est bien proche du Capitole...

La guillotine, le « rasoir national » comme on la surnomme, devient un instrument de gouvernement : sur certaines places des grandes villes, les caniveaux ne parviennent même plus à évacuer les flots de sang qui sèchent sur place en dégageant une odeur atroce, attirant des nuées d'insectes. On a estimé que, sur les cinq cent mille personnes arrêtées pendant ces mois d'angoisse et d'épouvante, seize mille avaient été guillotinées. Certes, à l'aune de certains massacres industriels du XXe siècle, ces excès de la Terreur peuvent paraître « artisanaux » – ils n'en ont pas moins frappé l'imaginaire national.

*

En ce printemps sanglant, Robespierre commet deux erreurs fatales pour lui et les siens. D'abord, pendant quelques semaines, il cesse de siéger au Comité et à la Convention. Se croit-il au-dessus des institutions ? Les rumeurs se multiplient, certains le disent désabusé, surmené, aigri... Dans un régime fondé sur la peur, un certain éloignement peut contribuer à renforcer la crainte, mais un vide prolongé provoque l'effet contraire...

La deuxième faute de Robespierre, encore plus grave, c'est son discours du 8 thermidor devant la

Convention – discours long et maladroit, promettant l'épuration des comités et la juste punition des traîtres, mais sans nommer clairement ces derniers. Grossière erreur, car ne pas donner de noms, c'était se mettre tout le monde à dos, chacun pouvant se sentir visé ! Paniqués, les adversaires de Robespierre se consultent rapidement, notamment des membres du Comité de sûreté comme Vadier, du Comité de salut public comme Billaud-Varenne ou Collot d'Herbois, ainsi qu'un certain nombre de représentants en mission qui ont parfois quelques excès à se reprocher – c'est le cas de Fouché ou Tallien – et de farouches opposants tel Barras. Des figures qui prendront rapidement le pouvoir sous le Directoire, et qui, pour l'instant, essaient de convaincre les indécis – ce qu'on appelle à l'époque « le Marais ».

Dans la nuit du 8 au 9 thermidor, Robespierre et Saint-Just travaillent à un nouveau discours, sans doute plus modéré, en vue d'atténuer l'effet du précédent. Mais en secret, leurs ennemis se préparent… Et le 9 thermidor – 27 juillet 1794 – vers midi, c'est la fameuse scène de l'obstruction à la tribune de la Convention : Tallien empêche Saint-Just de s'exprimer – il faut dire que la femme de Tallien, Thérésa Cabarrus, se trouve en prison comme suspecte et que sa vie est en jeu. Saint-Just se rassoit sans avoir dit un mot. Robespierre intervient à son tour et tente de prendre la parole – onze fois –, seulement Tallien lui fait obstacle, aux cris dispersés de « À bas le tyran ! ». La Convention décrète alors l'arrestation de Hanriot, qui commandait la garde nationale, et celle de Dumas, président du tribunal révolutionnaire. « Pour la dernière fois, président d'assassins, je te demande la parole ! » hurle Robespierre dans un infernal brouhaha. C'est alors qu'un député propose de voter son décret d'arrestation, adopté dans la foulée. Saint-Just, Couthon, Le Bas et le jeune frère de Robespierre sont entraînés par les gendarmes, hors de l'Assemblée.

Mais ils ont encore des soutiens très puissants, dont la Commune – ce gouvernement révolutionnaire de Paris – qui possède des armes et des soldats en nombre suffisant pour « tenir » la ville. Le tocsin sonne l'insurrection, et à peine les robespierristes arrivent-ils à la porte de leur prison qu'ils sont libérés ! Ainsi, au soir du 9 thermidor, deux pouvoirs se font-ils face : celui de la Commune, fidèle à Robespierre, et celui – plus théorique *a priori* – de la Convention. Les députés redressent la tête et jouent leur va-tout : ils savent que la répression promet d'être sanglante en cas de défaite ; ils n'hésitent donc pas à décréter « l'Incorruptible » et ses proches « hors la loi » – c'est-à-dire susceptibles d'être guillotinés sans procès. Pendant ce temps, Robespierre a rejoint l'Hôtel de Ville ; mais il hésite à prendre les décisions nécessaires. Hanriot, de nouveau libre, a pourtant pu réunir seize bataillons de gardes sur quarante-huit, et dix-sept compagnies de canonniers sur trente ; mais il attend trop longtemps l'ordre de marcher sur la Convention. Il semble que Robespierre, comme hébété, ne réagisse plus ; il tarde infiniment à signer les décrets radicaux qu'on lui tend. Comme si le fait de n'être plus soutenu par la majorité des représentants du peuple lui rendait le pouvoir impossible…

Dehors, sur la place de l'Hôtel de Ville, les gardes nationaux commencent à se disperser ; les députés chargent Barras de marcher sur la maison commune qu'ils investissent vers deux heures du matin. Robespierre le jeune se jette alors par une fenêtre et se fracture le bassin ; Couthon, de son côté, tombe dans un escalier ; Lebas se tue d'un coup de pistolet, tandis que Saint-Just reste impassible au milieu du désastre. Soudain, parmi les cris et les coups de feu, on voit Robespierre s'effondrer, le visage en sang...

*

Ce 10 thermidor, vers trois heures du matin, le tocsin s'est tu, le silence est retombé sur Paris. Aux Tuileries, où siègent la Convention et le Comité du salut public, on ramène sur un brancard un blessé dans un effroyable état : il a la joue trouée, visiblement à la suite d'un coup de feu, et sa mâchoire fracassée paraît détachée du visage. Il a perdu beaucoup de sang ; des taches maculent sa chemise largement ouverte... On le porte dans une pièce qui, deux ans plus tôt, faisait partie des appartements de la reine. Les brancardiers l'allongent sur une table, et glissent une boîte sous la tête. Il reste ainsi une heure les yeux fermés, puis les rouvre ; il a dans la main un petit sac de peau blanche dont il se sert « pour retirer le sang caillé qui sort de sa bouche », rapportera un témoin. Robespierre respire bruyamment, en émettant un sifflement rauque. On s'interroge, on enquête : qui a tiré le coup de pistolet ayant défiguré le tyran ? Le gendarme Merda s'approche. Ce garçon de dix-neuf ans, plein d'ambition, raconte son fait d'arme.

Le conventionnel Bourdon, dit-il, à la tête du premier détachement, lui a confié deux pistolets qu'il a cachés sous son habit, et lui a donné l'ordre d'entrer dans l'Hôtel de Ville. Une mission périlleuse, mais pas impossible car personne ne pouvait savoir à quel camp ce gendarme appartenait. « J'étais très animé, raconte le jeune homme. Je monte rapidement et je suis déjà à la porte de la salle de l'assemblée de la Commune. Les conjurés sont assemblés dans le secrétariat et les approches bien fermées. J'entre dans la salle du conseil en me proclamant “ordonnance secrète”, je prends le couloir à gauche, où je suis assommé de coups sur la tête par des partisans des conjurés qui ne veulent pas me laisser passer. Je parviens cependant jusqu'à la porte du secrétariat, je frappe plusieurs fois pendant qu'on me frappe toujours, enfin la porte s'ouvre. Je vois alors une cinquantaine d'hommes, dans une assez grande agitation, le bruit de mon artillerie les avait surpris ; je reconnais au milieu d'eux Robespierre l'aîné, il était assis dans un fauteuil, ayant le coude gauche sur les genoux et la tête appuyée sur la main gauche. Je saute sur lui et, lui présentant la tête de mon sabre au cœur, lui dis : “Rends-toi, traître !” Il relève la tête et me dit : “C'est toi qui es un traître et je vais te faire fusiller !” À ces mots, je prends de la main gauche un de mes pistolets, et faisant un pas à droite je le tire ; je croyais le frapper à la poitrine, mais la balle le prend au menton et lui casse la mâchoire gauche inférieure, il tombe sur son fauteuil... » Le récit fait évidemment fureur à la Convention – qui revient de trop loin pour se montrer regardante. D'année en année, l'histoire s'enrichira de détails plus ou moins sordides, destinés à mettre en valeur la bravoure du « héros ». Et quand Merda sera devenu, beaucoup plus tard, colonel et baron d'empire, le récit aura pris une étoffe digne des travaux d'Hercule...

En réalité, le témoignage de ce gendarme est vite contredit par d'autres versions – notamment celle du concierge de la maison commune, un certain Michel Bochard : « Sur les deux heures du matin, quand je suis entré, j'ai vu Le Bas étendu par terre, et de suite Robespierre l'aîné s'est tiré un coup de pistolet dont la balle, en le manquant, a passé à trois lignes de moi. » Voilà une version plus sobre, assurément, mais autrement crédible...

Alors : assassinat ou suicide ? Le rapport médico-légal conclura que la seconde hypothèse n'est pas impossible… Dans la matinée de ce jour d'été, les médecins s'emploient à calmer les souffrances du fauve blessé. Robespierre est pansé, sa mâchoire soutenue par une mentonnière. Mais dès la fin de l'après-midi, il sera conduit, plus mort que vif, à l'échafaud. L'ayant lié à la planche, le bourreau aura encore la cruauté d'arracher le pansement du condamné, détachant toute sa mâchoire inférieure.

Le premier des Romains

On ne peut comprendre Robespierre sans rappeler la situation de la France au moment de son accession au pouvoir, explique l'historien Pierre Serna[1]. « Le pays est alors en guerre totale. Les meilleures armées d'Europe sont à deux cent cinquante kilomètres de Paris, la marine la plus puissante du monde bloque toutes les côtes de France et soixante départements sur quatre-vingts sont en insurrection ! Comme l'a si bien résumé Victor Hugo : "1793, l'Europe contre la France, la France contre Paris". Un effort de guerre colossal est dès lors nécessaire, et Robespierre, longtemps opposé à la guerre, n'a pas d'autre choix que de faire face. Or, il le fait avec une intuition politique incroyable : si la République fait la guerre, dit-il en substance, elle doit la gagner, car, contrairement aux rois, elle n'a pas le loisir de perdre. Donc l'effort ne peut qu'être extrême, total et violent. Et si elle gagne, ajoute-t-il, elle aura perdu, car toute République victorieuse est sous la menace du généralat, comme le prouve l'Histoire romaine – annonce prémonitoire de l'avènement de Bonaparte ! »

1. Professeur à l'université Paris I-Panthéon-Sorbonne, directeur de l'Institut d'histoire de la Révolution française.

La plupart des révolutionnaires sont « romains » par formation ; ils ont l'esprit façonné par les mêmes textes, et connaissent le droit antique sur le bout des doigts. Les sans-culottes marseillais, qui ne sont pourtant pas les plus lettrés de France, se donnent pour devise « Spartiates humanisés, Athéniens devenus courageux » : les citoyens révisent leurs « humanités ». Pour les nouveaux élus, l'Ancien Régime est associé à la corruption, le monde des rois reste celui de la malhonnêteté face à l'idéal intègre et pur de l'Antiquité. Outre Rousseau, Montesquieu est ainsi l'un des maîtres à penser de Robespierre, le premier des Romains en quelque sorte, le noble des Lumières, dont la culture juridique et le souci de l'intérêt public influencent définitivement « l'Incorruptible ».

« La Révolution, poursuit Pierre Serna, révèle plusieurs facettes de Robespierre, qui se contredisent toutes. Mais au fur et à mesure, un autre homme apparaît, notamment lorsqu'il définit la République comme une religion, avec ses rites et sa morale – religion dont il se voudra le pontife. On entre alors dans une sorte de guerre de religion, avec tous les excès possibles : soit on est croyant – et donc fidèle à Maximilien – soit on quitte son cercle, sa chapelle... Et l'on devient son ennemi. La victoire française de Fleurus, le 26 juin 1794, contre les armées d'invasion, va finalement changer cette donne : la terreur ne s'impose plus, désormais, pour défendre cette République idéale ; la France est lasse de ce régime de peur. Robespierre entre d'ailleurs dans une grave dépression nerveuse ; car il voit bien dans quelle impasse il se trouve : son pouvoir ne repose plus sur l'urgence ou sur la perspective d'un danger imminent. Sa tentative de suicide reste le dernier acte d'un homme hanté par la geste antique. »

20

Le cosmonaute

12 avril 1961, une date clé dans l'histoire des technologies : pour la première fois, un être humain décollait pour l'espace ! Ce jour-là, Iouri Gagarine passe en effet cent huit minutes en gravitation autour du globe, à trois cents kilomètres de la Terre et à une vitesse de vingt-huit mille kilomètres à l'heure ! Le jeune Soviétique a-t-il conscience d'ouvrir de nouveaux horizons à l'humanité ? Le monde entier découvre en tout cas son visage : celui d'un « cosmonaute » de vingt-sept ans, engoncé dans sa lourde combinaison, avec un casque rond comme un bocal, des yeux presque bridés, une face lunaire et les pommettes saillantes…

Ce mercredi 12 avril 1961, dans le cosmodrome de Baïkonour, au Kazakhstan oriental, il est 5 h 30 du matin quand le docteur Anatoliévitch est tiré du sommeil par la sonnerie de son réveil. Il se lève en soupirant, reprend ses esprits, fait quelques pas en direction de la cabine voisine, où dorment encore deux jeunes hommes au visage insouciant. Lequel des deux a rendez-vous avec la gloire – à moins que ce ne soit avec la mort ? Anatoliévitch les touche à l'épaule pour les réveiller. Le cosmonaute numéro 1, Iouri Alexeïevitch Gagarine sourit aussitôt :

« Vous voyez bien que vos somnifères étaient inutiles », lui dit-il.

Il a dormi comme un bébé. Il est vrai que ces hommes ont été choisis pour leur santé de fer, leur résistance physique à toute épreuve et – plus important peut-être – leur équilibre exceptionnel.

C'est lui, le camarade Gagarine, que le sort a finalement désigné : pour la première fois dans l'Histoire, il est question d'envoyer un homme dans l'espace à bord du vaisseau *Vostok* – « Orient » en russe. Dans le passé, on a déjà expédié là-haut des animaux, notamment la chienne Zvezdochka – « Petite Étoile » – à bord d'un vaisseau identique. Quatre ans plus tôt, en 1957, une autre chienne, Laïka, grimpait à bord de *Spoutnik 2*. Elle n'avait pas survécu à la mission, mais les données enregistrées sur elle avaient permis de faire un pas capital dans la maîtrise des vols habités.

En ce jour historique, Gagarine va devoir se soumettre aux tests ultimes. En cas de défaillance, le cosmonaute numéro 2 prendrait sa place ; ce n'est pas le moment de flancher ! Consciencieusement, comme il a appris à le faire, Iouri se prépare donc. Il prend son petit déjeuner : de la pâte de viande et de la gelée de fruit, présentées en tube, comme de la pâte dentifrice. L'avant-veille, le cosmonaute a dit à sa jeune épouse, Valentina : « Fais-moi ma valise, avec du linge. » En ajoutant, comme si cela allait de soi : « Je pars pour le cosmos. »

*

À 6 h 30, Iouri se retrouve torse nu entre les mains des médecins, pour un dernier examen physique : « *Ochim khalacho !* » Tout est parfait, estiment les praticiens. Le docteur Anatoliévitch n'en attendait pas moins de son poulain.

Cette fois, le camarade Gagarine est fin prêt : il arbore déjà ce sourire qui va devenir célèbre. Plusieurs techniciens l'aident à enfiler cette vêture plus encombrante qu'une armure de chevalier. D'abord la combinaison perforée qui permettra l'afflux d'air frais ; puis celle de nylon et de caoutchouc, couleur bleu azur, destinée à amortir la pression sur la peau et le système sanguin, en phase d'accélération intense ; puis la panoplie antigravité à bandes gonflables ; enfin le survêtement métallisé à bandes orange, alimenté en électricité et en oxygène ; sans oublier les deux casques, dont le second est pressurisé. Le remplaçant, le cosmonaute numéro 2, est revêtu de la même combinaison, en même temps que son camarade, au cas où… Il faut être prêt à toutes les éventualités.

Dehors l'attend un autobus spécialement équipé de sièges « cosmiques », avec prises à oxygène et à électricité pour les scaphandres… Le cosmonaute se rapproche de la fusée dont le nez déchire le ciel pur de Baïkonour. Un vrai monstre de l'espace, d'une hauteur impressionnante, propulsé par six moteurs de vingt millions de chevaux-vapeur ! Le camarade Iouri Gagarine brille à présent de tous ses feux sur le tarmac : sa combinaison et son scaphandre réfléchissent les premiers rayons du soleil matinal. Il retrouve les hauts responsables du programme soviétique, dont le théoricien Sergueï Korolev, un homme de l'ombre, du secret, alors que Gagarine s'avance vers les portes de la gloire, en pleine lumière. Si aujourd'hui une fusée peut emporter un homme dans l'espace, c'est en grande partie grâce à Korolev.

*

Ce fils d'instituteur ukrainien, âgé de cinquante-quatre ans, n'a pas connu une vie facile. Il n'était encore qu'un enfant lorsque ses parents ont divorcé ; aussi n'a-t-il fréquenté sérieusement l'école qu'après l'âge de dix ans. Très brillant en mathématiques et en physique, il a rejoint dès 1927 le groupement d'études pour la propulsion par réaction – une sorte de club de passionnés de mécanique aéronautique, qui vouent un véritable culte au grand mathématicien Konstantine Tsiolkovski, le théoricien du réacteur. Mais Staline se hissait alors vers les sommets, et la période n'était pas tendre pour les esprits quelque peu indépendants. En mars 1938, dénoncé par un envieux, Sergueï Korolev a été condamné à dix ans de travaux forcés et envoyé au terrible camp de Kolyma, à l'extrême est du territoire soviétique. Sa mère est intervenue, a mobilisé en sa faveur plusieurs héros de la Première Guerre mondiale, est parvenue à le faire transférer. Épuisé, squelettique, le prisonnier a été affecté aux usines Tupolev – on était alors en pleine guerre, et les scientifiques étaient recherchés.

En 1945, Sergueï Korolev rejoint la Pologne, puis l'Allemagne où les Soviétiques avaient fait main basse sur la base ultrasecrète de lancement des V2 – les armes fatales d'Adolf Hitler. Le patron de la base, Werner von Braun, préférant se rendre aux Américains, avait quitté les lieux quelques jours avant. Néanmoins, avec ce qu'ils ont trouvé sur place, Korolev et ses camarades sont arrivés à progresser considérablement dans la connaissance des fusées et leurs techniques de propulsion. Ils ont travaillé dans l'ombre, sous le sceau du secret. Pour faire diversion, le KGB a créé un fantoche, un physicien membre de l'Académie des sciences, totalement à la botte du régime et chargé de passer, aux yeux de la presse et du monde, pour le patron du programme spatial soviétique. C'est lui que l'on créditera, officiellement, du succès des *Spoutnik*. Les vrais artisans de ce triomphe ont dû rester cachés, ce qui explique aisément le caractère dur et sérieux de Sergueï Korolev, contraint de laisser à d'autres les honneurs de la reconnaissance et de la gloire. Presque toujours pâle, visiblement anxieux, il possède la réputation de n'avoir jamais ri depuis son retour du goulag...

*

Quel contraste avec le sourire enfantin du débonnaire Iouri Aleïxevitch Gagarine – un sourire candide qui semble le meilleur antidote à la moindre malchance ! Ce matin du 12 avril 1961, l'on conduit donc le cosmonaute, engoncé dans sa combinaison de lumière, jusqu'au pied de l'échelle de coupée de *Vostok 1*. Il prononce quelques phrases, sans doute apprises par cœur : « Suis-je heureux en partant pour le cosmos ? C'est certain. Je vous dis "au revoir" à tous, comme se le disent les hommes quand ils partent pour un long voyage... »

Il grimpe à présent, se retourne, salue une dernière fois, sourit encore et pénètre dans l'ascenseur qui le conduit jusqu'à son poste. « À bientôt », dit-il avant de s'enfermer. Le voilà donc installé dans le fauteuil moulé à son corps, au milieu d'une forêt de boutons et de manettes. On vérifie les transmissions.

« Terre : ici, le cosmonaute. Je me sens bien. Je suis prêt. »

« Départ dans une heure et demie ! » a déclaré le camarade directeur technique. Commence une attente éprouvante. Plus qu'une heure... Une demi-heure... Plus que dix minutes. Cinq minutes.

Dans le casque de Gagarine, le médecin précise :

« Soixante-quatre pulsations. Système respiratoire à vingt-quatre – autant dire que l'état de Gagarine est parfaitement normal.

— Je me sens bien, confirme le cosmonaute. J'ai mis mes gants et mon casque étanches. Je suis prêt à partir. »

*

Sur le cosmodrome de Baïkonour, l'ordre de départ est donné. Le camarade Gagarine s'exclame une dernière fois : « *Ochim kharacho !* » (« Tout va bien »). Il est 9 h 07 quand retentit un sifflement ahurissant, accompagné de vibrations inouïes, frôlant la limite du supportable : une accélération indescriptible écrase le jeune cosmonaute dans son siège pendant plus d'une minute.

« Soixante-dix secondes depuis le décollage. »

Iouri n'en revient pas : « Soixante-dix secondes seulement ? » Il aurait juré que plusieurs minutes s'étaient écoulées !

« Je me sens très bien, le vol continue, dit-il au micro. Les accélérations augmentent encore, mais tout va bien. »

Il interroge la base, au sol, sur la situation : on le rassure. L'ogive de tête vient enfin de se détacher comme prévu : *Vostok 1* quitte déjà les couches denses de l'atmosphère. Le lancement est réussi.

*

Sans quitter sa réserve, un homme commence à souffler : Sergueï Korolev, le fameux ingénieur en chef des missiles soviétiques, le maître des fusées... C'est lui qui a réussi, trois ans et demi plus tôt, à mettre en orbite le satellite *Spoutnik 1*. « Excellent travail, camarade Sergueï », lui avait dit Khrouchtchev en personne, au téléphone. Les félicitations du « patron » de l'URSS ne lui avaient pas pour autant apporté la notoriété. La *Pravda* elle-même était restée assez discrète sur l'événement qui présentait une dimension plus stratégique que politique. À l'époque, il n'était pas encore question de faire de l'avance soviétique dans la course à l'espace l'enjeu d'une propagande planétaire. Khrouchtchev n'en avait pas moins convoqué Korolev au Kremlin pour lui demander d'organiser un lancement plus spectaculaire encore, à l'occasion du quarantième anniversaire de la révolution d'Octobre : et c'est pour cela qu'on avait bricolé à la hâte un *Spoutnik 2* avant de l'envoyer dans l'espace le 3 novembre 1957 – avec la petite chienne Laïka qui était devenue le premier être vivant propulsé en orbite autour de la Terre. Une fois encore, les Américains avaient dû digérer la nouvelle et tenter de rattraper le retard ! Un handicap dont ils ne tenaient pas rigueur au célèbre Werner von Braun, soustrait aux Allemands et considéré, à l'époque, comme une véritable star aux États-Unis – alors que son *alter ego* soviétique, Sergueï Korolev, n'avait toujours pas quitté l'anonymat…

Mais en ce 12 avril 1961, l'ingénieur a toutes les raisons d'être fier de lui : il sait qu'il détient l'un des plus beaux titres de gloire de toute l'histoire des sciences. L'extraordinaire nouvelle peut être annoncée au monde : les Russes envoient un homme dans l'espace !

*

Là-haut, loin de l'agitation médiatique et politique, le camarade Iouri Alexeïevitch Gagarine, par les hublots de son vaisseau, contemple comme un gamin la planète Terre. Il est le premier être humain à pouvoir le faire ! C'est si bleu, si beau ! Son émotion est au-delà de l'exprimable. La base lui demande des nouvelles. Lui a les yeux rivés sur le globe.

« Je vous entends distinctement, je me sens bien, le vol poursuit son cours normal. Les accélérations augmentent. Je vois très bien la Terre, les nuages, un fleuve, une forêt… »

En contact permanent avec Baïkonour, Gagarine égrène ses impressions, décrit les images d'un monde vu du ciel, et l'émerveillement emplit peu à peu les salles de la base. Les techniciens, mais aussi les médias du monde entier, avec un léger décalage, se passionnent pour l'exploit du jeune Soviétique.

Gagarine s'est tu. Les mots lui manquent. Même lui, ce robot humain surentraîné, reste un instant dépassé par ses émotions. Quel chemin parcouru pour l'enfant du kolkhoze de la région de Smolensk ! Son père y travaillait comme charpentier, tandis que sa mère s'occupait de la ferme. Sa vie a soudain basculé le jour où, pendant la guerre, un pilote soviétique touché par un avion allemand doit faire atterrir de force son appareil tout près du village de Iouri : « Je suis resté près de ce pilote toute la nuit, jusqu'au matin, racontera plus tard Gagarine, effleurant sans cesse la veste de cuir de cet homme volant, les yeux fixés sur ses décorations. Cette journée marqua toute ma vie. »

Ce souvenir fondateur et obsédant le poussera, lui, le très brillant élève, mathématicien hors pair et athlète accompli, à s'engager dans l'armée de l'air, plutôt que de mener une brillante carrière civile à l'Aeroflot. Entraînement, vols d'essai… Une jeunesse consacrée à l'aéronautique, entrecoupée de rares pauses consacrées à sa fiancée, Valentina, avec laquelle il aura deux filles, Elena puis Galya, née juste avant son vol historique. Iouri s'inscrit au Parti communiste, accumule les satisfecit de tous ordres et s'intéresse rapidement au programme spatial de sa patrie, fer de lance d'une URSS en pleine guerre froide. Il décide de postuler pour le groupe des candidats cosmonautes et sa candidature est retenue… Un grand destin commence alors pour Gagarine – destin dont le plus beau chapitre s'écrit ce jour-là. Désormais héros de l'Union soviétique, le jeune homme, en orbite autour de la Terre, sait que l'auréole de gloire qu'il est en train de conquérir ne ternira jamais. Alors, comme d'habitude, il sourit.

*

À Baïkonour, on entend soudain la voix de Iouri rompre le silence : « La fusée porteuse se détache. »

Cette fois, le voilà planant en orbite autour du globe. Le cosmonaute en profite pour décrire le spectacle absolument inédit qui s'offre à lui : ce halo bleu, tendre et magique, qui paraît entourer la Terre comme une gaze bienfaisante… Il est au-dessus du cap Horn, puis du Congo… Déjà le pilote automatique met en marche le moteur de freinage. Encore vingt minutes, et la capsule touchera la Terre. Gagarine range son petit bloc spatial, difficile à maintenir à cause de l'apesanteur, et sur lequel il a écrit ces lignes : « Depuis l'espace, le soleil brille avec dix fois plus d'intensité que vu de la Terre. Les étoiles se distinguent nettement, étincelantes et claires. Tout l'ensemble du firmament est infiniment plus contrasté que ce que nous en voyons depuis la planète… » La mise à feu des rétrofusées est enclenchée, *Vostok 1* quitte son orbite. L'horloge de bord marque 10 h 25. Bientôt, la température de l'air, au contact de l'engin spatial, atteint les dix mille degrés : l'astronef n'est plus qu'une « boule de feu qui tombe rapidement » pour reprendre l'expression même de Iouri.

Deux possibilités s'offrent au jeune pilote : atterrir dans la capsule ou s'éjecter. Il choisit la première solution – pour autant qu'on le sache car, dans toute cette affaire, les seules sources d'information sont les dépêches officielles de l'agence TASS... À 4 000 mètres d'altitude, le système d'atterrissage entre en action : un premier parachute est largué à 2 500 mètres, pour faire place au parachute de freinage. L'engin craque de partout, Gagarine est fortement secoué mais garde son calme légendaire.

Ce premier vol habité a duré précisément cent huit minutes, dont quatre-vingt-neuf en orbite terrestre. L'optimisme et le sourire de Iouri ont dû lui porter chance car, à 10 h 55, la petite capsule, seul vestige de la fusée *Vostok 1*, se pose en douceur dans un champ labouré, au bord de la Volga. Le cosmonaute atterrit sous le regard effrayé d'une paysanne et de sa fille qui se trouvent là, avec un petit veau. Elles prennent peur devant ce qu'elles se figurent être un extraterrestre ! Mais trois hommes accourent déjà du champ voisin : c'est Gagarine, c'est lui ! Il est vivant !

*

Il faut dire que, depuis plus d'une heure, la radio soviétique diffuse en boucle des communiqués officiels enthousiastes, chantant les louanges du camarade Gagarine portant si haut les couleurs de l'URSS. Partout, dans les tramways, devant les écoles et les planétariums, se sont improvisés des rassemblements patriotiques où le nom du cosmonaute est acclamé. Le Premier secrétaire du Parti communiste, Nikita Khrouchtchev en personne, lui adresse un vibrant télégramme : « Le peuple soviétique tout entier acclame votre vaillante performance qui restera vivante au cours des siècles comme un exemple de courage, de bravoure et d'héroïsme au service de l'humanité. Le vol que vous avez effectué ouvre une nouvelle page dans l'histoire de l'humanité pour sa conquête de l'espace. » Personne ne cite le nom de Sergueï Korolev, resté une fois de plus dans l'ombre, lui qui n'a pas dormi de la nuit avant le vol de Iouri, envisageant les multiples défaillances possibles…

Pour Gagarine, l'heure de la gloire a sonné.

Un quadrimoteur escorté d'avions Mig le ramène, le 14 avril 1961, de Baïkonour au terrain de Vnoukovo, près de Moscou. Khrouchtchev interrompt ses vacances au bord de la mer Noire pour venir l'accueillir en personne, au milieu des plus hauts responsables du Parti, de l'Académie, de l'Armée rouge… Ses parents sont là aussi, avec son épouse Valentina, au premier rang des fidèles. Et avec eux, plus d'un million de Moscovites, peut-être davantage ! Une foule immense, les bras chargés de fleurs, se masse sur les cinq kilomètres de l'itinéraire officiel jusqu'à la place Rouge, et pendant tout le trajet, ce n'est qu'un cri d'enthousiasme, un cri d'amour : « Gagarine, Gagarine ! Honneur au vainqueur du cosmos ! » Voilà un homme qui, en une centaine de minutes, s'est élevé au rang de légende vivante ! Et pas seulement en URSS : même si Khrouchtchev tient à marquer cette victoire des couleurs du marxisme-léninisme, Gagarine sera fêté et accueilli en Occident comme le digne successeur des géants de l'aventure scientifique, tels les grands Marconi, Blériot ou Lindbergh.

50 % de risque

« C'est un véritable exploit que réussit Gagarine à vingt-sept ans, souligne le journaliste scientifique Alain Cirou[1]. Il avait une chance sur deux de revenir ! Ses responsables le savaient, notamment Sergueï Korolev, qui couve Gagarine comme son fils – il était son "père cosmique". Une heure avant le lancement, l'ingénieur était terrifié à l'idée que tout cela finisse en tragédie, et c'est Gagarine qui tentait de le rassurer par tous les moyens. Korolev disait à son entourage : "Vous vous rendez compte, il prend tous les risques, et pourtant c'est lui qui me rassure !" »

« Gagarine, ajoute Alain Cirou, est une sorte d'étoile filante dans l'épopée de l'espace, un jeune homme-luciole qui apparaît et meurt subitement, en 1968, un peu plus de dix ans après son exploit. Il possède un vrai tempérament : l'homme est tout petit, fonceur, très déterminé. En réalité, il a très peu volé avant le lancement de *Vostok 1*, seulement deux cent cinquante heures en avion, presque rien. Et pourtant, il réussit ! »

Sa victoire tombe à point nommé dans la course folle que se livrent les Soviétiques et les Américains

1. Consultant d'Europe 1, directeur de la rédaction du magazine *Ciel et Espace* et président de l'Association française d'astronomie.

pour la domination de l'espace : une course pacifique qui a commencé en pleine menace de conflit planétaire. Car l'essence de l'exploration spatiale, c'est la guerre : les lanceurs ne sont pas d'abord destinés à emporter des satellites ou des hommes, mais à propulser des bombes thermonucléaires vers les États-Unis ! C'est Korolev, passionné par l'exploration, qui va réussir à dévier leur orientation. Les premiers essais convaincront les politiques : Khrouchtchev est impressionné par l'aura qui rejaillit sur l'URSS grâce au fameux bip-bip du premier *Spoutnik*, écouté par la planète entière. Et les Américains, distancés, relèvent le défi en créant très vite la NASA.

Dès 1961, Gagarine devient une sorte d'ambassadeur de l'URSS, la vitrine du régime, l'icône idéale tombée du ciel, mais aussi le copain que l'on aimerait avoir. Puis il change, il veut piloter, on le freine, son costume de héros lui pèse. On dit qu'il boit, qu'il a perdu son célèbre sourire... En réalité, Iouri connaît ce qui arrivera à Armstrong, après avoir marché sur la Lune : « Le plus dur, disait-il, c'est de parcourir le monde... » Tous les matins, il se réveille dans un pays différent, il serre la main de gens qu'il ne reverra plus, alors qu'il ne rêve que d'une chose : piloter, passer des brevets...

« Les conditions de sa disparition sont assez mystérieuses, faute d'informations fiables en Union soviétique. L'accident s'expliquerait, semble-t-il, par des erreurs au sol et une défaillance des instruments... Difficile d'en savoir davantage... » Reste, aux yeux du monde entier, l'image de cet « Icare du XXe siècle » qui aura brillé au firmament et fini par s'y brûler les ailes.

21

Le collier de la discorde

La célèbre « affaire du Collier » relève essentiellement de l'escroquerie ; mais c'est une escroquerie hors du commun. L'énormité des sommes extorquées, l'importance des personnalités impliquées – jusqu'au grand aumônier de France et à la reine elle-même – sans parler des répercussions politiques incalculables d'un tel scandale : tout devait contribuer à ce que le dossier acquière une dimension historique.

Le Versailles de Louis XVI n'est plus celui, à la fois brillant et compassé, que l'on a pu connaître sous Louis XV ; et lorsque éclate, en 1785, l'affaire du Collier, les fastes surannés de l'ancien règne sont déjà loin. Or, l'ironie de l'Histoire veut que les deux principales victimes de cette arnaque inouïe incarnent, respectivement, l'ancienne cour et la nouvelle.

En rouge et or, dans le rôle du grand seigneur de style Louis XV – c'est-à-dire magnifique et passablement vieux jeu : le prince de Rohan, cardinal archevêque de Strasbourg, grand aumônier de France, l'un des plus puissants princes de l'Église. Issu d'une très ancienne famille, ce séducteur plein d'entregent mène le plus grand train. Il incarne cette vieille France aristocratique qui voudrait regagner à tout prix le terrain cédé depuis des siècles à la bourgeoisie... Lui-même rêve d'une carrière ministérielle ; il avait réussi à se faire nommer, par le feu roi, ambassadeur à Vienne, où il s'est fait adorer de la Ville et haïr de la Cour. L'impératrice Marie-Thérèse, qui déteste en effet la morgue et l'ostentation, obtient finalement le rappel en France de ce prélat de salon ; et c'est peu de dire qu'au retour de Rohan à Versailles, la toute nouvelle reine – en digne fille de sa mère – lui témoignera une hostilité farouche.

Le second rôle dans le drame du Collier, c'est précisément cette jeune reine qui le tient. En 1785, Marie-Antoinette affiche le caractère d'une femme assez lasse des frivolités, revenue en tout cas des excès de sa prime jeunesse. La reine mène l'existence la plus simple possible au sein de la campagne idyllique – et largement factice – du Trianon. N'est-elle pas de cette génération des altesses inspirées par Jean-Jacques Rousseau ? L'époque des fêtes somptuaires, des décors rocaille à profusion et des soupers fins est désormais révolue : le goût néoclassique a balayé tout cela, on n'aime plus chez la reine que les lignes droites et sobres, les pastorales à l'antique, les collations luxueuses, certes, mais faussement frugales et prises dans l'herbe en tenue de linon blanc.

L'on comprend bien que, dans ce nouveau cadre, le collier qui va devenir si fameux n'a plus sa place...

*

Ce joyau est né du rêve de deux joailliers – Boehmer et Bassenge – qui ont réuni pendant des années une collection de très gros diamants, en vue d'en faire un chef-d'œuvre immortel. À l'origine, il n'était pas destiné à Marie-Antoinette mais à Mme du Barry, la dernière favorite de Louis XV. Seulement le vieux roi est mort entre-temps, et les joailliers ont reporté leurs espoirs sur la jeune reine. Ils lui ont plusieurs fois présenté leur sautoir aux six cent quarante-sept diamants ; et plusieurs fois, elle l'a refusé. Marie-Antoinette trouve bien trop grossier cette espèce de « harnais pour chevaux » selon sa propre expression – bien trop lourd aussi –, bref, en un mot : *démodé*.

Aussi la reine fuit-elle Boehmer autant qu'elle le peut. « Cet homme-là a été inventé pour mon supplice », dit-elle à ses dames… Les joailliers, dépités, ont dès lors tenté de vendre leur grand sautoir à d'autres cours ; mais le prix vertigineux – un million six cent mille livres – a découragé tous les acheteurs. Et les malheureux commerçants se retrouvent avec leur chef-d'œuvre sur les bras…

Le collier n'est pas oublié pour autant – notamment parmi les voleurs et autres arnaqueurs. Au premier rang de cette population figure une certaine Jeanne de La Motte. Née Jeanne de Saint-Rémy, elle descendrait par son père d'un bâtard du roi Henri II – or c'est bien là sa seule noblesse…

Jeanne a connu une enfance misérable, obligée de mendier sa pitance jusqu'au jour où une dame charitable, la marquise de Boulainvilliers, a pris en charge son éducation. Jeanne a vécu de petits métiers, puis épousé un ancien gendarme, Nicolas de La Motte, qu'elle n'a pas manqué d'affubler du titre de comte. C'est en 1781 qu'elle croise la route du cardinal de Rohan à Saverne, par l'entremise de sa protectrice qui, elle-même, est assez proche du prélat… Avec le flair d'un requin, Jeanne repère le gros poisson, facile à appâter. Elle lui fait la cour, le flatte, s'insinue dans ses bonnes grâces et détecte vite son point faible : le cardinal serait prêt à tout… pour un sourire de Marie-Antoinette ! Précieux renseignement…

Non sans adresse, la « comtesse » de La Motte se fait passer pour une intime de la reine. Le mensonge est un peu gros, sans doute, mais pas inconcevable : après tout, Marie-Antoinette, qui joue beaucoup, n'a-t-elle pas pris l'habitude d'admettre chez elle une société fort mélangée ? Alors, pourquoi pas une La Motte ? Le cardinal de Rohan a tellement besoin de croire que quelqu'un pourrait défendre ses intérêts auprès de la souveraine qu'il ne se méfie pas. L'idée qu'une femme modeste, presque une bourgeoise, puisse oser se jouer d'un prince de l'Église, issu de si haute lignée, lui est tout simplement inconcevable.

Ainsi le piège est-il tendu sans trop de peine... La fausse comtesse demande à son amant, un certain Rétaux de Villette, d'imiter l'écriture de la reine et de signer de faux billets où Marie-Antoinette se montre aimable, amicale, parfois tendre pour ce prélat qui ne demande qu'à y croire. Rohan est bon client ! Les faussaires en profitent, et commencent par lui soutirer de l'argent sous divers prétextes. Un jour, contrefaisant une supplique de la main de la reine, ils parviennent ainsi à lui extorquer la somme extravagante de cinquante mille livres ! Puis de nouveau cent mille au moment de Noël ! Pour autant, la rusée Jeanne a perçu un accès de lassitude chez le prélat ; elle comprend que Rohan se fatiguera vite des billets écrits ; il faudrait lui faire rencontrer la reine, en chair et en os. Ce qui doit pouvoir se faire…

Au Palais-Royal, Nicolas de La Motte – le mari de Jeanne – repère une prostituée qui possède à peu près la taille et la corpulence de la souveraine. On loue aussitôt ses services, on l'habille d'une robe copiée sur un tableau de Mme Vigée-Lebrun, on lui colle sur la tête une aune de mousseline noire et, par une nuit sans lune, on va la présenter au cardinal dans un sombre bosquet de Versailles. La souveraine est censée n'être venue que pour cette entrevue volée, loin des regards indiscrets... Quand la silhouette approche, le cardinal croit son heure arrivée ; il exulte. Or, avant que la doublure improvisée n'ait le temps de se trahir, on fait intervenir Rétaux, vêtu de la livrée de la reine : « Madame, attention, voici monseigneur le comte d'Artois ! » La silhouette disparaît à ces mots, laissant Rohan bouche bée... Le cardinal ramasse la rose que « Marie-Antoinette » a laissée tomber ; il s'enivre de son parfum...

Le tour est joué !

*

Le trio infernal, ne reculant devant rien, décide alors de passer aux choses sérieuses et de monter la plus formidable arnaque qu'on ait jamais vue. Le prétexte sera ce fameux collier de diamants, qui n'a toujours pas trouvé acheteur... Mme de La Motte a pour elle un culot sans limite : en janvier 1785, elle explique au cardinal de Rohan que la reine aurait besoin de son aide pour acquérir discrètement le chef-d'œuvre de Boehmer et Bassange. Naturellement, elle laisse entendre que la transaction fera l'objet d'un contrat en bonne et due forme... D'ailleurs, ce contrat, pourquoi ne pas l'établir tout de suite ? La reine réglera les joailliers en quatre versements de quatre cent mille livres chacun, le premier intervenant dès le 1er août de cette année 1785. Le cardinal hoche la tête avec complaisance.

À l'entrevue suivante, Mme de La Motte joue gros : elle produit un document signé *Marie-Antoinette de France*. Curieusement, le cardinal ne réagit pas ; il devrait savoir que la reine, n'étant pas Fille de France mais archiduchesse d'Autriche, signe Marie-Antoinette « tout court ». Seulement l'euphorie l'emporte sur la raison : le prélat est tellement ravi de tenir enfin le moyen de s'aliéner la reine ! Dévoué, il va se rendre lui-même chez le joaillier Boehmer, s'y fera montrer la merveille et ne pourra s'empêcher de raconter qu'il est venu secrètement, missionné par la reine... Les bijoutiers ont confiance, naturellement ; quelques jours plus tard, ils lui livrent la marchandise à domicile ! Le 1er février, le cardinal peut dès lors, muni du fabuleux collier, se rendre à Versailles – pas au château, forcément, mais dans un appartement que Mme de La Motte a loué en ville. Le cardinal, non sans se rengorger, confie lui-même l'écrin à la fausse comtesse qui, sous ses yeux, le remet dans la foulée à un prétendu « envoyé de la reine »...

Ainsi, le piège s'est-il refermé sur ce cardinal trop crédule. Convaincu que son retour en faveur est proche, Rohan n'a plus qu'à attendre que la reine, alors enceinte, soit « relevée de couches » pour porter en public le somptueux collier. Alors, croit-il, son triomphe sera complet.

*

L'Histoire est capricieuse ; et souvent il suffit d'une coïncidence pour provoquer un rebondissement imprévu. Il se trouve par hasard que le roi Louis XVI, soucieux de remercier sa femme pour la naissance d'un deuxième fils, lui fait acheter au début de l'été une épaulette et des boucles... chez Boehmer ! Le joaillier se fait un devoir d'aller luimême livrer ce présent à Versailles. En bon fournisseur, il sait rester discret face à la reine – mais tout de même il en profite pour lui glisser un petit billet sur lequel est écrit : « Madame, nous avons une vraie satisfaction de penser que la plus belle parure de diamants qui existe servira à la plus grande et à la meilleure des reines. » Marie-Antoinette lit et relit ce drôle de compliment, n'en comprend pas le sens, demande à sa première femme de chambre, Mme Campan, de tirer l'affaire au clair.

Celle-ci se rend donc, dès le 9 juillet, chez le bijoutier ; et là elle comprend, en quelques phrases, que les joailliers viennent d'être les dupes d'une arnaque montée de toutes pièces, qui plus est sous couvert du nom de la reine ! La présence du cardinal de Rohan dans l'affaire lui paraît de mauvais augure – même s'il est loin de s'en douter, le prélat continue en effet de susciter une haine farouche dans l'entourage de la souveraine...

Mme Campan, désireuse de ménager sa maîtresse, fait d'abord part de ses soupçons à deux hauts personnages du premier cercle de la reine : son confesseur d'abord et, surtout, le marquis de Breteuil, alors ministre de la Maison du Roi – l'équivalent de notre ministre de l'Intérieur. Or, le marquis se trouve être l'homme qui convoitait le poste d'ambassadeur à Vienne lors de la nomination de Rohan. Autant dire qu'il salive à l'idée de tenir sa revanche...

Entre-temps, Mme de La Motte, ne se doutant de rien, continue de manœuvrer magistralement. Elle charge d'abord le cardinal d'informer Boehmer que la reine ne pourra honorer la première échéance aussi vite que prévu, qu'il faudrait donc lui accorder un crédit supplémentaire jusqu'en octobre. Et dans le même temps, elle fait savoir aux joailliers que la prétendue signature de la reine est un faux. L'objectif de cette révélation est de faire peur au cardinal, et de l'inciter à régler la facture par crainte du scandale !

*

À Versailles, la reine et le roi, finalement informés de l'affaire, se laissent aveugler par les préjugés : ils pensent que cette histoire de collier est un coup monté par le cardinal, afin d'obtenir des liquidités et de payer les plus criantes de ses dettes. C'est un paradoxe, mais personne, au sommet de l'État, ne songera un instant que Rohan puisse être lui-même la victime d'un petit groupe d'aigrefins.

Le 15 août 1785, le grand aumônier de France arrive au palais en brillant équipage, en vue de célébrer la messe solennelle de l'Assomption. Auparavant, le roi l'a convoqué dans son cabinet. Le cardinal s'y retrouve face aux souverains, au marquis de Breteuil et au garde des Sceaux. Louis XVI attaque d'emblée :

« Vous avez acheté des diamants à Boehmer ?

— Oui, Sire.

— Qu'en avez-vous fait ?

— Je croyais qu'ils avaient été remis à la reine.

— À la reine ! Et… qui vous a chargé de cette… commission ?

— Une dame, nommée la comtesse de La Motte-Valois, qui m'a présenté une lettre de Sa Majesté… »

Cette fois, Marie-Antoinette n'y tient plus ; elle laisse éclater sa colère : « Enfin, monsieur, comment avez-vous pu croire, vous à qui je n'ai pas adressé la parole depuis huit ans, que je vous choisissais pour conduire cette négociation, et par l'entremise d'une pareille femme ? »

Le cardinal se trouble ; il secoue la tête : « Je vois bien que j'ai été cruellement trompé. Je paierai le collier. L'envie que j'avais de plaire à Votre Majesté m'a fasciné les yeux. Je n'ai vu nulle supercherie et j'en suis fâché. »

Faut-il préciser qu'à cet instant, dans le cabinet du roi, personne ne croit à la version qui vient d'être donnée – et qui pourtant est sincère ? Sitôt le cardinal sorti, le marquis de Breteuil transmet au capitaine des gardes l'ordre d'arrêter le prélat, et ce, devant la cour assemblée en ce jour de fête ! Le scandale est terrible. C'est la fange qui éclabousse « la crosse et le sceptre », comme l'écrira un magistrat de Paris.

Le cardinal est conduit à la Bastille. On ouvre aussitôt une enquête. Les autorités vont rapidement mettre la main sur la bande d'escrocs : Rétaux de Vilette, l'amant de Mme de La Motte, est arrêté à Genève ; puis sa complice, Mlle d'Oliva, à Bruxelles. Le mari, Nicolas de La Motte, s'est réfugié en Angleterre où il bénéficie du droit d'asile. Quant à la dame elle-même, elle est appréhendée chez elle, à Bar-sur-Aube. Jeanne va tout nier en bloc ; elle reconnaît seulement avoir été... la maîtresse de Rohan !

À Versailles, autour du roi, l'on continue de s'aveugler sur l'affaire. Au lieu d'admettre la formidable arnaque d'une professionnelle et de ses complices, on préfère ainsi prêter foi aux dénégations de La Motte et continuer – uniquement par préjugé – de croire que le cardinal serait la cheville ouvrière d'une invraisemblable machination. D'où le procès qu'il est d'emblée question de lui intenter. Comment juger ce prince de l'Église ? Louis XVI doit-il user de la « justice retenue » – le roi rendrait lui-même une sentence à l'issue d'une procédure à huis clos – ou bien doit-il laisser libre cours à la justice ordinaire, et faire juger le prince de Rohan par la juridiction suprême du Parlement de Paris ?

Marie-Antoinette est favorable à la deuxième solution. Bien qu'elle soit étrangère à toute cette histoire, la reine s'y trouve indirectement mêlée, puisque tout s'est fait sur son nom. Et c'est ce qui la met au supplice ; il lui est tout bonnement insupportable d'imaginer que le cardinal de Rohan ait pu croire qu'elle lui faisait passer des billets plus ou moins intimes, et par le biais d'une aventurière ! Soudain, après onze ans de règne, la reine réalise ainsi que l'opinion publique – à commencer par la plus haute noblesse – se fait une bien piètre idée de sa moralité... Si piètre, en vérité, que de grands joailliers, suivis par des financiers de renom, ont trouvé parfaitement plausible que la reine de France ait pu entretenir des liens douteux avec un prince de l'Église, en vue d'acheter un bijou hors de prix, et cela en cachette de son mari ! Marie-Antoinette est effondrée : elle vient de réaliser que ses légèretés de dauphine, ses inconséquences de jeune souveraine, ont sérieusement écorné sa réputation. Aussi ne pense-t-elle plus qu'à une chose : laver son honneur – et le laver de façon publique, par un grand procès dont la vérité puisse sortir ! Dût-elle s'acharner contre ce maudit cardinal ! C'est dès lors entendu : le procès aura lieu devant le Parlement de Paris.

*

Fatale erreur... Au sein de l'opinion, les passions et les partis pris se déchaînent aussitôt, alimentés par une presse naissante, dont les tirages grossissent de jour en jour. Dans l'esprit du public, les turpitudes supposées de la reine et de Rohan sont confondues dans une même réprobation. C'est un bain de boue dont personne ne ressortira grandi. D'autant moins que la noblesse, ainsi qu'une partie de l'Église, prend naturellement fait et cause pour ce cardinal qu'elles devinent injustement accusé. Deux chefs d'inculpation portent sur Rohan : l'escroquerie et le crime de lèse-majesté envers la reine.

Le cardinal accepte de s'expliquer sur l'injure involontaire à la reine ; mais il réfute absolument toute escroquerie de sa part. Du reste, en condamnant les vrais malfaiteurs, le Parlement va lui donner raison. La comtesse de La Motte est flagellée en public, marquée au fer rouge du *V* de « voleuse », puis enfermée. De ce point de vue, la morale est sauve…

Reste la question du crime de lèse-majesté. La reine tient énormément à la condamnation publique de Rohan ; il y va, pense-t-elle, de son honneur de femme, d'épouse et de reine. Seulement, quand le verdict tombe, ce 30 mai 1786, il apparaît qu'à vingt-six voix contre vingt-trois, la Cour de justice a décidé de relaxer le cardinal. Pour Rohan, pour sa famille, pour la noblesse, pour l'opinion elle-même, c'est un triomphe ! Mais pour la reine, c'est un camouflet sans précédent, et qui donne déjà la mesure de l'estime où la tient le peuple.

Par dépit sans doute – et par amour pour sa femme – Louis XVI préfère ignorer l'arrêt du Parlement ; il démet malgré tout le cardinal de sa charge, et l'exile dans son abbaye de La Chaise-Dieu, en Auvergne. Une sanction dérisoire et surtout très maladroite, vécue par tout le peuple comme un acte d'injustice. Ainsi l'affaire du Collier laisse-t-elle un Parlement renforcé, une couronne bafouée, une reine ridiculisée… Un dangereux rapprochement s'est opéré entre une noblesse, un clergé et un tiers état de plus en plus revendicatifs…

C'est le premier acte de la Révolution française qui vient de se jouer.

Une police gangrenée

La police aura eu sa part dans le pourrissement de l'Ancien Régime. Comme l'explique Robert Muchembled[1], professeur d'histoire à l'université de Paris-Nord, les garants de l'ordre de l'époque sont souvent « à la fois policiers et malfrats, agissant pour leur compte personnel, s'enrichissant après avoir acheté leur charge, mêlant sans vergogne leurs intérêts privés à ceux de l'État ». Ainsi, le lieutenant général Berryer de La Ferrière, nommé en 1747, grand ami de la marquise de Pompadour, n'hésite pas à recruter ses inspecteurs dans les milieux de la truanderie : tous auront commencé dans le crime avant de se reconvertir ! Comme ils travaillent par intermittence, ils sont « tantôt policiers, tantôt canailles. Autour des inspecteurs s'agite également tout un milieu nébuleux, composé d'observateurs et d'indicateurs – les fameuses "mouches" – souvent recrutés de manière très simple : tout individu tombé entre les mains de la police et qui a quelque chose à se reprocher, devient un nervi en puissance ».

Les informations ainsi collectées font l'objet de rapports de toutes sortes, ancêtres des dossiers des

1. Auteur de *Les Ripoux des Lumières : corruption policière et Révolution*, Le Seuil, 2011.

Renseignements généraux. Toute la haute société parisienne s'y trouve épinglée – y compris le cardinal de Rohan à cause de ses conquêtes féminines. Le prélat était ainsi l'amant de l'épouse de l'inspecteur de la Librairie Goupil, homme peu recommandable qui faisait imprimer en secret des libelles infamants contre Marie-Antoinette. Cet inspecteur parvenait à extorquer de l'argent – jusqu'à cent mille livres – pour étouffer les brûlots qu'il avait lui-même créés. Lorsqu'on découvre le pot aux roses, Rohan est évidemment éclaboussé, car il avait promis une place de lectrice de la reine à la femme de l'escroc ! De quoi attiser encore la haine de Marie-Antoinette envers le cardinal…

Quand éclate l'affaire du Collier, la police – dirigée par le lieutenant général Lenoir – ne se montre pas d'une grande efficacité : les escrocs trouveront le temps de revendre la plupart des diamants. La fausse comtesse de La Motte, condamnée pour l'exemple, parviendra d'ailleurs à s'évader. Quant à son mari, connu des services de police en tant que mouche, il écoule les pierres du sautoir à Londres, puis revient en France – après la Révolution – sans être inquiété. Il finira par réintégrer les effectifs, et se fera… inspecteur de police ! En vérité, le lieutenant général de police Lenoir et ses réseaux ont joué un rôle important – et peut-être plus politique qu'il n'y paraît – dans le déclenchement de la fameuse affaire. L'homme démissionnera d'ailleurs juste avant l'arrestation du cardinal de Rohan – arrestation ordonnée par le marquis de Breteuil, lui-même ancien espion de Louis XV au sein du « Secret du roi »…

22

Paul Doumer, président oublié

Quand Paul Doumer est élu président de la République, en 1931, c'est la première fois qu'un fils d'ouvriers accède à un tel rang : son père était cheminot à Aurillac, et sa mère, femme de ménage... Mais cette fulgurante ascension sociale, fruit de la « méritocratie républicaine », va finir en tragédie dès l'année suivante, lorsqu'un semi-fou nommé Gorguloff tue le président d'une balle tirée à bout portant. La montée des fascismes et le déclenchement de la Seconde Guerre mondiale effaceront par la suite le souvenir de ce dirigeant atypique, homme austère et vertueux ; et bien que des milliers de places, de rues et de boulevards portent encore son nom, Paul Doumer fait figure, à notre époque, de président oublié.

À Paris, ce vendredi 6 mai 1932, le temps est maussade ; de timides éclaircies se font jour entre deux averses. Cela n'empêche pas la foule de converger vers l'hôtel Salomon de Rothschild, rue Berryer, non loin de la place de l'Étoile, pour l'inauguration du Salon des écrivains anciens combattants. Toute une époque : la Grande Guerre ne s'est terminée que quatorze ans plus tôt, et le souvenir des tranchées est encore vif dans les mémoires. Cette réunion annuelle est une opération originale, d'un genre nouveau : de nombreux auteurs plus ou moins connus y viennent à la rencontre du public, le temps de signer leurs derniers opus. La manifestation, organisée depuis 1925 par la prestigieuse Association des écrivains anciens combattants, est traditionnellement inaugurée par le président de la République en personne – une marque de reconnaissance appréciée des anciens soldats.

L'association est dirigée par un écrivain célèbre, Claude Farrère, bientôt académicien : un homme de grande classe au visage inspiré, dont les traits font volontiers songer à un Méphisto d'opéra... Comme chaque année depuis sept ans, d'autres grandes plumes ont accepté l'invitation. Dès quatorze heures, on aperçoit, gravissant le perron d'honneur, tour à tour le maréchal Lyautey, Roland Dorgelès – l'auteur des *Croix de bois* –, l'incontournable Colette, la divine Anna de Noailles, Francis Carco, et Pierre Benoit, l'auteur de *L'Atlantide*... Rien d'étonnant à ce que le public se presse à leur suite, dans la belle cour de l'hôtel particulier. Ne manquera bientôt plus que le président de la République ; mais il devrait, dit-on, arriver sous peu.

L'année précédente – en 1931 donc – le salon a été inauguré par le brave président Doumergue. Un Méridional à l'accent chantant, plein de faconde, et qui possédait l'art de se faire aimer des foules. À tel point que l'inauguration s'était déroulée dans un climat de confusion bon enfant... Les organisateurs n'en avaient pas moins regretté la bousculade, et signalé au directeur de la police municipale que ses effectifs étaient insuffisants. « Le président de la République, a-t-on fait remarquer, ne devrait pas être ainsi mêlé à la population. » Le directeur avait haussé les épaules en geste d'impuissance ; il s'était borné à répondre : « Que voulez-vous ? Il aime ça... » Et de fait, l'ancien président adorait les bains de foule. Mais entre-temps, le mandat de « Gastounet » – comme l'appelaient familièrement les Français – est arrivé à son terme. Et le Congrès, réuni une fois de plus à Versailles, a élu, pour lui succéder, un homme très différent, en dépit de la proximité des noms : Paul Doumer. Radical et franc-maçon comme son prédécesseur, M. Doumer a derrière lui une carrière de grand commis de l'État : ancien gouverneur général de l'Indochine, il a présidé la Chambre des députés, puis le Sénat. L'homme ne fume pas, ne boit pas, mange peu et se présente sous un aspect austère, voire quelque peu rigide... Contrairement à Doumergue qui arrivait partout en retard, le nouveau président est d'une ponctualité parfaite.

Aussi, dès trois heures moins vingt, le bureau de l'association, au grand complet, Claude Farrère en tête, se retrouve-t-il sur le perron pour y attendre l'automobile présidentielle, en provenance de l'Élysée. Quelques minutes auparavant, Farrère est remonté dédicacer un exemplaire de luxe de son dernier succès, *La Bataille*, avant de le confier à sa femme, avec pour mission de le remettre en temps utile au président. Profitant de l'occasion, un visiteur en avance a tendu au Maître un exemplaire ordinaire, pour dédicace.

« Quel est votre nom ? » a demandé un Claude Farrère pressé, un peu agacé par le contretemps.

L'homme lui a tendu sa carte : « Paul Brède », avec comme mention « écrivain-journaliste combattant ». L'auteur a donc noté : « À Paul Brède, en tout cordial hommage ». Puis il a rendu l'ouvrage signé à cet homme étrange, et n'a pu se défendre d'une impression désagréable : avec son costume défraîchi, sa carrure trop forte et ce visage imprécis barré par des lunettes noires, l'homme lui a déplu. Farrère aurait dû s'écouter davantage : en réalité, le « Paul Brède » en question s'appelle Paul – ou Pavel – Gorguloff.

C'est lui qui s'apprête à assassiner le président Doumer.

*

Dans la cour de l'Élysée, l'automobile du président se range près des marches. Paul Doumer ne tarde pas à s'y installer. Il paraît de bonne humeur, et affiche un air vaguement ironique derrière sa belle moustache blanche et sa barbe – tout aussi blanche – taillée en pointe. Il plaisante même avec le capitaine de vaisseau Le Bigot, son aide de camp pour la Marine : « Commandant, nous allons naviguer de conserve ! »

L'officier répond sur le même registre : « Monsieur le président, nous pouvons quitter le vaisseau amiral : il est affourché à quatre ! »

Ce qui, dans le jargon des marins, signifie que le navire est solidement ancré – le « vaisseau amiral » étant, évidemment, l'Élysée. Le président sourit, et se tournant vers son aide de camp pour l'Air : « Hein, l'aviateur ! fait-il. Est-ce que vous employez vos termes, vous, comme le marin ? »

Sur quoi la limousine quitte doucement la présidence et remonte vers Saint-Philippe-du-Roule. Décidément, le chef de l'État semble détendu, même s'il ne se départit jamais d'une certaine gravité. Son humeur badine s'explique par une journée commencée sans gros souci : il est à l'heure, ne déplore aucun dossier en retard – il est vrai qu'il ne dort que quatre à cinq heures par nuit – et se dit que, dans quelques jours, il fêtera son premier anniversaire à l'Élysée. Que de chemin parcouru ! Il se souvient de son père, simple poseur de rails aux Chemins de fer, et qui serait si fier de voir aujourd'hui son fils parader au sommet de l'État… Lui-même a été apprenti chez un médailler avant de suivre des cours du soir et d'enseigner les mathématiques, puis de passer de l'enseignement au journalisme et du journalisme à la politique… Doumer a grimpé ainsi, à la force du poignet, jusqu'à la magistrature suprême. Comment ne pas en éprouver un orgueil légitime ?

En vérité, sous ce contentement de surface, le président dissimule une tristesse de fond. Oui, cet homme de soixante-quinze ans est las, presque désabusé, fatigué d'avoir tant travaillé – et tout donné à la Patrie. Sur les cinq fils qu'il a élevés, quatre sont tombés au champ d'honneur pendant la guerre de 14-18… Si encore il avait le sentiment d'avoir œuvré de la sorte au bien commun ! Mais il sait pertinemment qu'en ce début des années 1930, face à la crise économique, au durcissement politique et social, face surtout aux multiples tensions diplomatiques, son rôle en tant que président de la IIIe République est quasiment insignifiant. À l'époque, en France, la politique, la vraie, se fait à la Chambre. Le Conseil des ministres n'obéit qu'aux députés. Quant au président, il est tout juste bon, selon l'expression consacrée, à « inaugurer les chrysanthèmes ». Ce que M. Doumer fait du reste à merveille, avec une résignation louable : rien que dans cet après-midi du 6 mai, il enchaînera inaugurations, remises de décorations et visites de charité.

*

L'hôtel Salomon de Rothschild est en vue, la voiture n'en est plus qu'à « quelques encablures », comme dirait le capitaine Le Bigot. C'est ici que

Paul Doumer a rendez-vous avec son destin. Comme son prédécesseur, il n'aime pas trop les mesures de sécurité, et s'applique à les alléger par souci de simplicité. Il y a quelques semaines, lors d'une inauguration en Seine-et-Oise – nos Yvelines –, il s'est étonné des forces déployées pour le protéger, et a même eu cette réflexion : « À mon âge, après tout, ce serait une belle fin que de mourir assassiné. » Coïncidence ou prémonition ?

Il paraît que, le soir même de son élection, le nouveau président aurait confié à son entourage le sentiment intime qu'il ne finirait pas son mandat...

À quinze heures sonnantes, la voiture entre dans la cour de l'hôtel particulier. Le président, qui n'a plus que quelques minutes devant lui, en descend dignement ; il s'approche du petit groupe des organisateurs. Il connaît très bien Claude Farrère : l'écrivain a fait un long séjour en Indochine à l'époque où lui-même en était le gouverneur général. Le cortège présidentiel, grossi de quelques personnalités officielles, s'engouffre dans l'ample vestibule et gravit l'escalier à double révolution conduisant à l'entresol, où sont réunis les auteurs. Le président salue courtoisement, serre des mains, glisse un mot gentil à l'un, pose une question flatteuse à l'autre – bref, la routine pour un chef d'État... M. Doumer pousse la sollicitude jusqu'à acheter quelques ouvrages, qu'il tient absolument à régler sur ses propres deniers. Quinze heures dix. Plus que quelques secondes avant que tout ne bascule... Le président et sa suite entrent dans la deuxième salle – celle du drame – et parviennent à hauteur de la table de Claude Farrère. Comme prévu, l'épouse de l'écrivain tend au chef de l'État l'exemplaire dédicacé par son mari ; M. Doumer tient encore à payer l'ouvrage, ce dont l'auteur s'offusque : « Non, non... Songez qu'on va vous bombarder de volumes ! Il faut vous montrer économe. »

Ce sera leur dernier échange. On entend quatre coups secs, quatre détonations métalliques. Le président dit curieusement « Tout de même ! » et s'effondre sur le sol, sans que l'on puisse le retenir. Après le deuxième coup de feu, Claude Farrère a eu le réflexe de détourner de son mieux l'arme du meurtrier ; du coup, lui-même a reçu la troisième balle dans l'épaule, provoquant un saignement abondant. La quatrième est allée se ficher dans le décor, sans toucher quiconque… Qu'importe : les deux premières ont atteint le président presque à bout portant. Des inspecteurs de la Sûreté ont aussitôt maîtrisé l'assassin qui, à présent, se débat… La salle est saisie d'effroi, sans pour autant céder à la panique. Quelques dames ont crié, mais l'assistance, dans l'ensemble, est restée figée dans un silence consterné.

« Laissez-moi passer, je suis médecin », dit un homme en se frayant un chemin vers le président.

Paul Doumer est étendu au sol, raide, le visage blême, les traits crispés, la barbe ensanglantée. Le médecin l'ausculte brièvement, puis se relève en lançant, d'une voix étranglée : « Mesdames, messieurs, le président est mort. »

*

En réalité, ce médecin se trompe : le chef de l'État est grièvement blessé, certes, mais pas mort. Pas encore… On décide de le transporter au plus vite à l'hôpital Beaujon qui, à l'époque, se trouve presque en face. Les internes de service constatent que le malheureux a reçu deux balles, l'une à la base du crâne, l'autre à l'aisselle droite – une blessure bien mauvaise, car en sectionnant l'artère humérale, ce deuxième coup a provoqué une hémorragie considérable. Le président a déjà perdu au moins deux litres de sang, il est transfusé d'urgence. L'interne déjà s'apprête à recoudre l'artère endommagée, ce qui aurait peut-être pour effet de sauver le grand blessé – seulement Mme Doumer, jointe au téléphone, interdit que l'on opère son mari en l'absence du professeur Gosset, le grand chirurgien du moment. Grave contretemps : Gosset, qui opérait ailleurs, n'arrivera au chevet du mourant qu'à dix-sept heures !

Le soir, le président reprend toutefois connaissance. Il ouvre lentement les yeux et demande, tout simplement : « Qu'est-il arrivé ? »

À son chevet, on est bien embarrassé.

« Un simple accident d'auto, monsieur le président.

— Comment cela ? On me conduit toujours si bien… »

Et il ajoute, tout à fait fidèle à sa réputation d'homme de devoir : « Dommage, nous avions une après-midi chargée… »

Puis il demande à voir sa femme, Blanche… Un peu plus tard, il semblerait qu'il ait recouvré la mémoire, se souvenant qu'on lui a tiré dessus. Il aurait prononcé les mots suivants – même s'ils paraissent « trop beaux pour être vrais » : « Ce n'est pas un Français, n'est-ce pas ? »

À deux heures et demie, le matin du 7 mai, le président entre dans le coma. À quatre heures vingt, il agonise, pour s'éteindre dix-sept minutes plus tard.

À l'issue des obsèques nationales, célébrées en la cathédrale Notre-Dame de Paris, son épouse refusera qu'on l'inhume au Panthéon.

« Je vous l'ai laissé toute sa vie, dira-t-elle ; maintenant c'est à vous de me le laisser. »

Paul Doumer est enterré sobrement au cimetière de Vaugirard, aux côtés de ses quatre fils morts pour la France.

*

Maintenant, une même question agite tout le monde, de haut en bas dans la hiérarchie policière : le président a-t-il été victime d'un complot ? L'assassin, Paul Gorguloff, a pu être interrogé au bureau de police de la place Saint-Philippe-du-Roule, où il a été conduit après les faits. On apprendra ainsi de ce Russe de trente-sept ans, originaire d'une famille de paysans aisés du Caucase, qu'il s'est illustré dans un régiment cosaque pendant la Grande Guerre, obtenant même la croix de Saint-Georges pour ses faits d'armes. Mais personne ne parvient à établir une fois pour toutes son attitude au moment de la révolution bolchevique : lui dit avoir soutenu d'abord le gouvernement Kerenski, avant de passer à la contre-révolution. D'autres affirment qu'il aurait travaillé pour la police d'État du nouveau régime soviétique…

Une chose paraît certaine : il est antimonarchiste et partisan d'un « fascisme à la russe ». Plus ou moins médecin, il a pratiqué des avortements en Tchécoslovaquie avant d'en être expulsé pour exercice illégal de la médecine, et de trouver asile à Paris, puis à Monaco où il a dépensé son pécule aux tables du casino. Il a quitté la Principauté le 4 mai, on l'a vu dès le 5 au matin prier à Notre-Dame ; le 6, il s'est fait délivrer un carton d'invitation pour le salon des Écrivains ; puis il semble avoir attendu une heure dans les cafés des environs…

À l'aspect chaotique de ce parcours s'ajoutent bien des flottements quant au mobile : Gorguloff affirme avoir agi seul, tout en revendiquant un acte politique si l'on en croit ses déclarations semi-délirantes, reprochant notamment à la France de ne pas être intervenue à temps contre les Bolcheviks. Fasciné par les crimes politiques – et notamment par le meurtre de Jaurès – Gorguloff ira jusqu'à se présenter à la police comme le *leader* d'un mystérieux « Parti vert », dont l'enquête établira qu'il a été fondé à Prague et n'a jamais compté qu'une poignée d'adhérents – moins de huit à coup sûr !

« Mon Parti vert, c'est le parti des paysans ! clame le meurtrier. Je suis fils de paysans et homme de lettres. J'ai écrit des scénarios pour le cinéma. J'ai voulu attirer l'opinion des Français sur le martyre de ma patrie. »

*

Dans la poche de l'assassin, on retrouve un papier de sa main, daté de la nuit précédant le crime, écrit dans un hôtel borgne de la rue Victor-Massé. Cela s'intitule : « Mémoires du docteur Paul Gorguloff qui a tué le président de la République française » et prouve amplement la préméditation. Pour autant, « préméditation » ne veut pas dire « complicité ». Or, l'enquête ne permettra d'établir aucun lien avec de quelconques réseaux politiques – qui aurait bien pu, du reste, avoir intérêt ou simplement envie d'attenter aux jours du sage Paul Doumer, aussi consciencieux et droit que foncièrement inoffensif ?

La triste réalité, c'est que l'assassin paraît avoir agi sous l'effet d'un dérangement mental que lui-même va reconnaître : « J'étais comme dans un sommeil démoniaque. J'ai tiré sans viser. M. Doumer est une victime de la guerre politique, moi aussi... »

Il ajoute : « Vous ne connaissez pas les dimensions de mon cœur, de mon foie. Comment pouvez-vous connaître mon âme ? Vous ignorez mon âme ! »

*

Le procès de Paul Gorguloff s'ouvre devant les assises de la Seine dès le 25 juillet de cette année 1932 ; il ne dure que trois jours – l'affaire n'est-elle pas entendue ? La seule vraie question est de savoir si Gorguloff avait toute sa conscience au moment des faits, et si la démence pourrait être plaidée – ce qui lui permettrait de « sauver sa tête ». Mais le ministère public ne saurait envisager une telle hypothèse : la raison d'État veut que ce crime soit le fait d'un vrai coupable, agissant avec préméditation, et méritant donc la mort.

L'exécution a lieu le 14 septembre de la même année, en public, comme c'est encore la coutume. La guillotine a été dressée sur le boulevard Arago, devant la porte de la prison de la Santé. Les carnets d'exécutions du bourreau Deibler rapportent la seule parole prononcée par Gorguloff alors qu'on le conduisait au supplice : « Oh, sainte Russie ! »

Une ultime oraison, sans remords ni regrets, et qui se révèle conforme à ce drame : absurde…

D'Aurillac à l'Élysée

Le destin de Paul Doumer est exemplaire à plus d'un titre, rappelle l'historien Amaury Lorin[1]. Son père, poseur de rails, est mort assez jeune. Sa mère est alors montée à Paris, comme beaucoup d'Auvergnats de l'époque, et a placé son fils âgé de douze ans en apprentissage, rue de Turenne, chez un fabricant de médailles. Une expérience forte, qui marquera Paul à jamais : lorsqu'il sera devenu président, l'une de ses premières visites sera pour cet atelier parisien où il a passé sa jeunesse. Tous les employés seront là, et la vieille concierge résumera parfaitement la vie de l'illustre visiteur avec ces mots : « Le gamin est allé loin ! »

Ayant quitté la blouse, le jeune Doumer suit des cours du soir aux Arts et Métiers, et passe son baccalauréat. Pour épouser sa femme, il doit obtenir une licence, condition posée par son futur beau-père ! Il devient alors professeur de mathématiques, puis se tourne vers le journalisme en lançant un journal, *La Tribune de l'Aisne*, dans la région de son épouse. La presse lui sert de tremplin vers la politique ; il est élu député. Sa formation scientifique assoit sa crédibilité : il devient l'un des seuls parlementaires

1. Auteur de *Paul Doumer, gouverneur général de l'Indochine (1897-1902)*, éd. L'Harmattan, 2004.

capables de lire un bilan comptable. À tel point que, radical-socialiste et franc-maçon, il est nommé en 1895 – à trente-huit ans – ministre des Finances dans le gouvernement de Léon Bourgeois. Sa proposition audacieuse d'instaurer un impôt sur le revenu – cela n'existait pas encore – lui attire les foudres de la droite, et entraîne la chute du cabinet.

La classe politique l'envoie alors en Indochine comme gouverneur général, avec pour mission de redresser les finances locales… et l'espoir caché que les fièvres emporteront ce trop bouillant réformateur. En cinq ans, le méthodique Doumer organise l'Union indochinoise, déplace la capitale de Saigon à Hanoi, engage des travaux titanesques, prélève des impôts efficaces – et finalement, transforme son exil en un véritable tremplin politique : lorsqu'il rentre en France, c'est auréolé d'un véritable prestige.

S'appuyant sur ses réseaux coloniaux et affermissant son discours, il s'attaque alors aux sommets du régime : son nom est avancé pour gouverner l'Algérie, puis la France elle-même, en tant que président du Conseil ! Paul Doumer s'éloigne discrètement des radicaux et tient les francs-maçons à distance ; il redevient ministre, puis président du Sénat – premier pas vers la magistrature suprême. La mort de ses fils, au front, l'auréole définitivement aux yeux des Français, traumatisés par la tuerie de 14-18 et désormais proches, affectivement, de M. et Mme Doumer, ce couple de notables si terriblement meurtri par la guerre.

L'entrée de Paul Doumer à l'Élysée ne sera plus que le couronnement d'une carrière menée sans faute.

23

Antonin Carême et la grande cuisine

La gastronomie française vient d'être inscrite par l'Unesco sur la liste du patrimoine immatériel de l'humanité. S'appuyant sur un savoir-faire unique au monde, elle est, depuis le XVIII*e siècle, le fruit du travail et de l'invention d'une longue lignée de chefs, au premier rang desquels règne en majesté Marie-Antoine, dit Antonin, Carême, le cuisinier des rois... le roi des cuisiniers.*

Ce grand destin, ce conte de fées, commence comme l'histoire du Petit Poucet. Marie-Antoine est né parmi les plus humbles, à la toute fin de l'Ancien Régime – en 1784 –, dans les baraquements insalubres d'un chantier de la rue du Bac, à Paris. Son père est tâcheron, c'est-à-dire payé à la journée – quelques sous – pour des travaux ingrats. La famille compte une ribambelle d'enfants ; autant dire qu'on n'y mange pas tous les jours à sa faim – surtout dans les temps troublés de la Révolution ! Antonin passe sa prime enfance au milieu des planches et des gravats, jouant sur des échafaudages de fortune et apprenant à se débrouiller comme l'ont toujours fait les enfants pauvres... L'époque est rude, la misère s'installe : la Révolution s'éternise, il n'y a plus de charité organisée – les congrégations religieuses ont été dispersées – et l'approvisionnement des villes devient de plus en plus aléatoire. Paradoxalement, c'est dans ce temps même – et spécialement sous le Directoire – que se constituent des fortunes considérables. C'est que la richesse nationale change de main : elle passe tout simplement de la noblesse et du clergé à la bourgeoisie. Et comme en toute époque de changement, des opportunités s'ouvrent aux plus chanceux… ainsi qu'aux plus gros travailleurs.

Plus le jeune Antonin grandit en taille et en malice, plus il devient évident qu'au sein de la fratrie, c'est lui qui possède le plus de chances de s'en sortir. À dix, onze ans, il se révèle déjà fin, astucieux, rapide, avec de grands yeux qui ont l'air de tout comprendre, de tout saisir du premier coup. Son père en est convaincu : il faut lui donner sa chance. Alors il lui prépare un balluchon, le prend par la main, et, d'un pas lourd, le conduit vers une des barrières de Paris – ces anciens postes d'octroi des fermiers généraux, par lesquels on entrait dans la capitale. Il faut imaginer ce brave père Carême, pauvre homme rongé par la misère, dévisageant son petit garçon pour la dernière fois. Il fixe Antonin, et au moment de prononcer quelques mots d'adieu, sent sa gorge se serrer : « Allez, va, petit, y a de beaux métiers dans le monde, crois-moi… La misère, c'est notre lot, à nous autres. Nous devons y mourir. Mais toi – toi, c'est différent. Par les temps qui courent, on peut faire fortune, c'est sûr ! Suffit d'avoir de l'esprit. Tu m'entends, petit ? Tu vas réussir, tu verras ! Avec ce que le bon Dieu t'a donné… et ce que j'y ajoute… » Il glisse quelques pauvres pièces dans la paume de l'enfant.

Le père Carême est bien conscient qu'il est en train d'abandonner son garçon ; mais au fond de lui, il essaie de se convaincre que ce qu'il fait, il l'accomplit pour le bien d'Antonin. Et comme souvent dans les moments graves, c'est l'enfant qui va se montrer le plus courageux des deux : il prend sur lui, Antonin, il retient ses larmes… Un dernier baiser. Voilà le gamin parti pour le vaste monde, avec pour tout bagage une belle confiance en soi. « Quoique né de l'une des plus pauvres familles de France, écrira-t-il plus tard, d'une famille qui a compté vingt-cinq enfants, quoique mon père pour me sauver m'ait littéralement jeté à la rue, la fortune m'a souri rapidement. Et une bonne fée m'a souvent pris par la main pour me mener au but. »

*

Cette *bonne fée*, Antonin s'attache à elle ; il y croit pleinement, en dépit des premiers jours d'errance qui le ballottent de réduit en abri, de rebuffade en rejet. Mais avant que la rue n'ait eu le temps de le pervertir, il va finir par trouver un foyer – au sens propre : du feu pour se chauffer et se nourrir. L'enfant a échoué chez un aubergiste, un brave homme qui lui apprendra les rudiments de son métier, et lui en réservera les corvées : éplucher des oignons, désosser la viande, manier les lourdes poêles aux manches brûlants… Or, le « petit » apprend sans peine et comprend vite.

Pendant plusieurs années, Antonin va mener ainsi la rude vie des apprentis. Il se lève aux aurores, travaille presque sans cesse et se couche tard, sans avoir eu le temps de seulement mettre le nez dehors. Ce sont de dures conditions ; mais quand on a connu la misère la plus noire, le moindre statut semble providentiel. Le jeune homme se montre doué et possède rapidement la maîtrise des préparations, des cuissons, des sauces – au point de bientôt pouvoir « en remontrer » à son patron ! Comment, dès lors, ne rêverait-il pas de nouveaux horizons ? Après plus de quatre ans d'apprentissage, il intègre une « bonne maison » – peut-être la meilleure de l'époque : le traiteur et pâtissier Sylvain Bailly, rue Vivienne, qui fournit les tables les plus prestigieuses de Paris. Quel chemin parcouru, déjà, depuis qu'il a quitté sa famille !

Antonin pourrait s'estimer comblé ; ce serait mal le connaître. Pour cet adolescent dévoré d'ambition, les cuisines de Bailly ne sont qu'un point de départ, l'antichambre de ce qu'il envisage d'ores et déjà comme une grande carrière. Sa curiosité est insatiable, son inventivité phénoménale – avec un goût particulier pour l'édification de véritables monuments de nougat, de sucre ou de pâte d'amandes. Il y a chez lui comme une vocation rentrée d'architecte. Son patron, Sylvain Bailly, a remarqué ce regard vif, ce talent qui ne demande qu'à éclore. Il a même surpris Antonin en train de tracer des plans et de dessiner de savantes compositions. Il n'a pu s'empêcher d'admirer ces croquis tracés à la diable à l'aide de crayons de fortune. Bailly est un maître : il subodore le potentiel inouï du jeune homme et lui permet d'aller jeter un coup d'œil à l'occasion dans le saint des saints : le prestigieux Cabinet des Estampes de la Bibliothèque de la Nation – elle ne s'appelle pas encore Bibliothèque nationale de France – sise non loin de la boutique du traiteur. Là, le jeune passionné d'architecture pourra étudier, examiner et copier à loisir les créations de Blondel, de Soufflot, de Ledoux... Pour lui, la révélation sera décisive : par le biais de la pâtisserie, il va pouvoir enfin donner libre cours à sa passion naturelle, à ce goût pour l'architecture qu'il a contracté, peut-être, sur les chantiers de son enfance. Donner aussi de l'amplitude à ce sens du faste et de l'éclat, à cet esprit de grandeur qui caractériseront ses créations. « Les beaux-arts sont au nombre de cinq, analyse-t-il. À savoir : la peinture, la sculpture, la poésie, la musique et l'architecture, laquelle a pour branche principale la pâtisserie. »

*

Très vite, Antonin Carême invente ce qui fera de lui le maître des tables d'apparat : ces fameuses pièces montées de toutes sortes, ces ensembles tout à la fois spectaculaires... et comestibles. Élaborées en sucre, en pâte d'amandes ou en génoise, les pièces du jeune Carême remplaceront élégamment les surtouts d'argent ou de porcelaine au centre des tables et des buffets – mieux : elles se marieront avec eux pour former de somptueux ensembles décoratifs, pouvant atteindre plusieurs pieds de haut ! L'imagination de l'artiste se déchaîne : sous ses mains apparaissent des édifices de sucre hautement élaborés, qui prennent la forme de villages entiers, de pagodes, de palais avec leurs pavillons, leurs fontaines et leurs petits ponts... Bientôt les clients se pressent devant les vitrines de Bailly pour y admirer des chefs-d'œuvre sans cesse renouvelés. À seulement dix-sept ans, Antoine est déjà « premier tourtier ». Il a pour chef et maître le plus célèbre pâtissier de ce temps, Jean Avice qui, sous l'Ancien Régime, a déjà beaucoup fait progresser son art. Une fois par semaine, Avice s'installe dans les cuisines de l'hôtel de Galliffet, alors ministère des Relations extérieures, où se donnent les grands dîners de celui auquel Bonaparte a délégué les formes du pouvoir : un certain M. de Talleyrand.

Le ministre joue un rôle primordial dans le maintien de cette tradition raffinée, dans le respect de cet art de recevoir « à la française » qui, sans lui, aurait pu disparaître avec la Révolution. Le duc de Talleyrand-Périgord, ancien évêque, futur prince de Bénévent, est resté jusqu'au bout des ongles un homme de l'Ancien Régime. Et puisqu'il dispose des moyens presque illimités que lui a concédés le Premier consul, Talleyrand s'est donné comme défi de maintenir les vieilles et grandioses traditions de l'ancienne monarchie française. Ce qui veut dire qu'un dîner chez lui – qui commence sur les coups de dix-huit heures – est réglé comme un savant ballet où, sous l'autorité de l'ancien maître d'hôtel des fameux princes de Condé, évolue une armée de majordomes et de valets. On peine à imaginer la splendeur inouïe des décors de table : vaisselle d'argent, couverts en vermeil, nappes brodées, cristallerie fine et vins extraordinaires. Sans oublier l'essentiel : des mets d'une finesse exquise, d'une originalité à perdre la tête. Pour le jeune Antonin, c'est le paradis. Sa religion est faite : désormais, c'est à cette école-là qu'il lui faudra se mesurer.

*

En attendant, il est cantonné dans l'enfer des cuisines, ce qui n'a rien d'une partie de plaisir. « L'envers du décor rougeoie comme les feux de l'enfer, écrira-t-il plus tard. Qu'on se figure être dans une grande cuisine comme celle des Relations extérieures lors des grands dîners, et y voir une vingtaine de cuisiniers dans leurs occupations pressantes, allant, venant, agissant et tous aussi pressés les uns que les autres, eh bien, tout cela agit avec célérité dans ce gouffre de chaleur. Regardez une voie de charbon embrasée sur la paillasse pour la cuisson des entrées, puis encore une voie sur les fourneaux pour les potages, les sautés, les ragoûts, les fritures, le bain-marie. Ajoutez à cela un quart de voie de bois embrasé devant lequel tournent quatre broches dont l'une tournant une espèce d'aloyau de quarante-cinq à soixante livres, l'autre un quartier de veau du poids de trente-six à quarante-cinq livres, deux autres pour la volaille et le gibier, eh bien, le croira-t-on ? Dans ce brasier tout le monde agit avec promptitude ; un souffle n'est pas entendu ; le chef seul a le droit de se faire entendre et, à sa voix, tout obéit. Enfin, pour mettre le comble à nos souffrances, pendant à peu près une demi-heure les portes et les croisées sont fermées afin que l'air ne refroidisse pas le service. À peine peut-on y respirer… »

À l'hôtel de Galliffet, Carême croise parfois le duc de Talleyrand qui, après avoir servi l'Ancien Régime, la Convention, le Directoire, le Consulat puis l'Empire, servira encore la Restauration et même, après 1830, la monarchie de Juillet ! Invraisemblable salamandre politique que ce bonhomme, qui fait preuve en revanche d'une rare fidélité pour assurer le prestige de sa table. Il vient lui-même prendre des nouvelles de chacun, soutirer quelques informations aux laquais, et surtout participer à l'élaboration des dîners de prestige. Homme de goût, il aime la bonne chère et exige les plus beaux mets de France : foies gras d'oie de Strasbourg, foie gras de canard de Toulouse, terrine de Nérac, mortadelle de Lyon, saucisson d'Arles…

Au contact de cet homme raffiné et de sa Maison, Antonin Carême, sorti du ruisseau, entrevoit de toutes nouvelles perspectives. Ses yeux furètent de tous côtés, remarquent le moindre tour de main, la plus petite astuce de cuisine et une fois rentré dans sa modeste chambre, le soir, il consigne dans des cahiers le fruit de ses observations, et se constitue ainsi un corpus extraordinaire, pratique digne d'un encyclopédiste. Plus tard, il en tirera d'ailleurs des livres qui feront sa fortune et forgeront sa gloire à l'étranger aussi. Ainsi du *Pâtissier royal parisien*, paru dès 1810, ou encore du *Maître d'hôtel français* – des best-sellers pour l'époque, et qui le feront entrer dans l'Histoire. Talleyrand, qui l'a vite remarqué, l'emmène avec lui dans son nouveau château de Valençay. Il le pousse à raffiner encore sa cuisine, en lui conseillant de travailler avec les produits de saison et les légumes frais, grande nouveauté pour l'époque. Pour Carême, c'est la consécration : le prince de Bénévent, impressionné par son remarquable talent, le considère quasiment comme un pair.

*

En 1815, l'empereur Napoléon Ier cède le trône au roi Louis XVIII. Après avoir régalé les participants couronnés du congrès de Vienne, Antonin en profite pour prendre le large et parcourir l'Europe. Ne le réclame-t-on pas sous toutes les latitudes ? Le roi des fourneaux, premier grand chef de l'histoire de la cuisine française, fait le tour des cours occidentales. Il passera d'abord deux ans à Londres, au service du prince régent – le futur roi George IV –, auquel, tous les matins, il prend la peine d'expliquer chaque mets, puis répond à l'invitation de l'empereur Alexandre Ier de Russie ; on le retrouve ensuite chez la princesse Bagration, puis de passage chez l'empereur d'Autriche François Ier, enfin à Vienne chez lord Stewart. En réalité, il ne s'installe vraiment nulle part. À Londres, il s'ennuie et se lasse du temps gris ; à Saint-Pétersbourg, au service du tsar, il s'estime trop surveillé ; chez lord Stewart, il juge que l'on manque de personnel. Et finalement, le cuisinier nomade revient se fixer à Paris. Louis XVIII, peu rancunier envers ce grand serviteur de l'Empire, lui octroiera le rare privilège de s'appeler « Carême de Paris ».

Devenu riche et célèbre, Antonin va consentir à servir le baron de Rothschild et à faire de sa table la première d'Europe. Mais lorsque celui-ci prétend l'emmener au château de Ferrières pour y régenter des fourneaux flambant neufs, le chef ne se laisse pas faire : il s'offre le luxe de refuser l'offre du banquier ! Toujours le même souci, la même obsession, peut-être, de liberté, d'indépendance.

Carême, en vérité, nourrit de tout autres ambitions ; il caresse l'idée d'une grande entreprise : publier tout son immense savoir dans une vaste encyclopédie. Plus de temps à perdre : après trente ans d'un véritable sacerdoce, Antonin sent décliner sa santé. « J'ai encore à publier un livre, déclare-t-il, sur l'état entier de ma profession à l'époque où nous sommes. » Il veut rédiger l'ouvrage de sa vie, un « art de la cuisine française », une somme dont il va trouver le temps, tout juste, de signer trois premiers tomes sur les cinq qu'elle contient.

Puis Antonin Carême tire sa révérence... Il s'éteint à quarante-huit ans, en 1833, en dictant les derniers feuillets de son anthologie, intoxiqué par les fumées malsaines du charbon de bois qu'il n'aura cessé d'inhaler toute sa vie. « Le charbon nous tue, qu'importe ! lançait-il. Moins de vie, plus de gloire ! » Elle ne lui fit jamais défaut.

L'âge d'or du service à la française

Carême était un vrai génie, si l'on en croit sa biographe Béatrix de L'Aulnoit[1]. Il a tout inventé, jusqu'à la fameuse toque des chefs, lors de son séjour à Vienne chez lord Stewart – un emblème toujours porté dans les brigades actuelles. Les cuisiniers se coiffaient d'un bonnet de coton, très semblable au bonnet de nuit, et pour Carême, cette image d'homme endormi ou souffrant était incompatible avec la fonction du maître queux, qui travaille une matière vivante, censée donner du plaisir et réveiller les sens ! De même, Carême est à l'origine d'une cuisine plus légère, presque diététique avant l'heure : lorsqu'il se trouve au service du prince régent d'Angleterre, atteint d'une forte goutte, le chef travaille autour de menus spécifiques, supprime les sauces, évite de mélanger des mets différents, sert des potages… Au bout de six semaines de ce régime sur mesure, on voit le prince repartir à Londres à cheval, lui que l'on devait porter en civière à la Chambre des lords !

Le roi d'Angleterre, le tsar de Russie et toutes les cours d'Europe s'arrachent Carême à prix d'or. La cuisine française est alors à son apogée : le

1. Auteur, avec Philippe Alexandre, de *Le Roi Carême*, éd. Albin Michel, 2003.

monde entier vient à Paris pour se régaler, car la capitale est la seule au monde à compter de grands restaurants – d'où l'expression « faire la tournée des grands ducs » qui date de cette époque. Il faut imaginer ces grands services à la française, si prisés par Carême, où son goût pour l'art culinaire pouvait étinceler dans une parade alléchante : tous les plats – parfois une cinquantaine – arrivent intacts sur les tables, et chacun peut choisir à sa guise, comme pour un grand buffet. À charge pour le maître d'hôtel de découper selon les goûts des convives, selon un travail très étudié, théâtral même, car chargé de toute une mise en scène. À domicile, c'est le maître de maison qui prend en main les couverts et sert ses invités, aidés par les valets.

Mais très vite le service à la russe s'impose en Europe – à savoir le service à l'assiette avec les plats découpés à l'office. Plus pratique et moins cher, il permet à tout un chacun de manger enfin chaud ! Cette nouvelle règle est tellement appréciée qu'elle est adoptée dans les restaurants et les foyers domestiques, et c'est elle qui perdure encore de nos jours. Pendant tout le XIXe siècle, dans certains restaurants de haut rang, les anciens élèves de Carême, en fidèles disciples, vont tout de même continuer à perpétuer le service à la française – notamment au *Café anglais*. Sommet du raffinement, les menus présentés dans les cabinets particuliers précisent que le repas peut être servi à la française ou à la russe, selon les goûts. Il nous reste une tradition héritée de ce fameux service à la française : la découpe de la volaille entière par le maître de maison, sur la table familiale, un art que tout garçon de bonne famille se devait de respecter – et auquel excellait, paraît-il, le général de Gaulle à la table privée de l'Élysée.

24

Le temps des cerises…

La Commune de Paris, c'est l'histoire d'un printemps interrompu. Une saison amère et douce à la fois, baignée de lumière et peuplée d'ombres. Du 18 mars au 28 mai 1871, les Parisiens affamés, excédés, humiliés ont cru possible une révolution pas comme les autres. Cette fois, se disait le Paris populaire – celui des ouvriers, des artisans, des fonctionnaires – la révolution allait être pratique et concrète. La fièvre populaire qui la portait, aussi soudaine que sanglante, soutenait un programme extrêmement hardi, comprenant le droit de vote des étrangers, la réquisition des logements inoccupés et la possible révocation des élus ! Mais le rêve se fracassera dans les fusillades…

En ce printemps 1871, la France est à genoux. Six mois plus tôt, Napoléon III a perdu – à plate couture – la guerre contre les Prussiens, et le Second Empire s'est effondré comme un château de cartes. Le gouvernement « de défense nationale », chargé de sauver ce qui pouvait l'être, n'a pas pu stopper l'invasion prussienne. Et en février 1871, la France a dû accepter l'armistice, ratifié par une assemblée toute neuve, réunie exprès à Bordeaux. Il s'agit d'une assemblée conservatrice et même monarchiste, issue des votes des campagnes, bien loin de l'état d'esprit qui règne à Paris – capitale exsangue, affaiblie par cinq longs mois de siège. Suprême offense : le 1er mars, avant de rentrer en Allemagne, les vainqueurs défilent dans la capitale, sous les yeux d'habitants harassés, hagards. Dès ce jour, les élites de la nation – bourgeois fortunés, hauts fonctionnaires favorables au nouveau régime – ont pris leurs distances avec cette grande ville au bord du gouffre. Tous ceux qui en ont les moyens se tiennent désormais à l'écart du petit « peuple de Paris », réputé si aventureux…

Il est vrai que ce peuple est excédé. À commencer par les gens armés : cette garde nationale sur laquelle les révolutions ont toujours pu compter, et dont les députés de Bordeaux viennent de supprimer la solde – au pire moment ! Les locataires aussi sont furieux : le paiement des échéances, suspendu le temps du siège, vient d'être rétabli – alors que les pauvres gens n'ont plus un sou vaillant. Si au moins les faubourgs pouvaient s'accrocher à l'espoir d'une République enfin proclamée ! Mais au contraire, le pacte dit « de Bordeaux » vient de réaffirmer le caractère tout à fait provisoire du régime républicain. Cette fois, c'en est trop !

En ce début de printemps, tout est prêt dans Paris pour le grand embrasement : on n'attend plus que l'étincelle. Et c'est justement une histoire de canons qui va mettre le feu aux poudres… La garde nationale était en effet parvenue à rassembler deux cent vingt-sept canons – pour la plupart, fondus pendant le siège grâce à des souscriptions privées. C'est dire si la ville tient à ses pièces d'artillerie comme à la prunelle de ses yeux ! Lorsque les Prussiens sont entrés dans la ville, les canons ont été mis à l'abri sur la butte Montmartre, par fierté nationale, afin que les ennemis ne puissent s'en emparer. Or, les gardes nationaux, farouches républicains, se méfient des évolutions politiques en cours : ils décident de se « fédérer » et se dotent même d'un « Comité central ». Des termes qui rappellent 1793…

*

Le nouveau chef de l'exécutif, le grand bourgeois Adolphe Thiers – certes libéral, mais comme peut l'être un ancien Premier ministre de Louis-Philippe – entend désarmer les Fédérés. Le 8 mars, il charge l'armée régulière d'aller récupérer les canons à Montmartre. Seulement l'opération échoue, et la situation devient intolérable pour le gouvernement légal : Thiers souhaite remettre la France au travail et les milieux d'affaires, très inquiets à ses côtés, lui font comprendre que la capitale ne pourra pas respirer tranquillement tant que des républicains incontrôlables garderont deux cent vingt-sept canons armés ! De son côté, la nouvelle Assemblée choisit d'éviter Paris et s'installe par prudence à Versailles.

Thiers, de plus en plus méfiant, installe tout de même son gouvernement dans la capitale, le 15 mars. Et au matin du 18, les Parisiens découvrent les murs de la ville couverts d'affiches gouvernementales, de couleur jaunâtre, appelant la population à l'ordre et au légalisme – contre les insurgés de la Fédération… Qu'on ne s'y trompe pas : de la part de Thiers, il s'agit ouvertement d'une déclaration de guerre. Le chef de l'exécutif envoie immédiatement la troupe prendre possession de Montmartre : le 18ᵉ de chasseurs et le 88ᵉ de marche, avec à sa tête le général Lecomte, grimpent sur la butte. Mais il manque des attelages pour tracter les pièces d'artillerie. De sorte que les troupes attendent, deux, trois heures au soleil. C'est bien long, c'est trop long : les femmes de Montmartre servent du vin et de la bière, on distribue des cerises… Les Fédérés ont le temps de rejoindre les lieux. Le ton monte, Lecomte ordonne le feu ; mais il est trop tard : les soldats mettent crosse en l'air et fraternisent avec le peuple !

Lecomte, maintenant prisonnier par les Fédérés, se voit bientôt rejoint par le général Thomas, qui a été reconnu en civil alors qu'il marchait tranquillement place de Clichy, et arrêté par les insurgés. Tous deux seront fusillés dans la soirée, au fond d'un petit jardin montmartrois déjà tout printanier, parsemé de groseilliers et de clématites…

Pour le gouvernement, c'est un signal : la guerre civile que l'on redoutait menace le pouvoir. Thiers décide d'évacuer complètement Paris ; il contraint le gouvernement, mais aussi l'Administration et le corps diplomatique à se réfugier *illico* dans la vieille cité des rois de France… Il n'est pas rassuré, monsieur Thiers : on raconte que pendant tout le trajet de Paris à Versailles, il passe son temps à la fenêtre de la voiture, criant aux cochers : « Allons, marchez ! Mais marchez donc ! » À Paris, en revanche, à l'annonce de ce départ précipité, la joie s'empare des quartiers populaires. On fait la fête, on se promet un beau printemps, dans ce que Jules Vallès appelle « le soleil tiède et clair qui dore la gueule des canons ».

*

Dix jours après l'exécution sommaire des deux généraux, le 28 mars 1871, une immense estrade parée de tricolore est dressée devant l'hôtel de ville de Paris. La foule des grands jours est là, dense, joyeuse, compacte : celle des ouvriers, des imprimeurs, des boutiquiers, des artistes – sans oublier tous les anciens prisonniers politiques du Second Empire, opportunément relâchés. Sur la tribune, on reconnaît les nouveaux acteurs politiques du moment, le pamphlétaire Maxime Vuillaume, le journaliste Félix Pyat, avec sa barbe et sa tignasse grises ou encore l'austère Delescluze, à barbe blanche en pointe, élu lui aussi au conseil de la Commune. Le maire de Belleville, Gabriel Ranvier, s'avance et crie devant cette masse en liesse : « Au nom du peuple, la Commune est proclamée ! »

Immense ovation… La Commune – autant dire le gouvernement insurrectionnel de Paris – va s'opposer désormais au gouvernement légal de Thiers – celui de Versailles – et mettre en œuvre, sans perdre un jour, un programme proprement révolutionnaire. Dans la belle lumière fine et dorée de ce printemps pas comme les autres, la foule paraît heureuse, soudain pétrie d'espoir après des mois de privations et parfois des années de soumission et de frustration. Pour ces Parisiens, le Grand Soir est arrivé ! Ce dont ils avaient plus ou moins rêvé paraît soudain à portée de main – et tout cela en douceur… Oh, cette révolution naissante, cette petite république affranchie ne prétend pas imposer sa loi au reste du pays, même si elle accueille avec des transports de joie la nouvelle de la proclamation des Communes de Lyon, Marseille, Toulon, Narbonne ou encore Limoges qui veulent prendre modèle sur la capitale… En revanche, le discours se veut bel et bien de vocation universelle, et c'est en cela que la Commune marquera tous les révolutionnaires du futur : les décrets du Conseil de Paris ont d'emblée une portée mondiale et intemporelle.

La Commune de Paris souhaite prendre date et faire exemple : elle adopte, dès les premiers jours, des mesures incroyablement audacieuses, comme la suppression du budget des cultes, la fin du concordat, la laïcisation de l'enseignement, la gratuité de l'école dans certains quartiers, l'adoption du drapeau rouge, la reconnaissance de l'union libre, l'interdiction des journaux jugés trop conservateurs… Dans le même temps, la politique restant ce qu'elle est, pas moins de quatre cent trente-sept personnes sont emprisonnées – dont l'archevêque –, toutes qualifiées d'« ennemis du peuple », comme on les appelait en d'autres temps… Le nouveau préfet de police, Raoul Rigault, reçoit le titre de procureur de la Commune, rappelant les heures les plus sombres de la première Révolution. Anticlérical assez hargneux, il ne s'encombre guère de préjugés et mène parfois ses interrogatoires avec un zèle frôlant la caricature.

Il interroge ainsi un prêtre :

« Quelle est votre profession ?

— Serviteur de Dieu.

— Et où habite votre maître ?

— Partout.

— Inscrivez, dit-il, au greffier : "se prétend serviteur d'un nommé Dieu qui, du propre aveu de l'inculpé, est en état de vagabondage !" »

Le bras droit de Rigault – le substitut du procureur de la Commune – s'appelle Théophile Ferré ; c'est un petit homme à lorgnon et barbe noire, surnommé « Vif-Argent » du fait de son agitation permanente. Selon le périodique *Le Père Duchesne*, il interdira un jour aux aumôniers des prisons « de boire des gouttes tous les dimanches matin, sous prétexte de dire la messe à des gens qui s'en foutent pas mal »… Le ton est donné ! Les anciens partis révolutionnaires refont surface, tel celui des Jacobins, accompagnés de nouvelles formations comme les fédéralistes, les socialistes, ou encore les proudhoniens, blanquistes ou bakouniens… Dans cette ferveur des idées et des réformes, le désordre règne en maître et c'est souvent à qui hurlera le plus fort au sein de clubs assez désordonnés.

Ainsi s'épanouit une période riche, brève et complexe, que l'historien François Furet résumera en ces termes, en 1989 : « Il y a une Commune de tonalité proudhonienne, démocratique et socialiste [...]. Et puis une Commune de salut public, renouant avec la dictature et la loi des otages, la persécution des prêtres et les exécutions sommaires... Les deux images se succèdent dans le temps, mais elles ne se superposent pas strictement à la rivalité entre proudhoniens et jacobins. Dans cette aventure qu'est la Commune, à la fois complexe et ratée, les circonstances dirigent les hommes, beaucoup plus que les hommes, les circonstances. »

*

Du côté de Versailles, le chef du gouvernement légal, Adolphe Thiers, organise évidemment la reprise en main de la capitale. Dès le 2 avril, Versaillais et Communards se battent à Courbevoie. Le lendemain, les Parisiens tentent une percée en direction de leurs ennemis, sous le commandement du très populaire Gustave Flourens. Mais les insurgés sont vite dispersés par les batteries du mont Valérien, aux mains des troupes versaillaises : Flourens est arrêté et aussitôt massacré.

La violence monte d'un cran : la Commune transforme suspects et prêtres en otages, et décide que toute exécution d'un communard captif entraînera celle de trois otages – mesure qui, heureusement, ne sera appliquée qu'à la toute fin du conflit, en dernière extrémité. À Versailles, en revanche, les prisonniers communards sont exposés aux vilenies d'une foule déchaînée, les lynchant parfois sur place. La violence règne partout et les rares bourgeois ou légalistes qui habitent encore Paris essaient tant bien que mal de rejoindre Versailles ou la campagne environnante, avant un dénouement qu'on imagine terrible... Dans la capitale, le grand désordre – ponctué de pillages et de cambriolages – s'accompagne pourtant d'un air de fête permanente. Sous le soleil, les Parisiens courent encore au spectacle – huit théâtres fonctionnent toujours sur les vingt-sept que compte alors la capitale. Et si les représentations sont régulièrement interrompues par des échauffourées politiques, l'ambiance n'en reste pas moins joyeuse ! Au mois de mai, pendant ce fameux « temps des cerises » chanté par Jean-Baptiste Clément, trois grandes fêtes populaires se déroulent aux Tuileries, au profit des blessés et des orphelins de la Commune.

Le 16 du mois, la foule applaudit à l'abattage d'un « monument de la tyrannie » : la fameuse colonne Vendôme, détruite sous les auspices du peintre Gustave Courbet, élu au Conseil. « Un zigzag monstrueux, un nuage de poussière... Tout est fini, décrit le Communard Maxime Vuillaume. La colonne est à terre, ouverte, ses entrailles de pierre au vent. César est couché sur le dos, décapité. La tête couronnée de lauriers a roulé, comme un potiron, jusqu'à la bordure du trottoir. » Pour les Communards, tout semble possible en ce printemps pas comme les autres...

*

Dimanche 21 mai. Les Parisiens envahissent à nouveau les Tuileries pour profiter du jour de l'ouverture de la pêche, prenant d'assaut les quais de Seine. Au loin, tonnent les canons, comme tous les jours... Mais la rumeur gronde, enfle et se fait plus précise : à seize heures, les troupes versaillaises sont entrées dans Paris ! Près de soixante-dix mille soldats loyalistes se sont infiltrés par le bastion du Point-du-Jour, mal surveillé, et par la porte de Saint-Cloud. Adolphe Thiers, flanqué de son état-major, prend position sur le mont Valérien afin d'y suivre personnellement les opérations. La Semaine sanglante peut commencer : en quelques jours, les troupes versaillaises vont reconquérir Paris dans les larmes et les atrocités.

Dès le 22 mai, les ouvriers et les artisans des quartiers de l'Est viennent partout prêter main-forte aux gardes nationaux. Les grandes artères se hérissent de barricades – comme au bon vieux temps… Mais les troupes gouvernementales avancent sans trop de peine et le découragement gagne rapidement les Communards. Le gros des combats se concentre au cœur de Paris, sur la rive droite : la rue de Rivoli, la rue Royale et le faubourg Saint-Honoré. En désespoir de cause, les Communards ont finalement recours au feu : les fameuses « pétroleuses », ces femmes fidèles à la Révolution, incendient de célèbres monuments comme l'Hôtel de Ville, le Quai d'Orsay, le Palais de justice, la bibliothèque du Louvre et bien sûr les Tuileries… Tout ce que la Commune considère comme la source de toute oppression, tous les symboles du pouvoir, de l'ordre et de l'élite partent ainsi en fumée…

Au matin du mercredi 24, la ville n'est plus que brasiers et barricades, où se déroulent des combats sporadiques. Les troupes versaillaises sont composées, pour l'essentiel, de paysans qui se révèlent animés d'une haine profonde contre ces Parisiens insurgés, désormais incendiaires de leurs propres trésors… Les exécutions sommaires de Communards se multiplient. Le préfet de police Rigault est arrêté dans le quartier du Luxembourg : un officier lui ordonne de crier « À bas la Commune ! » et devant son refus, il est tué à bout portant. Mais avant de mourir, lui-même avait donné l'ordre d'exécuter les otages...

Delescluze, de son côté, préfère aller devant une mort certaine en grimpant au sommet de la barricade du Château d'eau, où il se fait faucher par la mitraille. Le 26 mai, la Commune ne tient plus que l'Est parisien : Belleville, Charonne et La Villette. Ce qui n'empêche pas les insurgés d'exécuter encore quarante-neuf otages, tirés de la prison de la Roquette – une effrayante boucherie réalisée en vingt-cinq minutes... Les deux derniers bastions rebelles, le Père-Lachaise et les Buttes-Chaumont, finissent par tomber le samedi 27 : on fusille directement les Communards contre les murs du célèbre cimetière. Et l'ultime barricade, rue Ramponeau, s'effondre le dimanche 28.

Cependant, l'horreur n'est pas terminée : Thiers et le gouvernement mènent une campagne de répression inouïe, visant à « nettoyer » Paris des ferments de toute insurrection. On fusille tous ceux que l'on soupçonne d'appartenir à la garde nationale. On massacre jusque dans les hôpitaux ! Quelque trente-cinq mille prisonniers seront déférés devant une vingtaine de cours martiales siégeant à Versailles : vingt-trois mille bénéficieront de non-lieux, dix mille seront condamnés à des peines parfois lourdes, comme la déportation. Quatre-vingt-treize seront finalement passés par les armes, dont Théophile Ferré.

La Commune de Paris est morte, fauchée bien avant l'été.

L'absence d'un grand leader

Pour Bruno Fuligni[1], historien spécialiste du XIXe siècle, l'absence d'un leader marquant fut l'un des principaux drames de la Commune : elle a manqué d'un Robespierre ou d'un Lénine pour organiser et structurer sa lutte. L'un de ses chefs aurait pu être le socialiste Louis-Auguste Blanqui, mais il a été emprisonné par Thiers dès le début des troubles. Sans tête principale, le mouvement devient rapidement un agglomérat de plusieurs mouvements disparates, tous animés d'une idéologie humaniste et sociale. Elle rassemble ainsi une tendance jacobine, proche des blanquistes, une fraction radicale et républicaine issue de la tradition et des souvenirs des révolutions de 1789 et 1793, et des révolutionnaires de toutes sortes qui se réclament qui du socialisme, qui de l'anarchie, qui encore de la Première Internationale, mettant en avant le collectivisme. Sans oublier des républicains convaincus, des citoyens engagés, des hommes de lettres, attirés par ce mouvement aussi bien par conviction que par patriotisme… Car beaucoup de Parisiens n'apprécient pas d'avoir vu

1. Directeur de la Mission éditoriale de l'Assemblée nationale, auteur de *Dans les archives inédites des services secrets : un siècle d'Histoire et d'espionnage français (1870-1989)*, éd. L'Iconoclaste, 2010.

le nouveau gouvernement livrer leur ville aux Prussiens, alors que la capitale avait courageusement tenu jusqu'ici.

Beaucoup de noms sont restés dans les mémoires, comme Jules Vallès, à la fois acteur et témoin, qui échappe aux Versaillais et part en exil à Londres… On se souvient aussi de l'institutrice Louise Michel, ambulancière et combattante pendant l'insurrection, grande figure révolutionnaire et anarchiste. Moins brillant mais tout aussi fascinant : Pascal Grousset, le très élégant délégué aux Relations extérieures de la Commune. Déporté en Nouvelle-Calédonie, il parviendra à s'évader et à rejoindre Londres, lui aussi, avant de se faire élire député sous la IIIe République – détail curieux : c'est à lui que l'on doit l'importation du football en France ! On trouve aussi des farfelus tel Jules Alix, personnage marginal, féministe et inventeur délirant, éphémère élu du VIIIe arrondissement de Paris, puis interné rapidement – ce qui lui sauve la vie…

25

Saga d'un visionnaire

Le constructeur Renault a pris une part prépondérante dans l'aventure de l'automobile – mais si « la marque au losange » a réussi à se hisser très vite au rang de fleuron de l'industrie française, elle le doit d'abord à son bouillonnant fondateur, Louis Renault – un homme dont la mémoire a été lourdement hypothéquée.

À cette époque, la Seine à Paris est encore limpide... Elle fait la joie des pêcheurs à la ligne, des peintres aux tenues champêtres et des canotiers... On se rend déjà sur l'île Seguin, mais plutôt le dimanche, et pour ces fameuses parties de campagne, si bien croquées par les impressionnistes. Parmi les familles qui viennent se reposer sur ces berges dans les années 1880, figure celle d'un marchand de tissus de Billancourt – également fabricant de boutons – installés à Paris, place des Victoires, où il vend des fournitures pour tailleurs. M. Alfred Renault ressemble à ces bourgeois vertueux qui rêvent pour leur progéniture d'une belle promotion sociale, si possible dans le commerce. Son foyer compte cinq enfants, dont trois fils ; et le plus jeune d'entre eux, né en 1877, est un drôle de petit bonhomme.

Louis possède l'âme d'un bricoleur : il est passionné de mécanique et de technique en tout genre – à un point tel que ses parents sont tout près de s'en inquiéter. Dès son jeune âge, le petit Louis a nourri pour les machines une vraie prédilection – il embarquait tout enfant sur les bateaux de la Seine dans le seul but de voir les turbines en action. Il passe ses jeudis et ses dimanches – jours de repos des écoliers d'alors – chez un ferblantier de Billancourt à forger, à limer, à ajuster des pièces… Un jour, à la gare Saint-Lazare, il parviendra même à se cacher dans le *tender* d'une des grosses locomotives à vapeur – ce wagonnet qui suit la machine et dans lequel est entreposé le charbon. Le voilà ainsi, passager clandestin d'un jour, parti jusqu'à Rouen au milieu de la grosse mécanique en action !

Adolescent, ne comptant que sur lui-même, il équipe sa chambre de tout un éclairage électrique qui, à l'époque, est bien loin d'être à la disposition du public… Mais son plus beau souvenir date de l'Exposition universelle de 1889, à l'occasion de laquelle la tour Eiffel s'élève dans le ciel de Paris. Du haut de ses douze ans, se promenant dans les allées, il voit en effet fonctionner le « tricycle à vapeur » de Léon Serpollet – une machine invraisemblable considérée, historiquement, comme la toute première automobile industrielle ! Pour le tout jeune Louis Renault, c'est une révélation. Le gamin est tellement emballé que, dès la semaine suivante, il se précipite chez l'inventeur, au modeste atelier de la rue des Cloÿs, derrière Montmartre.

Désormais, presque chaque soir après la classe, le collégien se rend chez M. Serpollet. Il se fait tout petit, assiste aux essais depuis la porte, le cœur bondissant, et sympathise avec les quelques ouvriers de l'atelier. Le jeune Louis Renault devient un habitué des lieux, il assiste à l'évolution de la machine, voit le moteur se perfectionner… Un jour, Léon Serpollet, touché sans doute par son enthousiasme, lui propose de monter à côté de lui sur l'engin – Louis n'en croit pas ses yeux : c'est la première grande émotion de sa vie.

Assurément, un destin et une carrière se sont dessinés ce jour-là.

*

C'est décidé : Louis va créer son propre atelier, à partir de la cabane de jardin que ses parents possèdent dans l'île Seguin ! Comme il n'a pas encore les moyens de fabriquer une automobile à vapeur, il se lance dans la construction d'un petit bateau. Une passion chronophage qui dévore ses moindres loisirs… et même un peu plus. Ses études s'en ressentent : l'adolescent délaisse ses devoirs scolaires et n'est pas un brillant collégien, notamment dans les matières littéraires – il restera toute sa vie un cancre en orthographe. Son père, au vu de ses prédilections pour les sciences mécaniques et même électriques, le pousse à intégrer l'École centrale, le creuset des grands ingénieurs.

Mais Alfred Renault meurt à cette époque ; et ce sont ses deux aînés, Fernand et Marcel, qui reprennent la maison de textile de la place des Victoires. Louis suit mollement ses études d'ingénieur, passant le plus clair de son temps dans son petit atelier de l'île Seguin. En 1896, il finit par rencontrer les frères Delaunay-Belleville : ces derniers n'ont pas encore créé leur marque de voitures de luxe, mais ils possèdent une petite usine de mécanique automobile et l'engagent comme dessinateur.

Deux ans plus tard, Louis Renault décide de réaliser lui-même sa première automobile – on ne parle déjà plus de procédé à vapeur, mais de moteur à explosion. Il travaille à partir d'une carcasse de tricycle de Dion-Bouton, toujours dans son petit atelier – une simple bicoque qui empeste l'huile et le cambouis, mais dont les larges vitres sont poétiquement couvertes de lierre, sous les frondaisons de cette île aux portes de Paris… C'est ainsi : à la Belle Époque, la recherche industrielle revêt encore un tour aimable.

Au demeurant, Louis cultive l'apparence des jeunes gens à la mode : la moustache affûtée, la tignasse brune sous un chapeau melon, le regard très décidé… Tout à fait le genre *Brigades du Tigre* ! Mais il travaille en bleu de chauffe, de nuit comme de jour, épaulé par un camarade. C'est ainsi qu'il va bientôt donner naissance à sa « voiturette ¾ de cheval », comme il l'appelle, affichant une vitesse de croisière très honorable de 50 kilomètres à l'heure et une puissance suffisante pour monter sans peine… les coteaux de Saint-Cloud ! Seul problème : un prix de revient à mille cinq cents louis d'or – une véritable petite fortune !

Dans son atelier champêtre, Louis Renault se doit donc d'innover : il invente le système dit de la « prise directe » sur la boîte de vitesses, un nouveau concept sans chaîne dont il dépose le brevet et qui sera repris peu à peu par tous les constructeurs. En quelques mois, le voici en mesure de fabriquer une nouvelle génération de voitures entièrement fermées – les « conduites intérieures » – une prouesse technique qui commence à épater les « frangins » ! Cette fois, Marcel et Fernand ont été convaincus ; ils acceptent d'épauler le petit dernier : c'est ensemble qu'ils fondent la société Renault Frères.

*

Reste à faire connaître cette nouvelle marque, ainsi que ses ateliers de Billancourt, au grand public. À l'époque, la « réclame » – l'ancêtre de notre publicité – se résume à gagner des courses automobiles, une discipline qui commence à faire florès. Dès le 19 octobre 1899, Louis remporte ainsi la course « Paris-Rambouillet et retour ». Les années suivantes, on le voit disputer les courses « Paris-Bordeaux », « Paris-Toulouse et retour », ainsi que « Paris-Berlin ». En 1902, son frère Marcel fait sensation en remportant, à la barbe de Mercedes, Panhard et Levassor et autre Serpollet, la course des courses : le « Paris Vienne » – et ce, à bord de la nouvelle Renault 4 cylindres... Il bat même le record de vitesse du train le plus rapide d'Europe, le « rapide de l'Arlberg » ! On parle beaucoup de ces exploits dans la presse... Et tandis que l'empereur François-Joseph regarde ces drôles d'inventions d'un œil de dinosaure, Louis glisse à l'oreille de son grand frère préféré : « Qu'est-ce qu'on va prendre comme commandes en rentrant ! »

Sur l'île Seguin, on allume les lampions et on fait la fête : cette fois, l'affaire Renault Frères est bien lancée ! L'atelier donne à plein régime, il faut songer au plus vite à le transformer en usine. À Billancourt, la pelouse est sacrifiée et les platanes abattus pour installer le nouveau hangar. Dès 1903, les usines Renault produisent plus de mille voitures, fabriquées par quelque six cents employés : la saga du losange est lancée... Hélas, elle est endeuillée la même année par la mort de Marcel, le frère préféré de Louis, qui se tue dans la course « Paris-Madrid ». La fête est finie : Renault abandonne la compétition sportive. Désormais, à Billancourt, on se concentrera sur la fabrication, dans une usine où seront respectés les principes mêmes de vertu et d'exigence que le père Alfred appliquait autrefois dans son ancienne boutique de la place des Victoires.

*

Chez Renault, « le patron invente et le bureau d'études applique ». Ainsi, notre génie de la mécanique met-il au point, coup sur coup, un nouveau dispositif d'allumage, une bougie facilement démontable, les amortisseurs hydrauliques, et plusieurs types de carburateurs qui font l'objet de sept brevets déposés la même année, sources de profits notables. Dès 1906, les artères de Paris – et bientôt celles de New York – se couvrent de petites voitures de couleur rouge : ce sont les fameux « taxis Renault » qui, en septembre 1914, entreront dans les annales grâce au général Gallieni sous le nom de « taxis de la Marne » ! Ou comment une nouvelle invention – l'automobile – peut faire basculer l'Histoire, en transportant rapidement des troupes fraîches sur le front... Pendant la Grande Guerre, Renault fournira du reste les fameux petits chars « de sept tonnes cinq » qui, lors de l'ultime offensive de l'été 1918, feront la différence...

En 1906, l'usine de Billancourt produit déjà mille six cent vingt véhicules et, deux ans plus tard, le chiffre atteint les quatre mille six cents – l'industrie automobile décolle. Le filon est exceptionnel pour les fabricants qui ont survécu car, pour quelques dizaines de réussites, l'on compte évidemment des centaines d'échecs. De plus, non seulement Louis Renault sait insuffler à son entreprise une grande rigueur, à l'image de son caractère, mais on peut dire aussi qu'il ne manque pas d'astuce commerciale. Il comprend que le nouveau marché n'est pas limité, loin s'en faut, aux voitures particulières : il fabrique aussi des autobus, des ambulances, des camions et bientôt des moteurs d'avion ! Moyennant quoi, l'entrepreneur n'est jamais en retard d'une innovation : il décide d'introduire les principes du fordisme, le travail à la chaîne, tout en le perfectionnant dès 1912. Une réforme que les ouvriers vivent très mal – notamment l'introduction du chronométrage qui donne lieu à une grève sévère. Ils refusent ce que l'on appelle « le travail aux pièces » – d'où la naissance de l'expression « On n'est pas aux pièces » ! Mais sur ce point comme sur les autres, Louis Renault est intraitable : « Ce sera le travail aux pièces ou rien du tout ! » D'ailleurs, les objectifs ambitieux créés par l'économie de guerre vont faciliter et développer la standardisation des modèles et le travail à la chaîne.

Au lendemain de la Première Guerre, Louis Renault s'intéresse de près à l'aéronautique, sa seconde passion. Ainsi ses moteurs rendront-ils possible la belle épopée de l'Aéropostale, avec notamment Mermoz et Saint-Exupéry. Dans le domaine de l'automobile, la concentration industrielle est en marche et le nombre de constructeurs français diminue à vue d'œil : ils sont encore cent vingt en 1920, puis quatre-vingt-cinq en 1935. Par ailleurs, la France, patrie de l'automobile, est en train de se faire dépasser par les États-Unis, l'Allemagne et bientôt l'Italie…

Dans l'Hexagone, à la veille de la Seconde Guerre mondiale, une voiture sur cinq sort de l'usine de Billancourt – même si la production est stable à trente-huit mille voitures par an. Mais Louis Renault doit compter avec de sérieux concurrents, comme André Citroën qui possède ses ateliers à Javel. Le sérieux et la constance de Louis Renault sont souvent comparés à la fantaisie et à l'esprit d'aventure d'André Citroën qui, en apparence tout au moins, cultive l'image d'un personnage hautement flamboyant, flirtant en permanence avec la faillite ! De son côté, Renault maîtrise, contrôle, avance à pas comptés, comme il l'a toujours fait. En 1925, il est en situation d'investir toute l'île Seguin – le lieu béni de son premier petit atelier. Il fait construire une passerelle reliant cet îlot de la Seine à la rive droite. Selon l'expression du « maître de Billancourt », l'île Seguin devient sa « cathédrale » – visiblement il réalise un rêve de jeunesse. La chaîne de montage mesure un kilomètre et demi en ligne : c'est le lancement de la production en série. Comme l'industriel Henry Ford, devenu entre-temps le leader mondial de la construction automobile, Renault se lance dans l'intégration verticale, c'est-à-dire la maîtrise des industries de base. L'entreprise investit notamment dans la sidérurgie, tandis qu'à l'autre bout de la chaîne se mettent aussi en place des sociétés de financement et de crédit...

*

Louis Renault règne désormais sur un véritable empire dont la surface concrète, à Billancourt, atteint la taille d'une ville moyenne. En 1932, le budget de sa société dépasse le milliard de francs, un compte entièrement contrôlé par le patron – certains l'appellent tout bas « le tyran ». Chez lui, pas de crédit, nul recours aux banques : il se méfie du système bancaire comme de la peste et possède 97 % de son propre capital. Pas d'esbroufe non plus : il rejette cette publicité qui envahit tout et envers laquelle le patron n'a pas de mots assez durs. Son but est ailleurs : produire davantage et moins cher. Il n'est jamais question chez lui d'« épater la galerie » comme chez d'autres – par exemple du côté de Javel, chez Citroën...

Cette réticence vis-à-vis des nouvelles techniques de vente explique-t-elle l'essor de ses concurrents ? En tout cas, Peugeot dépasse Renault dès 1937, grâce au succès de la Peugeot 201. La guerre commerciale s'installe entre le « lion de Montbéliard », le « losange de Billancourt » et les « chevrons de Javel ». Mais Louis Renault n'est vraiment pas un homme de communication. Il aime convaincre et séduire, certes – les femmes l'adorent – mais son caractère reste au fond assez inflexible. D'où, de manière chronique, une sorte de guerre larvée avec sa base ouvrière, travaillée il est vrai par la CGT. L'industriel n'est pas indifférent aux questions sociales, loin de là ; seulement il les conçoit comme au siècle précédent…

Mais si le patron se révèle volontiers rigide, voire cassant, il est surtout dur envers lui-même, menant une vie sobre, assez simple, entre sa maison de l'avenue du Bois et ses propriétés d'Herqueville et des îles Chausey. Louis Renault est finalement un homme très moderne dans la forme, mais traditionnel sur le fond. Un homme diminué également, et même très malade : depuis 1934, il souffre d'insuffisance rénale majeure. Et quand survient la nouvelle guerre, en 1939 – il a déjà soixante-deux ans – il apparaît assez vite que la situation lui échappe.

*

Dès 1940, les autorités allemandes placent Renault sous leur contrôle, au moment où lui-même se trouve aux États-Unis, missionné auprès du président Roosevelt. La menace qui pèse sur les usines est terrible : il est question de démonter les machines et de les expédier en Allemagne – avec, au passage, le personnel nécessaire pour les faire tourner… Finalement, les Allemands vont commander près de quarante-deux mille véhicules à Billancourt pendant l'Occupation. Mais Louis Renault ne se hâte pas d'obtempérer, il s'en faut de beaucoup. En multipliant les tours de passe-passe, il fait tout, au contraire, pour retarder les livraisons, ne souhaitant aucunement entrer dans une collaboration active. Par ailleurs – et contrairement à d'autres industriels français – il refuse de subventionner les partisans français du nazisme.

Il n'en est pas moins connu pour son anticommunisme – une attitude qui ne pardonne guère à la Libération, en 1944, lorsque le Parti communiste connaît son apogée en France. Louis Renault est vite accusé de collaborationnisme, arrêté, maltraité, emprisonné dans des conditions à peine croyables. Un traitement d'autant plus choquant que l'industriel souffre d'aphasie – de graves troubles du langage – et de dépression chronique depuis que les avions britanniques ont bombardé ses usines en mars 1942. Louis Renault va mourir avant d'assister à la nationalisation de son entreprise : il décède à Fresnes, le 24 octobre 1944, après un mois d'emprisonnement sévère. Seulement quelques semaines avant la décision gouvernementale...

*

Au lendemain de la guerre, l'industrie automobile entre dans une nouvelle phase : celle de la concurrence planétaire entre quelques grandes firmes devenues mondiales. Louis Renault aurait-il été l'homme de ce nouveau défi ? Difficile de répondre à une telle question. Mais la nouvelle donne aurait à coup sûr contraint le patron de Billancourt à s'ouvrir à la publicité, aux banques, à la négociation syndicale – bref, à tout ce qui le rebutait.

Le 16 janvier 1945, le gouvernement provisoire de la République française nationalise les usines Renault par ordonnance, et nomme Pierre Lefaucheux – ancien déporté, responsable des FFI pour la région parisienne – aux commandes du grand navire désormais public, rebaptisé la Régie Renault. Ultime cadeau bien involontaire du « maître de Billancourt », dans ses coffres les nouveaux patrons découvrent les plans de deux modèles inédits : la belle bourgeoise 11 CV – remaniée – et la très populaire 4 CV que Louis Renault avait tenues prêtes, secrètement, pour relancer sa production à la Libération...

L'honneur d'un patron

Soixante-six ans après, les petits-enfants de Louis Renault attaquent l'ordonnance de 1945 portant confiscation et nationalisation des usines de leur grand-père. Ils estiment que cette décision portait atteinte à plusieurs principes constitutionnels, dont le droit de propriété, garanti par la Déclaration des droits de l'homme. Leur démarche vise aussi à réhabiliter la mémoire de l'un des patrons les plus puissants de son temps.

Si l'on en croit l'historien Laurent Dingli[1], romancier et mari de l'une des petites-filles du constructeur, la condamnation dont a fait l'objet ce dernier serait non seulement inique, mais illégale. La hargne à le faire tomber à tout prix s'expliquerait par ce qu'il représentait : l'un des plus grands patrons de France et d'Europe, soupçonné de faire partie d'une caste arrogante, prompte à se venger du Front populaire en faisant le lit des nazis. Une vision idéologique *a posteriori*, qui ne trouve aucun fondement, selon Laurent Dingli, dans les archives de l'époque. Bien que Louis Renault ait incontestablement rencontré Hitler – lors des salons de l'automobile de Berlin – il avait condamné dès 1937 les régimes fascistes. L'industriel

1. Auteur de *Louis Renault*, Flammarion, 2000.

était même fortement critiqué par l'extrême droite qui lui reprochait de concentrer ses usines aux portes de la capitale, et de créer ainsi un foyer d'agitation sociale à deux pas des beaux quartiers…

Lors de la défaite de 1940, l'usine est mise sous séquestre, comme une cinquantaine d'autres en France, alors que Renault se trouve justement aux États-Unis pour s'occuper de renforcer la production de chars. Son entreprise est désormais dirigée par des commissaires allemands et c'est dans ces conditions extrêmes que la marque produira au total trente mille camions, soit environ autant que sa concurrente Citroën, qui n'a pas été inquiétée.

Lorsque Louis Renault est convoqué pour une simple comparution en 1944, il s'y rend librement, tente de répondre aux questions en dépit de lourdes difficultés d'élocution ; or, très vite, il est mis en état d'arrestation ! En arrivant à la prison de Fresnes, il s'effondre en larmes sur l'épaule d'un inspecteur en avouant : « S'il n'y avait pas mon fils, je me suiciderais. » À soixante-sept ans, il est en effet très malade, et les conditions terribles de son emprisonnement aggravent son cas : il aurait même été battu ; aucun soin ne lui aurait été prodigué malgré son urémie. Il tombe dans le coma et meurt peu après.

26

Une femme dans la Révolution

Certains personnages font une entrée furtive sur la grande scène de l'Histoire, mais cependant assez marquante pour être statufiés dans une posture légendaire. C'est le cas de la fantasque et rebelle Anne-Josèphe Théroigne de Méricourt, qui reste à jamais cette pasionaria « en amazone d'écarlate et panache de jais » – ainsi décrite par ses contemporains – et harangue citoyens et badauds en 1789 devant l'entrée du manège versaillais où siège la toute nouvelle Assemblée nationale. Ample jupe rouge et chapeau à plume noir, le regard franc, le verbe haut : une Théroigne croquée à la diable pour l'éternité !

Cette belle et jeune révolutionnaire, qui ne manque ni de cran ni d'audace, est originaire de la principauté de Liège – on la surnommera « la Liégeoise » : elle est née en 1762 dans le village de Marcourt, près de l'Ourthe, un affluent de la Meuse. La petite Anne est issue d'une famille aisée : son père, laboureur, cultive sa propre terre, mais elle a perdu sa mère tôt, et elle accepte mal la seconde épouse de son père, qui le lui rend bien. La jeune fille se dispute souvent avec la marâtre et fait plusieurs fugues, si bien qu'elle est finalement placée chez sa tante, puis élevée chez les sœurs ursulines. Mais tout lui est bon pour échapper à sa belle-mère et goûter à l'indépendance : à quatorze ans, elle gagne ses premiers sous comme vachère, puis servante dans une maison bourgeoise. Ce joli brin de fille mériterait mieux, évidemment, avec ses yeux bleus, son bel esprit et sa voix charmeuse. « Elle avait un minois chiffonné, un air mutin qui allait à merveille, un de ces nez retroussés qui change la face des empires », décrit l'un de ses admirateurs.

Avec de pareils appas, on reste rarement longtemps servante, et Théroigne de Méricourt commence vite une existence de demi-mondaine à Anvers. Elle a seulement dix-sept ans quand elle est remarquée par une femme du monde, Mme Colbert, une Anglaise qui fait de la charmante Anne sa dame de compagnie. Elle parfait son éducation, si l'on peut dire, et l'oriente vers la musique, notamment le chant, la grande passion de la Belle Liégeoise qui rêve de faire carrière. Devant l'insistance de sa protégée, Mme Colbert finit par l'emmener à Londres, où tous les rêves sont possibles. Et comme par enchantement les meilleurs professeurs viennent naturellement à la demoiselle Théroigne, sans compter un certain nombre d'amants, dont un lord, qui s'éprend follement d'elle... Les deux jeunes gens s'adorent, mais Mme Colbert s'interpose et Anne décide de lui fausser compagnie avec son amant. Il y en aura d'autres, bien sûr, dont un monsieur d'âge mûr, le marquis Doublet de Persan : il la met dans son lit, elle le met sur la paille et file dépenser son magot dans les bras d'un castrat italien, chanteur à la chapelle Sixtine. Un escroc de la première heure.

*

Théroigne de Méricourt est à Naples lorsqu'elle apprend la convocation des états généraux en France. Pas question qu'un tel événement se déroule sans qu'elle en soit ! Elle, la lectrice enflammée de Jean-Jacques Rousseau, qui a pour les Lumières une telle admiration ! Le 11 mai 1789, elle s'affiche à Paris, et quand on lui demande son nom, elle répond, dans un mouvement de menton qui agite les grandes plumes noires de son chapeau : « Je m'appelle Théroigne de Méricourt ! » Dans ces premiers soubresauts révolutionnaires, un personnage est né.

Dès lors, la Belle Liégoise occupe les premières loges de l'agitation, toujours au bon moment et à la bonne place : d'abord pour la prise de la Bastille, le 14 juillet 1789, puis lors des Journées d'octobre où la foule parisienne, dont beaucoup de femmes, est venue jusqu'à Versailles afin d'interpeller l'Assemblée nationale sur la pénurie de pain, avant de décider finalement de ramener à Paris « le boulanger, la boulangère et le petit mitron » – c'est-à-dire la famille royale au complet. Théroigne est là, sabre et pistolet au côté, gagnés à la Bastille, galvanisant les femmes et les citoyens ! « Ses charmes, raconte un témoin, l'étrangeté de sa toilette et son air décidé, exercent un irrésistible ascendant sur les foules. » Un membre du club des Cordeliers déclare, avec un brin d'ironie : « On dirait la reine de Saba visitant le Salomon du district ! »

Théroigne de Méricourt a conquis sa place, elle assiste aux débats de l'Assemblée constituante, tient salon, fréquente l'abbé Sieyès, Camille Desmoulins, Fabre d'Églantine... Elle participe à la création du « Club des amis de la loi » aux côtés de son amant le député Charles-Gilbert Romme, qui lui voue une admiration dévorante... Mais l'assiduité de Théroigne aux débats de la Constituante ne la fait pas prendre pour autant au sérieux. Ces députés du Tiers sont avant tout des bourgeois qui ont une idée très restrictive des droits de la femme. Avec Olympe de Gouges et la comédienne militante Claire Lacombe, elle forme ce trio de femmes marginales ou galantes, ferventes défenseuses d'idées progressistes et féministes, qui mettront plus de cent cinquante ans à s'imposer dans la conscience des Français.

*

En vérité, Anne Théroigne comprend rapidement qu'elle n'est pas la bienvenue dans les débats ; elle devient la cible de la presse royaliste ou des chansonniers – une cible facile, il est vrai, car haute en couleurs… On la traite de libertine, de criminelle même ! « J'éprouvais tous les jours quelques désagréments dans les tribunes de l'Assemblée nationale, reconnaît-elle. Il y avait toujours quelques aristocrates à qui mon zèle et ma franchise déplaisaient. Tantôt on me vexait, tantôt on me tendait des pièges… J'étais pour ainsi dire dégoûtée. »

Aussi va-t-elle décider de prendre ses distances avec cette révolution ingrate et de rentrer dans la principauté de Liège. Mais les royalistes, et notamment les agents de l'empereur d'Autriche, gardaient un œil sur elle, et dans la nuit du 15 et 16 février 1791, elle est soudainement enlevée, jetée dans une chaise de poste verrouillée, et directement envoyée au Tyrol dans une cellule de la forteresse de Kufstein. Écrouée sous le nom de Mme de Théobald, des enquêteurs sont envoyés spécialement depuis Vienne par le chancelier Kaunitz pour l'interroger. Que veut-on lui faire dire ? L'Autriche la soupçonne fortement d'être l'âme d'un complot révolutionnaire contre la principauté de Liège, et plus largement contre les Pays-Bas autrichiens. « Fadaise, crie-t-elle, absurdité ! » Le seul rôle qu'elle veuille bien endosser, c'est celui d'une militante pour l'amélioration de la condition des femmes. « J'ai toujours été humiliée de la servitude et des préjugés sous lesquels l'orgueil des hommes tient mon sexe opprimé », se défend-elle.

Comme un bel oiseau exotique brusquement encagé, Théroigne perd peu à peu ses couleurs, elle dépérit et se laisse aller à cette mélancolie profonde qui n'a jamais vraiment cessé de la guetter, et ce depuis l'enfance. La Belle Liégeoise ne supporte plus les conditions extrêmes de son emprisonnement et sa santé se détériore rapidement. Après neuf mois de détention, les Autrichiens réalisent qu'ils font fausse route, et décident de transférer Théroigne de Méricourt à Vienne, où elle finit par rencontrer Kaunitz et même l'empereur Léopold II de Habsbourg-Lorraine. Que se sont-ils dit ? Une femme de la Révolution face à l'archiduc souverain d'Autriche, empereur du Saint-Empire ! Un monarque pétri de traditions, qui n'a du reste plus que quelques mois à vivre. Nul ne le saura, mais Léopold a sans doute voulu voir de ses yeux cette furie révolutionnaire, qu'on dit enragée, accusée par les royalistes d'avoir tenté d'organiser l'assassinat de sa sœur, la reine de France Marie-Antoinette.

L'empereur la relâche et la belle rejoint Paris. Les révolutionnaires ont appris bien sûr son emprisonnement et sa popularité s'en trouve considérablement renforcée. Auréolée d'une véritable gloire, on l'acclame, on la fête, on se l'arrache, ce 26 janvier 1792, lorsqu'elle fait son entrée au club des Jacobins ! Le citoyen Dufourny grimpe à la tribune et lance : « Je dois vous annoncer un triomphe pour le patriotisme, Mlle Théroigne, célèbre par son civisme et par les persécutions qu'elle a éprouvées, est ici, dans la tribune des dames ! » Les vivats succèdent aux hourras, Théroigne se lève pour être acclamée. Dès le lendemain, on lui offre de prendre la parole à la tribune – faveur rarissime pour une femme – afin de dénoncer les menées étrangères contre la Nation. Un discours apprécié si l'on en croit l'hommage lancé par le procureur de la Commune Pierre Manuel : « Vous venez d'entendre une des premières amazones de la liberté, martyre de la Constitution ! » conclut-il devant les députés.

*

Théroigne est à l'apogée de sa popularité. Elle enchaîne les initiatives. Elle se range du côté de Jacques-Pierre Brissot, chef de file des Girondins, et envisage de créer un bataillon de femmes armées, les Légions d'amazones, pour aller défendre les frontières ! « Nous montrerons à l'Europe, dit-elle, que les Françaises connaissent leurs droits et sont à la hauteur des Lumières en méprisant les préjugés. » Elle offre aux femmes du faubourg Saint-Antoine des drapeaux tricolores, les invite à s'armer et à s'exercer « deux à trois fois par semaine » aux Champs-Élysées. « Brisons nos chaînes ! lance-t-elle. Il est temps enfin que les femmes sortent de leur honteuse nullité, où l'ignorance, l'orgueil et l'injustice des hommes les tiennent asservies depuis si longtemps. »

Belles paroles, beaux éclats, mais qui finissent par agacer, irriter, et même gêner ses contemporains – tant il est vrai que l'antiféminisme, même en ces temps révolutionnaires, reste très répandu. Les discours et les initiatives de Théroigne de Méricourt sont qualifiés d'« intempestifs » par un organe de presse aussi progressiste – en apparence – que *Les Révolutions de Paris*. On se moque de Théroigne, on brocarde ses tenues, on ridiculise ses propos… Ses réunions avec les femmes du faubourg Saint-Antoine sont qualifiées d'« attroupement de prostituées ». Le commandant de la garde nationale, Santerre, donne de la voix : « Les hommes de ce faubourg, dit-il, aiment mieux en rentrant de leur travail trouver leur ménage en ordre que de voir revenir leurs femmes d'une assemblée où elles ne gagnent pas toujours un esprit de douceur… » Mais la Belle Liégeoise ne rend pas les armes, bien au contraire ! Elle continue à attiser les ardeurs des Parisiens.

Lors de l'insurrection du 20 juin 1792, on la retrouve encore en tête de cortège, conduisant une troupe de femmes et d'enfants de la Bastille jusqu'aux Tuileries, où réside désormais encore la famille royale. « Jeune et belle, nous la décrit Alphonse de Lamartine, vêtue en homme, un sabre à la main, un fusil sur l'épaule, et assise sur un canon tiré par des ouvriers aux bras nus. » Le 10 août, le jour où la monarchie constitutionnelle s'effondre, elle participe avec les émeutiers à l'assaut des Tuileries, sabre à la main. Dans la mêlée, elle voit de ses propres yeux l'un de ses pires ennemis, le pamphlétaire royaliste François-Louis Suleau, qui a si souvent brocardé les femmes révolutionnaires, se faire lyncher par la foule fanatisée. Les Fédérés lui décernent une couronne civique… pour son courage. Qui n'est, à cette époque, jamais bien loin de la sauvagerie.

La Révolution est en effet en train de basculer et la Terreur est proche. Il ne fait pas bon afficher des sympathies girondines. Le 15 mai 1793, « l'Amazone rouge et panache noir » se présente à l'entrée de la Convention et se heurte aux tricoteuses jacobines qui crient : « C'est une Brissotine, une Girondine ! » Le ton monte très vite, on s'invective, et soudain les femmes de la Halle attrapent littéralement Théroigne, elles la troussent et lui infligent une fessée en public ! Terrible humiliation pour la révolutionnaire, qui écume, hurle, se débat... Marat lui-même intervient pour faire cesser la farce. Mais pour la Belle Liégeoise, cet épisode marque une rupture définitive, un échec complet. Elle devient enragée, extrémiste, et sombre bientôt dans la folie. Son frère la fait interner et elle finira les vingt-trois années de sa vie à l'hôpital de la Salpêtrière, à Paris. L'ironie de ce destin, c'est que Théroigne, défenseuse inlassable des femmes, aura été, qu'on le veuille ou non, la victime des femmes.

Condamnée d'avance

Dans un récit passionné, Philippe Séguy[1], journaliste et romancier, montre combien Théroigne de Méricourt eut un destin paradoxal : après une trajectoire fulgurante au travers de la Révolution, belle et flamboyante, égérie des foules et formidable oratrice, elle se laisse déchoir au sein d'un asile, et subit un enfermement interminable, et qui vaincra sa raison. En réalité, cette féministe avant l'heure s'est vite opposée à deux blocs irréductibles qui l'entraînent rapidement à sa perte. D'abord les aristocrates, qui la haïssent, la brocardent et la dépossèdent même de son nom en l'appelant « de Méricourt », faux diminutif de Marcourt – son village natal dans la province de Liège. Ensuite la bourgeoisie, aux avant-postes de l'élan révolutionnaire, mais pour qui les femmes doivent se cantonner au foyer, et surtout ne pas se mêler de politique ! Anne Théroigne dérange ses citoyens antiféministes : il leur faut la faire taire, ou pis, la supprimer – comme Olympe de Gouges qui fut guillotinée.

C'est finalement son frère qui la sauve de la mort, en la plaçant à l'asile. Mais dans les sordides

1. Auteur de *Et embrasser la liberté sur la bouche*, Flammarion, 2011.

maisons d'internement de l'hôpital de la Salpêtrière, où elle vit nue, refusant les couvertures qu'on lui donne, elle passera son temps à laver son corps décharné dans des baquets d'eau glacée, comme pour se purifier, se nettoyer du sang de ces royalistes qu'elle a vu se faire massacrer sous ses yeux... Emmurée dans sa folie, Théroigne s'est isolée d'un monde qui a fini par l'oublier.

Mais son message n'a rien perdu de sa force, ni de sa modernité.

27

Le tournoi fatal

Paris, juin 1559. La rue Saint-Antoine est le théâtre du dernier grand tournoi de la chevalerie française, celui des Tournelles – sans doute aussi le plus tragique de tous... Le prétexte des réjouissances ? La célébration de la paix revenue avec l'Espagne et les unions qui en découlent : le roi de France Henri II marie sa fille Élisabeth au roi d'Espagne et sa sœur, Marguerite, au duc de Savoie.

Dès les premiers beaux jours, l'ordre du souverain est proclamé par tout le royaume ; les réjouissances seront les plus fastueuses que l'on ait vues de vie d'homme. Elles culmineront dans un tournoi de chevalerie qui se doit d'être le plus magnifique jamais organisé. Des hérauts d'armes s'en iront crier partout dans les provinces que « les tenants dudit tournoi jouteront, en champ clos, contre tout venant, prince ou simple gentilhomme, chevalier ou écuyer, afin d'inciter les jeunes à la vertu ». Le roi, en ce temps-là, s'appelle Henri II ; il est le fils de François Ier, le mari de Catherine de Médicis, le bien-aimé de Diane de Poitiers. En ce printemps 1559, il vient d'avoir quarante ans et sent la jeunesse le quitter peu à peu : c'est probablement la dernière fois qu'il entrera lui-même en lice pour relever le défi de jeunes seigneurs qui pourraient être ses fils... Il entend bien en profiter, et surtout se montrer brave jusqu'au bout – comme dans ces romans de chevalerie qui l'ont toujours bercé.

*

Les lices sont dressées sur la rue Saint-Antoine, la plus vaste et la plus large de Paris, entre Saint-Paul et la Bastille – une rue dépavée, spécialement jonchée de sable. Les chevaliers y feront leur entrée par de grandes arches d'honneur, dressées du côté de cette forteresse d'un autre âge, dont la masse s'élève dans le ciel de la capitale. Les tribunes sont installées de part et d'autre de la rue, le long des façades qu'elles cachent presque entièrement – à commencer par celle de l'hôtel royal des Tournelles, où réside le souverain pendant les préparatifs.

Par ces festivités, le roi entend célébrer dignement la paix du Cateau-Cambrésis, scellée par des mariages princiers comme le veut alors la coutume. En vérité, cette paix est vertement critiquée dans l'opinion. Elle découle d'une défaite amère, et entérine un recul pour la France qui doit notamment renoncer à toute possession italienne – c'est la fin du beau rêve transalpin de Charles VIII, de Louis XII et de François Ier... Malgré le souhait du roi, on maugrée dans la ville, on murmure à la cour. La famille de Guise avance ses pions : en l'absence du puissant connétable de France, occupé par les négociations, elle a pu accroître encore son influence sur le roi et sur la favorite, et continue de s'en prendre aux protestants, boucs émissaires tout désignés...

Les Guises ressassent du reste un nouvel argument : puisque les ambassadeurs espagnols sont arrivés à Paris, il faut leur montrer la résolution du roi de France à défendre la foi catholique. Et la répression s'abat donc encore sur les têtes pensantes de la Réforme… Le 10 juin 1559, au couvent des Grands-Augustins, le roi s'invite sans prévenir à une « mercuriale » – une séance du parlement de Paris au cours de laquelle les conseillers sont menés à présenter leurs doléances ; son but est de juger par lui-même de celles du magistrat Anne Du Bourg, suspecté d'hérésie. De fait, le courageux conseiller profite de l'occasion pour parler très franchement devant le roi, dénonçant la répression contre les « hérétiques ». Outré, Henri II ordonne au jeune capitaine de sa garde écossaise, Gabriel de Montgomery, d'arrêter Du Bourg sur-le-champ.

*

Trois semaines seulement après ce coup d'éclat, la rue Saint-Antoine est méconnaissable : couverte d'oriflammes, de rubans, de tentures et d'écoinçons de bois aux armes de France, d'Espagne et de Savoie, elle se trouve hérissée de hautes tribunes, équipée de lices et de contre-lices pour accueillir les joutes équestres. Le roi est bien décidé à faire taire les murmures des Parisiens : il importe que les fêtes soient les plus fastueuses possible. Et naturellement, les joutes auxquelles lui-même participera seront le clou de la fête ! Elles ont été fixées au vendredi 30 juin 1559.

Ce jour-là, le ciel est d'un bleu pur et un soleil de plomb fait régner une chaleur étouffante, lourde et moite, rendant pénible la poussière soulevée par les chevaliers. Le public suffoque et recherche le moindre souffle d'air. Le peuple commence du reste à se lasser, et à quitter les lieux. Dans les tribunes de la cour, on aimerait pouvoir en faire autant – mais comment s'éclipser sans déplaire ? Après les ducs de Nemours, de Ferrare et de Guise, le quatrième et dernier tenant de la journée – le « tenant » est celui qui relève le défi des « venants » – n'est autre que le roi Henri II en personne !

La reine Catherine siège au premier rang de la tribune des Dames, avec à sa droite sa belle-fille, la reine d'Écosse Marie Stuart, et un peu plus loin sur sa gauche, sa rivale dans le cœur du roi, celle qu'on appelle la « plus-que-reine » : la vieillissante mais indétrônable Diane de Poitiers, maîtresse du souverain. Elle a dépassé les soixante ans, mais porte beau néanmoins ; à croire que ni le temps, ni la chaleur, ni l'angoisse des circonstances n'ont sur elle la moindre prise... La reine d'Écosse s'est assoupie. Quant à Catherine de Médicis, elle est au supplice : elle qui croit aux présages déplore depuis le début l'organisation d'un tel tournoi ; il est vrai que les prophéties sont très défavorables. L'évêque Luc Gauric, astrologue du pape, a depuis longtemps mis le roi de France en garde contre les duels, « surtout ceux qui viendraient à survenir dans sa quarantième année » – ce qui est précisément le cas. Depuis des semaines, voyants et astrologues n'ont par ailleurs cessé de confirmer ce présage ; tous ont vivement conseillé au roi de passer son tour. Des mises en garde sans effet : Henri II veut rompre des lances ! La reine elle-même n'a pu que s'incliner devant sa détermination.

À présent, le roi Henri s'avance, majestueux, prêt à relever les défis. Il arbore à son casque fermé – appelé « armet » – un cimier de plumes noires et blanches – « de sable et d'argent » –, les couleurs de Diane... Exactement ce qu'il avait fait pour la première fois, au même endroit, vingt-huit années plus tôt… La favorite lui rend son gracieux salut, tandis que la reine pince les lèvres.

Le premier assaillant entre en lice, face au souverain : il s'agit du duc de Savoie en personne, empanaché de pourpre, paradant sur un cheval magnifique, aussi beau que celui qu'il vient d'offrir au roi lui-même et qui – mauvais augure, décidément – s'appelle Le Malheureux. Avant le combat, les jouteurs se préparent selon le même rite : on ferme au crochet la visière de leur armet, on les équipe de lances neuves… Dans sa tribune, la reine Catherine fait signe au duc de Nemours d'approcher.

Sur le sable, les chevaliers se font face.

« Serrez bien les genoux, lance le roi à son futur gendre ; car sans égard à nos liens, je vais vous ébranler d'importance ! »

Le duc se contente de rire avant de lancer sa monture au galop. Les lances s'inclinent, les cavaliers se heurtent violemment dans un bruit mat, des éclats de bois volent dans l'air surchauffé… Savoie vacille en selle, soulevant la sourde rumeur du public ; mais il lève aussitôt le bras droit pour rassurer les juges. Le roi de France, lui, rouvre déjà son armet : la victoire lui appartient. Passé l'instant d'effroi, comme à chaque fois, l'assistance acclame le vainqueur – d'autant plus fort qu'en l'occurrence, c'est le roi qui a remporté la joute…

Le duc de Nemours salue la reine Catherine.

« Madame, vous souhaitiez me parler ?

— Monsieur le duc, s'il vous plaît, rendez-moi un grand service, lui intime Catherine. Allez, s'il vous plaît, trouver le roi et, pour l'amour de moi, suppliez-le de ne pas tenter le sort davantage. Il doit absolument renoncer à jouter ce soir. »

Le duc soupire, descend de la tribune et, longeant la première contre-lice, se dirige vers le roi. Déjà, les trompes annoncent l'entrée d'un nouvel assaillant : le duc d'Aumale, frère des Guises et gendre de Diane de Poitiers. Nemours n'aura pas le temps de s'opposer à ce nouvel assaut : tandis que les chevaliers se mettent en place, il se contente d'un geste d'impuissance en direction de la reine. La deuxième passe est encore plus violente que la première ! Henri, qui tenait peut-être son écu de travers, laisse partir son bras gauche en arrière, mais il n'en remporte pas moins l'assaut. Une clameur monte à nouveau de la foule – enfin, de ceux que la chaleur n'a pas encore chassés…

Henri II dirige sa monture, magnifiquement caparaçonnée, vers la tribune. Il fait basculer sa visière pour complimenter son futur gendre.

« C'est ce bon cheval qui me fait donner ces beaux coups de lance !

— Tant mieux, répond le duc de Savoie. Je suis heureux que ma monture vous fasse si bon service ! »

À cet instant, cinq coups sonnent au clocher voisin, comme s'en souviendront plus tard des dizaines de témoins. Discrètement, le public en nage continue de quitter les tribunes et certaines grandes dames prennent maintenant prétexte de l'heure pour en faire autant. Le roi fait mine de ne pas s'en rendre compte ; il revient vers ses gens et met pied à terre au moment où se présente le duc de Nemours. Enfin !

« Sire, Sa Majesté la reine me prie de vous implorer : cessez de jouter, pour l'amour d'elle. »

Henri lui décoche un regard noir.

« Du reste je partage assez l'avis de la reine, ajoute Nemours : il fait trop chaud, le jour avance… Vous devriez cesser de vous travailler ainsi. »

Le roi, pour un peu, serait de cet avis ; mais il ne veut pas donner l'impression de céder aux suppliques d'une épouse superstitieuse…

« Dites à la reine que, pour l'amour d'elle, justement, je courrai encore une lance. Mais foi de gentilhomme, ce sera la dernière ! »

*

Un troisième assaillant fait donc son entrée, empanaché de gueule et d'azur – de rouge et de bleu. Il s'agit de Gabriel de Montgomery – ce capitaine des gardes qui, trois semaines plus tôt, avait arrêté Du Bourg en pleine séance du Parlement ! Le jeune homme est visiblement embarrassé ; il souhaiterait décliner l'honneur de défier le roi. Il faut savoir que son père, autrefois, à Romorantin, au cours d'un jeu stupide, a failli tuer le roi François Ier en lui lançant, du haut d'un étage, un tison ardent sur la tête… Le roi d'alors avait dû rester alité pendant près de quinze jours. Cet épisode, mille fois raconté, a hanté la jeunesse de Gabriel qui, plus ou moins consciemment, s'est juré de ne jamais se retrouver lui-même dans semblable situation… En même temps, se demande-t-il, comment refuser une lance au roi de France ? Surtout quand on porte, sur ses propres armes, des lys témoins d'une très vieille parenté avec la dynastie ?

Déjà les trompes sonnent, les chevaux chargent… Le nouveau heurt est aussi violent qu'indécis. Les deux lances se sont brisées, mais sans donner de victoire évidente à l'un des cavaliers. Tous les deux relèvent la partie du casque qui leur protège le visage.

« Il faut recommencer, dit le roi.

— Non, la victoire est vôtre, Sire !

— Qu'en savez-vous ?

— Je le sais ! »

Celui qui sert de valet d'armes au roi, le maréchal de Vieilleville, abonde en ce sens : il assure qu'un nouvel assaut serait contraire aux règles de la chevalerie.

« Je veux ma revanche, insiste Henri II. Il m'a fait branler sur ma selle et quasi quitter mes étriers ! »

Dans la tribune, le duc de Nemours a rejoint la reine.

« Le roi m'a promis que cette lance était la dernière !

— Dieu soit loué, se réjouit Catherine. Merci, monsieur. J'ai bien cru... »

La reine n'a pas le temps d'achever sa phrase. Le roi sans rien dire s'est précipité à l'assaut – sans même attendre la sonnerie des trompes, et sans que Vieilleville ait eu le temps de crocheter son armet. Le jeune Montgomery, pris de court, éperonne à son tour, mais il n'a pas changé de lance, et celle qu'il arbore est brisée... Les deux cavaliers foncent l'un vers l'autre au grand galop, debout sur leurs étriers et le choc est terrible : dans un fracas de tous les diables, les lances frappent écus et armures sous les yeux de l'assistance tétanisée, tandis que les chevaux dérapent dans la poussière... Les deux montures s'affaissent sur la croupe : celle de Montgomery se relève tout de suite, et le cavalier se rétablit en saisissant l'arçon ; mais l'autre cheval, celui qu'on nomme Le Malheureux, va finir la course tout de biais...

Le roi se cramponne tant bien que mal à l'encolure, avant de se laisser tomber dans les bras des valets. Après une clameur d'effroi, les tribunes se figent dans un silence glacé. Les juges du camp – les maréchaux Montmorency et Tavannes – accourent aussitôt auprès du souverain blessé ; ils le portent jusqu'à un banc. De la visière entrouverte, dépassent des pointes de bois sanguinolentes...

Or, dès que l'on retire son casque au roi, un flot de sang jaillit du visage, découvrant l'affreux spectacle de longues esquilles de bois fichées dans l'œil gauche. La lance, frappant le front au-dessus du sourcil droit, est venue s'enfoncer dans la tête, profondément, par le sinus opposé ! On tente d'y voir plus clair en jetant au visage d'Henri un petit seau d'eau mêlée de vinaigre, puis de l'essence de rose. Le roi reprend connaissance.

Le jeune Montgomery, pâle comme la mort, le regard affolé, vient s'agenouiller tout près du blessé royal, implorant son châtiment.

« Pardon, Sire, oh, pardon !

— Vous n'avez pas besoin de mon pardon. Vous avez... vous avez obéi à votre roi comme... comme un bon chevalier. »

Le sang, qui continue à gicler, empêche Henri II d'en dire davantage. On le transporte jusqu'à l'hôtel royal, où il réussit à monter lui-même le grand escalier, soutenu par les aisselles... Parvenu à l'étage, il s'effondre. On l'étend sur son lit pendant qu'il murmure déjà la prière des agonisants. On dirait qu'il essaie de transmettre un message...

« Sire, je vous écoute, dit le duc de Guise qui, lui-même, a jadis eu le visage percé d'une pointe de lance.

— J'aurais dû écouter la reine, articule Henri. J'aurais dû... »

*

Pauvre reine Catherine ! Elle le savait... Elle le sentait. Depuis l'accident, elle n'a cessé de s'évanouir, de revenir à la conscience, puis de s'évanouir encore... Diane de Poitiers, de son côté, maîtrise mieux ses nerfs. Pendant près de quatre jours, elle reste assise dans sa chambre, au cœur de son propre hôtel, à l'écart de la cour, attendant des nouvelles. Elle le sait bien : que le roi vienne à mourir, et d'un coup, elle perdra tout. Cependant les nouvelles ne lui parviennent qu'au compte-gouttes : un soir, on lui dit qu'Henri a vomi sans arrêt, puis le lendemain que la fièvre baisse, avant de reprendre... La rumeur lui revient qu'on a joué, à la demande du blessé, de la musique à son chevet et qu'il aurait même avalé plusieurs compotes avec un apparent plaisir. On a fait venir le grand chirurgien Ambroise Paré, qui s'entraîne en reproduisant la blessure sur des têtes de condamnés à mort. Quant au duc de Savoie, il a envoyé chercher jusqu'à Bruxelles le médecin anatomiste André Vésale !

La favorite se tient, muette, dans la pénombre de ses appartements, lorsqu'un jour on lui annonce la visite de l'huissier personnel de Catherine.

« Madame, annonce-t-il, je suis venu sur ordre de la reine, pour vous prier de me remettre les joyaux appartenant à la Couronne, et qui seraient en dépôt dans vos cassettes. »

Diane se crispe.

« Le roi est-il mort ?

— Non, madame. Mais on craint beaucoup qu'il ne passe pas la nuit.

— Le roi n'est donc pas mort ! »

Diane de Poitiers contient sa colère.

« Non, madame...

— Alors je n'ai pas encore de maître. »

Et elle renvoie l'huissier.

*

Si la reine Catherine prépare ainsi le nouveau règne, elle n'en est pas moins ravagée de chagrin. Quand, au chevet de son mari, elle voit la Faculté s'éparpiller soudain comme une volée de corbeaux, elle comprend. La Médecine renonce : l'abcès a gagné tout l'intérieur du crâne, trépaner ne servirait qu'à infliger au mourant d'inutiles souffrances supplémentaires.

Alors commence l'agonie. Interminable agonie... Le 10 juillet 1559 enfin, vers une heure de l'après-midi, le grand chambellan va pouvoir souffler la bougie qui, près du mourant, trahit la présence persistante d'un souffle de vie : le grand roi Henri, deuxième du nom, aura cessé de régner.

La reine Catherine récite une prière, baise les mains du mort, puis se dirige vers une issue. C'est alors que la dauphine Marie Stuart – désormais reine de France – se presse à son tour vers la porte, afin que soit respectée la nouvelle préséance. Catherine, surprise, hésite avant de s'abîmer sans façon dans une plate révérence – hommage d'une humble sujette à la nouvelle reine... Attitude ignoble de cette belle-fille sans cervelle : elle aurait dû, naturellement, s'effacer avec grâce devant la veuve éplorée. Elle n'en a rien fait : Marie a seulement relevé le menton pour sortir la première.

Comment pourrait-elle imaginer que son règne va durer moins de deux ans ?

L'apogée du raffinement

Moins grand que son père François Ier – véritable géant pour l'époque –, Henri II aimait à faire montre de sa force, souligne l'historien Didier Le Fur[1]. Il s'entraînait comme un athlète : le souverain, incarnation du Pouvoir, ne se devait-il pas d'être grand, fort, d'une santé de fer et capable d'une grande résistance ? Or, au moment de la signature du traité de paix du Cateau-Cambrésis, Henri II a quarante ans, des cheveux blancs et un début d'embonpoint : il lui faut manifester sa prestance – et pas seulement dans les joutes équestres.

Ses visites régulières dans les villes du royaume sont autant d'occasions de « joyeuses entrées », somptueuses démonstrations de faste et de grandeur, où le roi porte l'une des ces armures de parade qu'il affectionne, réalisées avec art par une multitude d'artisans qui s'inspirent de décors d'architecture et de motifs ornementaux. Le roi démontre ainsi sa puissance, il affiche ses victoires… tout en espérant aussi quelques bénéfices en retour.

En France, le règne d'Henri II marque sans doute une apogée dans le raffinement. Les artistes

1. Auteur de *Henri II,* éd. Tallandier, 2009.

italiens, venus nombreux sous le précédent souverain, influencent toujours les arts décoratifs, puisant notamment dans l'Antiquité une inspiration sans égale. En parallèle, tout un cérémonial se met en place au sein de la cour et jusque dans l'agencement des espaces publics. Les appartements royaux, jusqu'ici petits et resserrés, sont agrandis, aérés, aménagés en fonction d'une étiquette sans cesse plus élaborée.

Cette cour va digérer les apports italiens du règne de François Ier en développant la création dite française, qui trouvera son apogée sous Louis XIV un siècle plus tard.

28

L'ombre de Raspoutine

Nuit d'hiver à Saint-Pétersbourg. En cette soirée du 16 décembre 1916, un crime d'État se prépare au palais Youssoupov, sur les bords du canal de la Moïka – un de ces meurtres historiques propres à saper un empire… Raspoutine, le conseiller occulte de la tsarine Alexandra, homme de Dieu pour certains, antéchrist pour d'autres, vit ses dernières heures. En pleine guerre mondiale, certains personnages ont décidé que cet homme, devenu trop influent, devait mourir.

Rien de moins prévisible, rien de plus irrationnel que l'ascension de Raspoutine. Tout a commencé en 1907, au domaine impérial de Tsarskoïe Selo, près de Saint-Pétersbourg, au sein de ce palais Alexandre où résident les souverains russes. Un palais baigné par la lumière si particulière de la Russie du Grand Nord : le ciel, tel un plafond tendu de soie, revêt là des teintes pastel, comme aquarellées, toujours plus tendres qu'ailleurs… L'empereur, le très réservé Nicolas II, vient alors de fêter ses trente-neuf ans ; voyez-le se diriger, en uniforme d'officier, vers ses appartements privés. Il a l'habitude de signaler sa présence à sa femme par un petit sifflement d'oiseau ; l'impératrice

Alexandra donne alors congé à ses dames et accourt vers son mari. Tous les proches du couple sont frappés par l'amour fusionnel qui les unit. Rarement dans l'Histoire, on aura vu des souverains liés par une telle tendresse. Quatre filles sont nées de leur mariage – Olga, Tatiana, Maria et Anastasia – ainsi qu'un petit garçon, le tsarévitch Alexis. Et c'est par lui que le malheur s'est insinué dans la famille : le pauvre garçon a hérité de sa mère une affection grave : il est hémophile – son sang ne coagule pas – et il peut constamment mourir de l'accident le plus banal.

En juillet 1907 donc, le palais vit une tragédie cachée. Le petit prince – « Aliocha » comme on le surnomme affectueusement en privé – a fait un faux mouvement en jouant ; il est tombé dans les bras de l'homme affecté à sa garde, le marin Derevenko. On a dû l'aliter et très vite son état s'est mis à empirer : un hématome se forme au genou, puis grossit vilainement, à tel point que les médecins de la cour font grise mine… L'enfant souffre terriblement, ses parents se relaient à son chevet. Il y a là la grande-duchesse Anastasia, dite « Stana », la femme du grand-duc Nicolas Nikolaïevitch. C'est elle qui compte, au nombre de ses connaissances, le fameux « Raspoutine » venu de Sibérie, de son vrai nom Grigori Iefimovitch – cet homme de Dieu dont tout Saint-Pétersbourg s'est entiché. Le guérisseur mystique a confié à la grande-duchesse : « Dis à l'impératrice de ne plus pleurer. Je guérirai son fils, il aura les joues roses quand il sera soldat. » Stana répète ces paroles réconfortantes à la malheureuse Alexandra qui soupire ; elle souffre tant de voir son fils dans cet état… « Appelle-le, dit-elle, n'hésite pas. Fais venir ce Grigori. »

Et voilà de quelle manière tout évidente, lorsque les coups de minuit sonnent à Tsarskoïe Selo, le *Starets* – « le mystique » en russe – fait une entrée attendue sous les stucs et les dorures du palais Alexandre.

Il faut l'imaginer, ce moujik de Sibérie : un bonhomme hirsute, assez effrayant avec son grand caftan noir un peu crasseux au col élimé, taché de graisse ; avec aussi sa longue tignasse mal peignée, sa grande barbe noire et drue, et puis ces yeux sans exemple – ce puissant regard infiniment doux, que l'on dit insoutenable. À l'époque, le célèbre ambassadeur de France, Maurice Paléologue, le décrit ainsi : « Raspoutine avait à la fois un regard pénétrant et rassurant, naïf et malin, fixe et lointain. » Le diplomate parle aussi du « magnétisme incontestable qui s'échappait de ses pupilles ». Cet homme, immense et terrifiant par certains côtés, gagne donc le saint des saints : les appartements privés de la famille impériale, l'endroit le plus secret de la grande Russie...

Son regard effraie la gouvernante, mais pas l'enfant qui s'en trouve plutôt étonné. Le géant le rassure : « Ne crains rien, Aliocha ; tout va bien, maintenant. » Il passe la main au-dessus du corps du garçon, sans le toucher... « Tu vois, je suis en train de chasser des vilaines souffrances. » Et il lui raconte toutes sortes de contes de Sibérie, remplis de chevaux qui parlent et de zibelines rusées... Il prie aussi. Le petit prince est fasciné ; soudain, sans même s'en rendre compte, il allonge sa jambe. Dans la chambre du palais, tout le monde retient son souffle. Et quand le mal se retire, l'enfant fait promettre au mage de revenir. Les témoins assistent alors à une scène qu'on ne peut voir qu'en Russie : une tsarine à genoux, le visage baigné de larmes, qui baise les mains de ce simple moujik, de cet illuminé, de ce mendiant élu de Dieu.

Dès ce jour, la famille impériale va s'en remettre pour l'essentiel à ce drôle de personnage sulfureux, dont elle fait d'abord son confident, puis peu à peu son conseiller, en attendant de le reconnaître quasiment comme son maître – ce sera notamment le cas pour l'impératrice Alexandra.

*

D'où vient-il exactement, ce guérisseur illuminé ? De la région de Tobolsk, en Sibérie, plus précisément d'un village assez prospère nommé Pokrovskoïe. Il naît vers 1864 dans une famille relativement aisée : son père est voiturier et Grigori passe alors sa jeunesse à s'occuper de chevaux – on dit qu'il en volait quelques-uns au passage. Il possède déjà ce magnétisme, ce rapport quasi magique aux animaux, demain aux humains. Un jour, il sera profondément traumatisé par un accident, à l'origine sans doute de son mysticisme et de son incroyable destin : il voit son frère se noyer dans une rivière et plonge sans hésiter pour aller le sauver. Tous deux contractent la fièvre et son frère meurt d'une pneumonie, tandis que lui recouvre la santé, et sort même de cette épreuve encore plus fort.

Grigori devient un garçon des plus robustes, endurant à l'alcool, très porté aussi sur le sexe, notamment avec les filles faciles du village – *Raspoutine* veut dire « vaurien » ou « coquin » en russe. En pleine adolescence, une vision le saisit brutalement : celui d'un chœur d'anges, lumineux, qui lui apparaît dans la campagne – il en sera marqué à vie. Depuis sa tendre enfance, le garçon est fasciné par la vie du Christ, faisant preuve d'une grande piété. Il se plonge dans les Écritures saintes – alors que son éducation demeure élémentaire – et devient un lecteur assidu de la Bible, un véritable exégète, certes autodidacte mais passionné. C'est là toute l'ambivalence du personnage : la débauche d'un côté et une piété, une foi sublime de l'autre. Il est bien possible que Raspoutine trouve d'ailleurs un moyen de concilier les deux, puisqu'on le dit adepte d'une secte célèbre, les Khlysty : ces illuminés prônent le péché charnel comme moyen d'accéder à une vraie repentance, au pardon complet, l'érotisme débridé menant ainsi à une forme de purification religieuse... On dit que Raspoutine a goûté aux ivresses de ce que l'on appelait joliment, chez les Khlysty, la « mêlée du péché » !

Pendant toutes ces années, le mystique errant multiplie les pèlerinages, parcourt les provinces, prêche et guérit. Il passe de longs moments en retraite, en ascèse, parfois trois semaines entières, reclus dans la cave familiale, prostré, illuminé, recevant la visite de tous les curieux des environs. Et quand il refait surface, chaque fois le village est là pour accueillir ses oracles. En cela, Raspoutine est en phase avec cette Russie mystique, en proie aux transes collectives à l'orée du nouveau siècle qui se rapproche.

*

En 1904, Raspoutine arrive à Saint-Pétersbourg, précédé par une certaine notoriété. Il entre à l'Académie de théologie dirigée par monseigneur Théophane qui le prend sous sa protection et se charge de le faire connaître dans les milieux influents de la capitale où sa ferveur est appréciée. Deux ans plus tard, en 1906, Raspoutine croise le couple impérial à Serguievka, sur le domaine du grand-duc Nicolas, grâce à l'entremise de la grande-duchesse Anastasia, fervente admiratrice du Starets. À cette époque, Nicolas II et l'impératrice Alexandra sont déjà très préoccupés par la maladie du tsarévitch. Ils ont toujours consulté des guérisseurs, notamment un Français, M. Philippe, d'origine lyonnaise, puis le docteur Encausse, surnommé Papus. Un an plus tard, lors de la première grave alerte du tsarévitch, Raspoutine prend tout naturellement leur place : la maladie de l'héritier lui ouvre les portes de la gloire, de la fortune et du pouvoir.

Le thaumaturge se rend rapidement indispensable auprès de la famille royale. La tsarine l'appelle dès que l'état du tsarévitch l'exige. Et les cas se multiplient... En 1912, Alexis se cogne à un bateau pendant un séjour en Pologne, déclenchant une hémorragie interne importante à la hanche. Son état empire, les parents sont rongés par l'inquiétude. Depuis la Sibérie où il séjourne, Raspoutine adresse à la tsarine un télégramme resté célèbre : « Dieu a bien voulu voir tes larmes et entendre tes prières, petite mère. Ne sois plus triste, ton fils vivra ! » Et de fait, incroyable mais vrai, le prince se rétablit miraculeusement ! Plus tard, au tout début de la Grande Guerre, Alexis se heurte la tête contre une vitre du train spécial qui l'emmène avec son père pour une inspection : il saigne du nez et on le rapatrie d'urgence. Une fois encore, Raspoutine est appelé au secours et l'hémorragie fatale cesse mystérieusement... « Remerciez Dieu, dit-il à la tsarine, il m'accorde une fois encore la vie de votre fils ! » Les faits sont indéniables : Raspoutine a des dons de guérisseur ; il n'est pas seulement ce diable que la légende a voulu faire de lui. Ce personnage sulfureux est capable de soigner des malades jusqu'ici incurables, et pas seulement dans la famille impériale. Son autorité naturelle est phénoménale, son charisme indescriptible, et son efficacité curative incontestable. On ne peut comprendre l'ascendant qu'il prend sur les souverains si on n'admet pas ce don qui le caractérise, ce pouvoir qui fascine tant ses contemporains.

*

À Saint-Pétersbourg, la haute aristocratie s'arrache alors cet homme de Dieu, devenu par ses dons l'intime de la famille impériale. Ce qui ne l'empêche nullement de passer des nuits au cabaret… L'Okhrana, la police du tsar, garde un œil sur lui – ainsi que les services secrets du monde entier. Les détails de ses exactions, sa vie dissolue commencent à se répandre aussi vite que grimpe son étoile. Qu'importe ! Lui se considère au-dessus du commun des mortels, protégé par Dieu et par le tsar. Ses ennemis se font chaque jour plus nombreux, on fait circuler sous le manteau des photos compromettantes…

Le président du Conseil, Stolypine en personne, se croit autorisé à mettre le tsar en garde contre cette influence qu'il considère néfaste. Les rumeurs, vraies ou fausses, se multiplient… Selon l'Intelligence Service, les services secrets anglais, le moujik serait lié au banquier Rubinstein, et derrière lui, avec l'Allemagne, pour empêcher l'éclatement d'un conflit germano-russe – l'Allemagne voulant éviter d'avoir à combattre éventuellement sur deux fronts.

Il est vrai qu'en juin 1914, l'influence de Raspoutine est devenue si grande qu'il paraît en mesure de pouvoir infléchir le cours de la guerre. Au lendemain de l'assassinat de François-Ferdinand à Sarajevo, Raspoutine est lui-même victime d'un attentat en Sibérie, une paysanne le blessant d'un coup de poignard pour se venger d'une vieille histoire sordide. Le Starets se retrouve de fait éloigné du palais en pleine crise internationale de l'été 1914.

Et par sa mobilisation précipitée des troupes, la Russie enclenche de fait la vicieuse mécanique des alliances qui conduit l'Europe à sa perte. On peut légitimement se demander si les événements auraient pris cette tournure si Raspoutine avait été près du couple impérial au palais…

Toujours est-il qu'en septembre 1915, le tsar décide lui-même de prendre le commandement suprême de ses troupes, très désorganisées. Fatale erreur. Il s'éloigne ainsi de sa capitale et la tsarine devient de fait la régente d'un immense empire, faisant face à des ministres pas toujours très dociles. Le pouvoir suprême est désormais sous influence : l'impératrice écoute comme parole d'Évangile les conseils du Starets. Et dans un certain nombre de milieux éclairés autour de Nicolas II, plusieurs responsables estiment que les choses vont désormais trop loin. Il faut « débarrasser » la Russie de cet épouvantail, murmure-t-on entre les portes des salons.

À l'automne 1916, le vieux président de la Douma, Rodzianko, lâche ces mots, au cours d'une soirée : « Mais que peut-on faire quand tout le gouvernement et toutes les personnes de l'entourage de Sa Majesté – il parle de l'impératrice – sont des créatures de ce Raspoutine ? La seule chance de salut serait de tuer ce misérable. Mais il ne se trouve pas en Russie un homme qui ait le courage de le faire. » Parmi les témoins, est présent le jeune et riche prince Félix Ioussoupov, un homme raffiné qui collectionne les bonnes fortunes des deux sexes et qui culpabilise sans doute de n'avoir pas été mobilisé – il est fils unique. L'ambassadeur Paléologue le décrit ainsi : « Son dilettantisme se plaît un peu trop aux fantaisies perverses, aux images littéraires du vice et de la mort. […] Ses instincts, son visage, ses allures le font ressembler beaucoup plus au héros de *Dorian Gray* qu'à Brutus ou Lorenzaccio. » Toujours est-il qu'il décide de s'improviser l'âme d'un complot appelé à sauver la Russie du bourbier dans lequel elle s'égare…

Il n'hésitera pas, d'ailleurs, à publier la version officielle de l'assassinat dans ses Mémoires qu'il écrira plus tard, lors de son exil en France. Lui explique que tout s'est décidé assez vite ; mais d'autres versions donnent une perspective différente au drame : en 1970, Alain Decaux recueillera notamment les confidences stupéfiantes de l'un des conjurés, le docteur Lazovert, l'homme qui a fourni le poison. Selon lui, le chef de l'Intelligence Service en Russie aurait joué un rôle majeur dans l'assassinat de Raspoutine. Par l'entremise de l'un de ses agents féminins, il aurait approché de hautes personnalités proches du pouvoir, à commencer par le grand-duc Dimitri Pavlovitch, qui serait en fait à l'origine du complot. Il est certain que cette histoire possède une vraie dimension politique, car beaucoup de responsables, russes ou étrangers, commencent à suspecter le conseiller de la tsarine de vouloir signer une paix séparée avec l'Allemagne – ce que feront d'ailleurs les bolcheviks plus tard.

*

Le piège se referme sur Raspoutine en cette funeste nuit du 16 décembre 1916. Le beau Félix Ioussoupov l'a convié en son palais, lui faisant miroiter une rencontre avec sa femme que le Starets désirait connaître. Le docteur Lazovert a instillé du cyanure de potassium dans un lot de petits gâteaux ; puis il se déguise en chauffeur pour aller chercher Grigori. Félix le reçoit au sous-sol de la maison et reste près de deux heures avec lui. Tout en discutant, Raspoutine avale gâteau sur gâteau, avec quelques verres de madère – mais rien n'y fait ! Pas moyen de venir à bout d'une aussi solide constitution ! Finalement Ioussoupov – ou un autre ? – devra se résoudre à tirer au pistolet sur le pauvre Grigori que l'on abat comme un animal.

Sachant bien que l'on pourrait les observer, les conjurés ont prévu toute une mise en scène : l'un des membres du complot revêt le fameux caftan de la victime, le docteur remet de son côté le costume du chauffeur, et l'on fait semblant de ramener Raspoutine chez lui… Pendant ce temps, une autre voiture vient récupérer le corps ; c'est alors qu'on se rend compte que la victime bouge encore ! Le géant tente même d'étrangler Félix, avant de se sauver et de parvenir à sortir du palais ! Les conjurés lui tirent à nouveau dessus, puis l'achèvent avec une matraque, le ligotent, et le jettent dans la Neva, par un trou dans la glace !

Le lendemain, quand on retrouvera le corps, on se rendra compte que le Starets, dans son état, aura encore trouvé la force de sortir un bras de ses liens… Or, selon les enquêteurs, Raspoutine n'est pas mort empoisonné, ni tué par balles – mais noyé : oui, cette force de la nature était encore vivante au moment où ses bourreaux l'ont jetée dans la Neva !

*

Dans une lettre adressée à son secrétaire, quelques semaines avant le traquenard, le mage avait écrit ces lignes visionnaires, une fois encore : « Je sens qu'avant le 1er janvier, je ne serai plus de ce monde », et s'adressant à Nicolas II : « Toi, tsar de Russie, si ce sont tes parents qui ont préparé ma mort, alors aucun membre de ta famille, c'est-à-dire aucun de tes enfants ou de tes parents, ne survivra plus de deux ans. Ils seront tués par le peuple russe. » Tout était dit.

Un homme sali par l'Histoire

Si l'on en croit l'ancien diplomate Vladimir Fédorovski[1], Raspoutine ne mérite pas sa réputation. Les excès et les débordements du personnage étaient ceux d'un mystique, dans la pure tradition russe : « Pour se rapprocher de Dieu, il faut beaucoup pécher », disait-il... Raspoutine n'en était pas moins un homme pieux, très respectueux de la Bible. Il est incontestable que ses dons de guérisseur ont soigné, non seulement le tsarévitch, mais aussi quantité de personnes – et ce, le plus souvent, gratuitement.

Sur le plan diplomatique, Raspoutine aura été le seul à comprendre que la Russie ne pourrait pas supporter le fardeau d'une longue guerre ; il a vivement conseillé au tsar d'éviter d'engager son empire dans cette voie. Et l'avenir lui a donné raison.

En réalité, le Starets a tôt dérangé l'entourage du couple impérial – à commencer par la mère de l'empereur, l'ancienne impératrice Maria Feodorovna. On s'est entendu pour le faire passer pour un dangereux illuminé, lubrique et violent, prêt à vendre son âme au diable afin d'assouvir sa soif de pouvoir et d'or, une image savamment entretenue par cer-

1. Auteur du *Roman de l'espionnage*, Éditions du Rocher, 2011.

tains services secrets, notamment britanniques : Raspoutine était favorable, en effet, à un rapprochement avec les Allemands... D'où le travail de sape et de désinformation mené avec succès par les Anglais, et qui trouvera le plus grand écho chez certains parents de l'empereur : il est aujourd'hui admis que c'est le grand-duc Dimitri en personne, et non le comte Ioussoupov, qui aurait porté le coup fatal au géant sibérien.

29

Sur les pas de l'Éventreur

Pendant trois mois, à la fin du XIX*e siècle, « Jack the Ripper » a terrorisé l'Angleterre, faisant les gros titres de la presse, provoquant la colère de l'opinion, jusqu'à celle de la reine Victoria en personne. Le premier des tueurs en série de l'ère moderne est surtout connu pour le sadisme méticuleux qu'il déployait après ses crimes, dans des mises en scène inégalées dans le genre macabre. Pour la police, l'enquête ne sera close qu'après la mort d'un suspect idéal… Or, la ténébreuse affaire de Jack n'a pas livré tous ses secrets.*

Londres, 31 août 1888, aux alentours de minuit. Une silhouette furtive se glisse dans Buck's Row, l'une des ruelles les plus sordides de la capitale britannique et sans doute aussi la plus pestilentielle du quartier de Whitechapel. L'une des moins sûres aussi, surtout la nuit. Il s'agit d'une toute jeune femme de vingt-trois ans, aux yeux très bleus, avec des cheveux blonds tirant sur le roux. Mary Kelly – surnommée « Black Mary » parce qu'elle s'habille toujours en noir – est irlandaise. Elle vend ses charmes, une façon de trouver un peu d'argent pour vivre dans ces quartiers oubliés du monde. Mais cette nuit les clients lui ont fait défaut, la faim la torture, elle ne s'est pas encore couchée, elle avance, ombre parmi les ombres dans Buck's Row, avant de ralentir le pas... Il semble qu'il se soit passé quelque chose, elle entrevoit un attroupement. Mary s'approche, on vient de découvrir en effet un cadavre. Mais pas n'importe lequel : un corps atrocement mutilé, celui de Mary Ann Nichols – dans le quartier on l'appelait « Polly ». Mary la connaissait bien, une prostituée elle aussi, une femme de quarante-deux ans, qui n'a pas réussi à payer cette nuit-là sa paillasse dans un asile. Il lui manquait quatre pence, alors elle était venue chercher refuge du côté des grilles de Christchurch Park, « le parc des galeux » comme les policiers de Londres le surnomment...

Whitechapel, c'est un peu la face cachée, le côté honteux de la splendide métropole londonienne aux cinq millions d'habitants, centre du monde moderne à l'époque victorienne. Avec d'un côté les meilleurs théâtres, les plus prestigieuses maisons de commerce, mais de l'autre ce monde de la crasse, qui se développe le plus loin possible des quartiers chics, reconnaissables à leur square et à leurs jolies façades à colonnes blanches. Les bas quartiers, eux, sont jonchés d'ordures, enfumés, remplis d'exhalaisons douteuses et de vapeurs d'alcool. Avec des arrière-cours fréquentées par une faune interlope, des marlous, des filles de joie, des traîne-savates, la poisse, la vermine, la maladie, à quelques encablures de Covent Garden. Et cette nuit, au coin de la rue, ce cadavre dépecé qui gît sur le trottoir, comme une insulte à l'humanité.

La malheureuse Polly a subi des mutilations affreuses : la gorge est entièrement tranchée d'une oreille à l'autre, l'abdomen est ouvert depuis le bas du ventre, et ses organes ont fait l'objet d'ablations minutieuses, « expertement et prestement exécutées » selon le procès-verbal de l'époque. Le cadavre a été découvert par un charretier qui se rendait à l'équarrissoir. Son mari accourt déjà, prévenu du meurtre. Il s'agit d'un brave homme, un ouvrier tranquille que sa femme a déjà abandonné à six reprises et avec lequel elle a eu cinq enfants. « J'te pardonne », bredouille le malheureux devant ce qui reste de sa femme. « Pauvre Polly, dans l'état où tu es… » La jeune Black Mary n'a fait qu'apercevoir la scène du crime dont la police tente de cacher les horreurs. Mais ce qu'elle a senti poindre en elle, c'est la froideur insidieuse de la terreur. Une panique qui va bientôt s'étendre à tout le quartier.

*

Ce n'est pas la première fois qu'une prostituée est tuée dans ces bas-fonds. Le crime de Polly en rappelle un autre, commis trois semaines plus tôt sur Martha Tabram, dite « Emma Turner ». Elle aussi exerçait le plus vieux métier du monde, elle aussi a été retrouvée massacrée à Whitechapel, lardée de trente-neuf coups de couteau dans un escalier. Le rapport de police précise que, parmi les instruments dont le maniaque s'est servi, figure vraisemblablement une baïonnette ainsi que des instruments chirurgicaux. Faut-il orienter l'enquête vers les milieux médicaux ? La police va moins vite en besogne que l'opinion. Pour le moment, on n'est pas convaincu du lien entre les deux crimes et cette ressemblance dans l'horreur ne pourra jamais être prouvée. Selon les experts, le meurtre de Mary Ann Nicols est tantôt le premier, tantôt le deuxième attribuable à l'un des plus redoutables tueurs en série du siècle.

En réalité, la véritable enquête de Scotland Yard commence le 8 septembre 1888, soit huit jours après l'assassinat de la pauvre « Polly » dans Buck's Row. Ce matin-là, à six heures, c'est un porteur du marché de Spitalfields qui aperçoit une chose étrange dépassant d'un recoin plongé dans la pénombre… On dirait bien une jambe. Le porteur s'approche, le cœur au bord des lèvres, et ce qu'il découvre le révulse. C'est bien un corps qui se trouve étendu là, comme une vieille poupée désarticulée sur les pavés putrides d'une cour de Hanbury Street. La tête est presque détachée du corps, auquel elle ne tient que par un gros mouchoir, le ventre a été ouvert, comme pour Polly, les intestins retirés, posés sur l'épaule, et toute sorte d'organes – dont les reins et les ovaires –, ont été « artistement » découpés. Il va falloir un certain temps aux enquêteurs afin d'identifier Annie Chapman, dite « Annie la Brune ». Cette fois, le quartier de Whitechapel vit dans la peur. Un grand pervers est à l'œuvre, la nuit, et il aura bientôt un nom. Une lettre, un simple courrier, posté de Liverpool le 12 septembre 1888, parvient aux services de police. Il est signé « J. the Ripper ». Le monde entier va bientôt connaître le prénom de ce terrible maniaque : Jack.

Jack l'Éventreur.

*

Les courriers de ce Jack s'accumulent au cours des semaines qui suivent : en tout, les envois postaux attribués – à tort ou à raison – au fameux maniaque se montent à trois cent soixante pièces au moins ! La deuxième lettre est postée de Londres le 29 septembre, toujours signée « J. the Ripper », et cette fois on monte d'un cran dans l'effroi car le billet annonce le prochain carnage. « Je travaillerai le 1er aux Minories… » En fait, le 30 septembre avant l'aube, soit avec vingt-quatre heures d'avance sur la date donnée par courrier, un cavalier qui avance dans Berner Street fait un écart brusque, emporté par son cheval qui a senti quelque chose. Il y a là un corps qui gît au sol, celui d'une grande Suédoise de quarante-cinq ans – on l'appelait « L'Anglaise » dans le métier. Le cadavre est encore chaud, mais cette fois il n'a pas subi d'importantes mutilations, comme si l'assassin avait été dérangé dans son ouvrage, et avait préféré prendre la fuite en entendant les sabots du cheval. Ce sera en tout cas la conclusion des enquêteurs, conclusion vite refermée et pour cause...

Car la même nuit, à deux heures moins le quart dans Mitre Square, la partie la plus occidentale de Whitechapel tout près de la City, on retrouve le cadavre de Kate Eddowes, encore une prostituée. La pauvre fille venait d'être relâchée d'un poste de police où on l'avait coffrée quelques heures plus tôt. « Allez, file », lui avait dit le sergent de ville. Il était loin de se douter qu'en libérant Kate, il la livrait à une fin atroce. Cette fois, comme si l'Éventreur avait pris soin de se rattraper de la tâche sabotée de l'heure précédente, le maniaque a « travaillé soigneusement » selon ses propres termes. Il a pris tout le temps nécessaire pour martyriser la pauvre femme. Les intestins, déroulés, ont été réinstallés autour du cou et des épaules de la victime. Le foie a été coupé en deux, le rein gauche est emporté – on ne tarde pas d'ailleurs à le retrouver, mais en partie... George Lusk, président du comité de vigilance de Whitechapel, reçoit un petit paquet, signé comme d'habitude « Jack the Ripper », contenant dans un bocal la moitié d'un rein conservé dans l'alcool. « Cher Mr. Lisk, j'ai fait frire l'autre morceau et l'ai mangé, c'était très bon... »

*

En cet automne 1888, la peur et l'angoisse tenaillent désormais les prostituées de Londres, à commencer par celles du quartier maudit de Whitechapel. C'est le cas de la petite Mary, la Black Mary, comme on la surnomme, cette jeune fille qui vient d'Irlande avec ses yeux bleus et ses cheveux tirant sur le roux. Le soir du 8 novembre, elle écume les rues en quête de clients. La malheureuse doit payer son loyer, et elle accuse déjà six semaines de retard... Un peu avant minuit, elle croise un certain Hutchinson, ancien veilleur de nuit et compagnon de misère, et l'apostrophe : « Oh, Hutchinson, j'ai rien mangé, j'ai les crocs... » « Désolé, p'tite, mes poches sont vides. » Hutchinson a dépensé le peu qu'il avait dans la boisson, comme tous les soirs. Mary Kelly ne s'attarde pas, mais l'ivrogne décide de la suivre, parce qu'il n'a sans doute rien de mieux à faire. À distance respectueuse, il l'observe et l'espionne jusqu'à son domicile, au 13 Miller's Court. Et il la voit, du moins il la devine, face à un homme grand, plutôt élégant, portant un manteau à parements d'astrakan et des guêtres sombres. Tous deux disparaissent dans la chambre de la jeune femme.

Hutchinson dira dans sa déposition : « Mes soupçons se sont éveillés en voyant un homme aussi bien habillé dans ce coin-là... ç'avait quelque chose de bizarre. » Pas assez en tout cas pour le maintenir à son poste de voyeur. Il se retire avant d'avoir vu l'homme aux guêtres sombres ressortir de chez Mary Kelly. Vers minuit, une voisine voit également un homme élégant entrer chez la jeune femme. Elle précise qu'il portait des moustaches rousses et que la petite paraissait éméchée. Il est vrai qu'elle a chanté des ballades irlandaises, pendant un long moment, tard dans la nuit... Et puis plus rien. Le silence est revenu sur Miller's Court. Mary n'a plus chanté...

Ce 9 novembre 1888, vers dix heures du matin, le propriétaire envoie justement un de ses commis chercher les arriérés que Mary lui doit. Le jeune homme frappe à la porte, aucune réponse. Il appelle : « Miss Kelly ? » Pas de signe de vie. Il décide de faire le tour, il y a une espèce de petit passage qui donne sur la cour, et là, par un carreau cassé de l'une des fenêtres, on peut voir à l'intérieur. Il passe la main par le trou, écarte le rideau de la chambre, fronce les sourcils et, comme frappé par la foudre, retire sa main si vivement qu'il se coupe à un morceau de vitre cassée. Ce qu'il vient d'apercevoir à l'intérieur dépasse tout ce que l'on peut imaginer dans le domaine de l'épouvante. La jeune Mary, ou ce qu'il en reste, est étendue sur le lit, telle une charpie sanguinolente. Elle a été découpée et les morceaux suspendus çà et là dans la pièce à des clous de tableaux. Il va falloir sept heures à trois chirurgiens pour reconstituer le corps, et les experts estiment que l'horrible besogne du criminel a dû lui demander deux heures d'un « minutieux labeur ». Un véritable acharnement ! Les seins ont été coupés, le cœur retiré, et son visage reste méconnaissable. « Toute la surface extérieure de l'abdomen et des cuisses a été arrachée et les viscères ont été retirées de la cavité abdominale », selon le procès-verbal. Une ignoble boucherie, sordide et révoltante.

*

Cette fois, c'est tout le Royaume-Uni qui réagit. La reine Victoria elle-même, depuis sa demeure écossaise de Balmoral, demande des comptes et s'adresse au Premier ministre lord Salisbury pour que des mesures de sécurité soient prises et que l'éclairage public pénètre enfin le quartier insalubre de Whitechapel. La souveraine fait également pression pour que le patron de Scotland Yard, sir Charles Warren, démissionne – démission suivie de peu par celle du chef du Home Office, autrement dit le ministre de l'Intérieur. Mesures spectaculaires pour calmer l'opinion, mais mesures bien tardives… Car ce cinquième crime de Jack l'Éventreur sera en vérité le dernier.

Depuis le début, les forces de l'ordre semblent dépassées. L'enquête piétine et n'aboutit nulle part. Qui est ce pervers suffisamment manipulateur pour terrifier l'Angleterre, jouer ainsi avec la police et parvenir à décapiter Scotland Yard ? Dans un premier temps, les enquêteurs et l'opinion publique tiennent pour évidentes deux certitudes. Que le meurtrier n'est pas un gentleman, et encore moins un Anglais ! Avant de finir par admettre que n'importe qui peut être soupçonné, à cause notamment de certains témoignages précis. Dès lors, le caractère chirurgical des crimes oriente les enquêteurs vers les milieux médicaux. Les soupçons se portent sur trois individus. D'abord un Juif polonais de Whitechapel connu pour sa misogynie violente. Ensuite un médecin américain, d'origine russe, passionné d'instruments de chirurgie et de torture et incapable de fournir des alibis au moment des cinq meurtres retenus par la police. Enfin, et surtout, un certain Montague John Druitt, un jeune homme élégant de trente et un ans, issu d'une famille plus qu'honorable comptant quatre chirurgiens. Un drôle de célibataire, qui mène une vie mystérieuse autour de sa garçonnière londonienne, adepte de l'humour noir, juriste et même avocat – sans clientèle –, et qui donne pour s'occuper des cours dans un pensionnat privé dont il est vite renvoyé pour une affaire de mœurs. L'homme finit par se jeter dans la Tamise en décembre 1888, donc moins d'un mois après le massacre de Black Mary, sa mort coïncidant avec la fin des crimes. On comprend dès lors que la thèse de la culpabilité de John Druitt soit la plus répandue. C'est notamment celle que retient sir Melville Macnaghten, l'un des pontes de Scotland Yard, lorsqu'il classe l'affaire en 1894. Il n'empêche que de nombreuses autres thèses vont fleurir.

On a prétendu, notamment, que le meurtrier aurait été le duc de Clarence en personne, le fils aîné du prince de Galles, donc le petit-fils de la reine Victoria : le problème, c'est qu'au moment des différents crimes, le prince était de façon certaine tantôt à Balmoral, tantôt dans le Norfolk. Les journalistes et de nombreux « ripperologues » – les experts et passionnés de l'affaire – ont aussi émis l'hypothèse que le nom de Jack the Ripper pouvait recouvrir une association de plusieurs criminels, dont le médecin de la famille royale, sir William Gull et le peintre Walter Sickert, artiste inspiré par des scènes morbides, ou encore qu'il pouvait s'agir d'une femme. Autre piste : l'assassin pourrait être une célèbre victime de la chronique judiciaire anglaise, un certain James Maybrick, qui sera plus tard empoisonné par sa femme. Dans son journal intime – vrai ou faux – retrouvé plus tard dans l'anfractuosité d'un mur, il avouerait ses crimes avec force détails... Ce document reste une pièce hautement discutable, l'encre utilisée n'étant pas authentique selon des experts.

Autant de pistes avortées qui ne font qu'embrumer un peu plus l'enquête autour du plus célèbre meurtrier de l'Histoire. Or, si personne n'a pu apporter de solution définitive à l'énigme, il semble qu'une jeune Française, passionnée par la question, n'en soit pas très loin...

Le policier démasqué

« Et si le tueur en série était tout simplement un policier de Scotland Yard ? » demande Sophie Herfort[1]. Après une longue et minutieuse enquête à Londres, cette « ripperologue » avertie s'est convaincue que l'Éventreur connaissait les services de police : il écrit souvent « Dear Boss », – « Cher patron » – au début des lettres qu'il envoie à Scotland Yard. Disons-le clairement, les soupçons de Sophie Herfort convergent vers un acteur célèbre de l'affaire, jusqu'ici placé au-dessus des suspects : sir Melville Macnaghten.

L'homme, c'est incontestable, avait postulé officiellement le 28 août 1888 pour entrer dans les services de police ; or, le patron de l'époque, sir Charles Warren, lui en avait refusé l'accès. Cette humiliation aurait nourri son désir de vengeance : Macnaghten aurait souhaité humilier la police et faire tomber Warren. Les lettres de l'Éventreur sont remplies, il est vrai, de cette haine envers les forces de l'ordre – il est même fait mention, dans l'une d'entre elles, d'un « renvoi de la police » – sans plus de détails… Si Macnaghten est le meurtrier, le fait est qu'il a réussi : la reine Victoria n'a-t-elle pas poussé le patron de Scotland Yard à la démission

1. Auteur de *Jack l'Éventreur démasqué*, éd. Tallandier, 2007.

lorsque l'affaire a pris trop d'ampleur ? L'Éventreur envoie du reste une lettre, le 7 novembre 1888, au siège de Scotland Yard, dans laquelle il précise qu'une fois que Warren sera renvoyé, les crimes s'arrêteront. Et c'est effectivement ce qui se passe deux jours après !

Il s'agirait donc d'un cas extrême de perversion narcissique : un homme mettant sur pied une machination machiavélique, avant d'y mettre fin dès lors que son but est atteint. Macnaghten finira d'ailleurs par intégrer tranquillement les services de Scotland Yard une fois Warren parti. Il sera même le personnage clé chargé de clore l'affaire, des années plus tard !

Trop d'indices troublants convergent effectivement sur Melville Macnaghten pour ne pas envisager, à tout le moins, son éventuelle culpabilité. L'homme a vécu en Inde, c'est un grand chasseur, spécialiste du safari et du tannage ; il adore s'encanailler à Whitechapel, aller taquiner les prostituées. Dans ses Mémoires, il dit clairement que ce ne sont pas des femmes à ses yeux, mais « les plus bas déchets de l'humanité ». Lors du meurtre d'Annie Chapman, on retrouve même un morceau de papier avec un bout d'adresse qui coïncide au détail près avec celle de Macnaghten ! Lorsqu'il était en Inde, il a été violemment blessé à la tête durant une émeute, restant longtemps inanimé dans les plaines du Bengale dans un état semi-comateux : cet accident aurait-il eu des conséquences psychiques ?

La propre fille de Macnaghten laisse entendre dans ses Mémoires qu'elle soupçonnait son père d'être le tueur de Whitechapel après avoir découvert qu'il collectionnait des photos de ces crimes en particulier… Le plus incroyable dans l'histoire, c'est de le voir conclure l'affaire, lorsqu'il est en poste, sur un rapport truffé d'erreurs et accablant sans partage l'avocat John Druitt – suspect idéal puisqu'il avait mis fin à ses jours…

Ainsi, l'homme qui a terrorisé l'Angleterre et le monde pendant plusieurs semaines pourrait s'être caché sous les traits d'un gentleman, devenu policier et finalement chargé de classer le dossier.

30

Napoléon II

Paris, 1811. Jamais enfant ne fut attendu davantage – et par tout un peuple ! Un peuple nombreux pour l'époque : les Français sont plus de trente millions, répartis sur quelque cent trente départements, des frontières du Danemark à celles de la Calabre, de Barcelone à Venise et aux confins du Monténégro. Le plus grand empire du monde, le plus puissant… mais aussi le plus fragile, car il n'a toujours pas d'héritier. Il faut un fils à Napoléon, un fils qui rendrait possible ce qui, jusqu'à l'an précédent, passait pour utopique : l'installation en France d'une nouvelle dynastie.

En 1809, Napoléon Bonaparte est au pouvoir depuis dix ans ; il règne depuis cinq. Mais il est sans descendance… En effet l'impératrice Joséphine n'est pas parvenue à lui donner d'héritier ; et comme elle-même a eu deux enfants d'un premier mariage, l'empereur en a conclu que c'est lui qui était stérile. Il a du reste fini par s'y résigner… Jusqu'à ce que sa maîtresse polonaise, Marie Walewska, lui annonce tout à coup sa grossesse ! Pour un conquérant obsédé par l'idée de sa succession, voilà qui change tout. Au cours de l'automne, Napoléon va prendre l'une des décisions les plus douloureuses de sa vie : répudier sa chère Joséphine, afin de pouvoir épouser en secondes noces une femme qui lui donnera l'héritier nécessaire. Reste à choisir parmi tout un lot de princesses bonnes à marier… L'ironie de l'histoire fait que le choix impérial se porte sur l'archiduchesse Marie-Louise, fille de l'empereur François Ier d'Autriche – autant dire la petite-nièce de l'infortunée Marie-Antoinette ! Ainsi l'ancien général de la Révolution va-t-il s'unir à la vieille maison de Habsbourg…

*

Union féconde, au demeurant : la jeune Marie-Louise tombe rapidement enceinte. Dès le début de l'été 1810, la France et l'Europe apprennent que la nouvelle impératrice des Français attend un heureux événement. Encore faut-il que l'enfant soit un garçon. Curieusement tout le monde en paraît convaincu, à commencer par le couple impérial lui-même. L'on espère qu'après l'ère du souverain de guerre viendra celle du souverain de paix. Et l'on décide que dès sa naissance, le nouveau-né ceindra la couronne des États du Latium et sera fait « roi de Rome ».

En attendant, rien n'est trop beau pour préparer l'heureux événement. Les bonnes fées de tous les corps de métiers se penchent sur le berceau princier, à l'image du peintre Prud'hon qui dessine un incroyable couffin d'apparat, chef-d'œuvre de nacre, de bronze et de vermeil dans lequel trônera littéralement le princier enfançon. Pour son héritier, Napoléon vise haut et voit grand : des ouvriers posent déjà sur la colline de Chaillot les fondations de ce qui doit, sous le nom de « palais du Roi de Rome », devenir la plus gigantesque cité interdite du monde, « un kremlin cent fois plus beau que celui de Moscou », a lancé l'empereur. Parmi les trésors dévolus au futur bébé, le moins précieux n'est pas sa propre gouvernante, une véritable dame de l'Ancien Régime, la comtesse de Montesquiou, que le bébé appellera « maman Quiou » – une femme à l'élégance innée, avec cette éducation souveraine, et le maintien inimitable de ceux qui ont fréquenté l'ancienne cour de Versailles. Mme de Montesquiou s'apprête à gouverner une Maison constituée de sous-gouvernantes, berceuses, femmes de garde-robe, écuyers, huissiers, maîtres d'hôtel – une véritable armée de pouponnière, au service de l'enfant roi.

*

Le 19 mars 1811, l'impératrice commence à sentir les contractions. Branle-bas de combat aux Tuileries ! Il n'est que sept heures du soir, la nuit promet d'être longue... Les dignitaires de l'Empire se préparent à tenir une véritable veille. Parmi eux, un homme est plus anxieux que les autres : c'est M. Dubois, l'accoucheur attitré. La panique commence à le gagner : l'étiquette impériale le prive en effet de l'assistance d'une sage-femme ; il ne peut même pas compter sur le soutien du célèbre Corvisart, médecin de l'empereur, celui-ci ayant déserté la place dès dix heures ! Or, l'impératrice se sent mal : la poche amniotique est percée. Dubois, la gorge nouée, se précipite chez l'empereur qu'il trouve plongé dans un bain très chaud ; Napoléon se rhabille en hâte et suit l'accoucheur jusqu'au chevet de sa femme :

« Comment allez-vous faire ?

— Je serai obligé de me servir des ferrements, répond le malheureux Dubois.

— Ah ! mon Dieu, est-ce qu'il y aura danger ?

— Il faudra ménager l'un ou l'autre, la mère ou l'enfant.

— La mère, tranche Napoléon, c'est son droit ! Avec la mère j'aurai un autre enfant. »

Et il ajoute ces mots magnifiques : « La nature n'a pas deux lois. Faites comme s'il s'agissait d'une petite-bourgeoise de la rue Saint-Denis. Conduisez-vous exactement comme si vous attendiez le fils d'un savetier. »

Dans la chambre, la pauvre Marie-Louise hurle à présent de douleur, Dubois manque de défaillir. L'homme est blême, il sue à grosses gouttes et refuse d'intervenir sans l'assistance de Corvisart. Il faut que l'empereur se fâche : « En voilà assez, Dubois ! Je vous ordonne d'accoucher l'impératrice ! » Sur quoi Napoléon se retire dans le cabinet de toilette attenant. L'enfant se présente par les pieds ; Dubois est contraint d'utiliser les forceps. Quand Napoléon revient au chevet de son épouse, son fils – car il s'agit bien d'un garçon – présente toute l'apparence d'un enfant mort-né. Certains prétendent qu'on l'aurait abandonné par terre sur un tas de couvertures. Corvisart, qui est revenu d'urgence, baigne l'enfant, le tapote… Et le miracle se produit : avec beaucoup de retard, le nouveau-né pousse son premier vagissement ! L'empereur en a le souffle coupé : il tient dans ses bras Napoléon François Joseph Charles, roi de Rome, héritier du plus puissant empire de la planète.

*

Napoléon II est donc né à huit heures du matin, ce mercredi 20 mars 1811 – Mars, dieu de la Guerre, un auspice qui pourrait marquer cette destinée… La porte de la chambre est grande ouverte quand l'huissier proclame, devant la cour réunie : « Messieurs, voici le roi de Rome ! » L'empereur envoie dans l'heure ses pages à tous les relais de poste et de télégraphe, afin que la nouvelle soit diffusée dans toute l'Europe.

À Paris, il était prévu que l'on donne vingt et un coups de canon pour une fille, et cent un pour un garçon. Aussi, vers dix heures du matin, quand les coups commencent à retentir, toute la ville se fige-t-elle ; les Parisiens comptent : dix-neuf, vingt coups, vingt et un... Vingt-deux coups ! Aussitôt, une immense, une puissante clameur s'élève dans le ciel de la capitale. Pendant toute la journée – en attendant les grandes illuminations et les feux d'artifice du soir – ce ne sont que chansons, rondes, embrassades, dans un enthousiasme inouï et qu'on ne revivra plus avant un siècle, à l'occasion de l'armistice de 1918.

Depuis une fenêtre des Tuileries, l'empereur observe cette foule en liesse. Certains témoins affirmeront qu'à ce moment, des larmes coulent sur ses joues. Napoléon s'approche du berceau, contemple fièrement son fils et murmure : « Je l'envie. La gloire l'attend alors que j'ai dû courir après elle. » Un détail savoureux : ce soir du 20 mars, de retour dans leur quartier, tous les officiers du 1er régiment de la garde – les illustres vétérans d'Austerlitz – vont couper leurs fameuses moustaches... pour en faire un oreiller au roi de Rome !

*

Sept semaines plus tard, le 9 juin, Notre-Dame de Paris sert de cadre au baptême. L'impérial bambin, dans une robe somptueuse au point d'Angleterre, se rend à la cathédrale sur les genoux de « maman Quiou » dans le carrosse de l'impératrice, tandis que Napoléon et Marie-Louise suivent de près, dans le carrosse du sacre. À la fin de la cérémonie, l'empereur prend son fils et, au milieu des vivats et des clameurs de joie, le soulève au-dessus de sa tête – comme une offrande au peuple assemblé. Tous les témoins pourraient en jurer : le règne de Napoléon II sera glorieux. La France, enfin réconciliée, semble bien près de son apogée. Qui, en cet instant, pourrait imaginer que, seulement trois ans plus tard, cet enfant serait jeté sur les routes de l'exil ?

*

Début 1814. Les armées de la VIe coalition, entrées en France depuis deux mois déjà, se font menaçantes. Les Autrichiens sont redevenus ennemis, ce qui met Marie-Louise dans une situation aussi délicate, sinon plus, que celle de sa tante à l'aube de la Révolution...

Le 24 janvier, Napoléon embrasse son fils pour la dernière fois ; il ne le reverra jamais.

Le 29 mars – encore mars… – à dix heures du matin, l'impératrice est contrainte, devant l'avancée alliée, de quitter les Tuileries en toute hâte, avec son fils. Elle va se réfugier à Rambouillet, puis à Blois, avant de prendre pour de bon le chemin de l'exil. Dans la cour du palais, le mouvement précipité des carrosses a offert aux Parisiens moqueurs un spectacle assez pitoyable. Dans la poussière du convoi impérial en fuite, chargé de toutes sortes d'objets précieux, se meurent donc les derniers feux d'un empire colossal… L'empereur a renoncé au trône – pour lui-même et pour son fils… Il prend le chemin de l'île d'Elbe. Marie-Louise sera bientôt à Vienne, près de son père François Ier, en compagnie de son jeune fils que l'on va nommer par son premier prénom, François, que les Viennois ont tôt fait de germaniser en *Frantz*.

Le 7 mars 1815, quand Napoléon quitte l'île d'Elbe pour tenter l'aventure et remonter jusqu'à Paris – jusqu'au trône – pour un second règne de cent jours, l'ancienne impératrice refuse de le rejoindre. Elle fait savoir au chef de la diplomatie autrichienne, Metternich, qu'elle place son fils sous la protection des souverains alliés de nouveau contre Napoléon. Pour le tout jeune prince, c'est un long chemin de croix qui vient de commencer ; il sera pénible et tragique.

*

Après Waterloo et le départ de Napoléon vers un second exil – à Sainte-Hélène cette fois – tout espoir est perdu pour les tenants de l'Empire. Le petit Frantz, fils de l'Aigle et de Marie-Louise – devenue duchesse de Parme – va bientôt prendre le titre autrichien de duc de Reichstadt – Reichstadt, une petite ville située en Bohême. Si loin de Rome… Grandeur et décadence de l'enfant roi devenu un adolescent dont on détourne le regard.

À la cour de Vienne, Frantz est en pleine croissance : à quinze ans, il mesure déjà un mètre quatre-vingt-dix ! En 1828, son grand-père François d'Autriche le nomme capitaine au régiment des Chasseurs tyroliens – sauf qu'entre-temps, le petit Napoléon qui sommeillait en lui a commencé de s'éveiller : le jeune homme obtient l'autorisation de fréquenter les salles austères de la Bibliothèque impériale de Vienne, où il se repaît des ouvrages relatant l'épopée napoléonienne. On a beau lui inculquer que « le souverain usurpateur du trône de France, ce M. de Buonaparte, avait un cœur inaccessible », lui ne se détourne pas de son père

– bien au contraire ! Il cherche à en savoir davantage, réapprend seul le français en se plongeant dans les lettres de Mme de Sévigné.

Le prince ne cessera plus de dévorer les Mémoires et les témoignages sur l'Empire ; comme il fallait s'y attendre, il finit par tomber sur le *Mémorial de Sainte-Hélène* et sur les très belles pages où l'empereur déchu s'adresse à son fils, quand il aura seize ans…

Frantz est à présent un bel adolescent, sans doute le plus charmant et le plus attachant des princes autrichiens : élancé, blond, un visage d'archange, un port souverain… C'est un fameux cavalier, il valse avec beaucoup de grâce et il est si séduisant que toutes les jeunes filles de Vienne se bousculent sur le passage de sa voiture, quand il traverse le Prater. Or, désormais, Frantz sait parfaitement de qui il est le fils. Au fond de lui, il n'est nullement ce prince autrichien que le beau monde voudrait fêter sans arrière-pensée : un seul nom le hante, celui de son père, celui du conquérant qui fit trembler l'Europe.

Il s'en est persuadé : un avenir l'attend, pour peu qu'il force le destin.

Et de fait, plusieurs années durant, la perspective de son retour sur le trône impérial français est sérieusement considérée : pourquoi ne pas commencer par la Belgique, ou encore par la Pologne où certains le réclament ? Non. C'est en France que l'impériale filiation l'appelle ; on ne l'y a pas oublié tout à fait, comme le souligne le légitimiste Chateaubriand : « Sa mère lui donnait le passé, son père l'avenir, écrit-il à propos du jeune prince. Toute la France était encore remplie de générations qui, en reconnaissant Napoléon II, n'auraient fait que revenir à la foi qu'elles avaient jurée à Napoléon Ier. L'armée eût reçu avec orgueil le descendant des victoires. » Il faut préciser qu'en 1815, au moment de sa seconde renonciation, Napoléon ne s'est effacé qu'en faveur de son fils. Ainsi, pour les bonapartistes, le souverain légitime des Français reste-t-il le jeune Napoléon II – et ce, même en pleine restauration bourbonienne !

Précisément, la révolution des Trois Glorieuses, en 1830, chassant du trône Charles X pour y placer un Orléans – le nouveau roi Louis-Philippe – rend à ce candidat une actualité. Le nom de Napoléon II est avancé mais, trop bien élevé peut-être, le prince « Frantz » se montre avant tout respectueux des institutions. « Je manquerais au devoir que m'impose la mémoire de mon père, si je devenais le jouet des factions et l'instrument des intrigues, écrit-il. Jamais le fils de Napoléon ne peut condescendre au rôle méprisable d'un aventurier. » Une telle position laisse peu de place aux initiatives personnelles… « L'Aiglon » n'en est pas moins torturé par sa conscience ; il est prisonnier d'un carcan de principe et d'orgueil, et ne peut finalement que ronger son frein en silence. À qui pourrait-il se confier, du reste ? Il est entouré d'officiers médiocres qui ne le comprennent pas. Son seul véritable ami, Prokesch-Osten, décrira la situation du jeune duc au sein de sa famille comme celle d'« un pur-sang entre deux chevaux de trait de Bohême et un cheval de fiacre italien ».

Comment s'étonner qu'à cette époque, le jeune homme tombe malade ? Autour de lui on minimise l'affection pulmonaire qui pourtant le ronge. Les médecins le soignent pour le foie – soit nullité de leur part, soit malveillance. Ils ignorent ou feignent de ne pas voir la tuberculose qui s'installe. Il suffirait pourtant d'envoyer Frantz chez sa mère, au bon soleil d'Italie, pour le voir sans doute recouvrer la santé…

*

Le 18 mars 1832 – encore et toujours ce damné mois de mars –, alors qu'il se relève d'une longue convalescence, le duc de Reichstadt fait une sortie à cheval par un temps froid et humide, et rentre à nouveau malade en ses appartements. Cette fois les médecins sont bien forcés de l'admettre : dès le 15 avril, ils considèrent le prince comme perdu. Le palais finit par prévenir, en Italie, Marie-Louise à qui l'on avait plus ou moins caché jusque-là l'état de son fils. Elle accourt tout de même… Seulement, quand enfin la duchesse de Parme entre dans la chambre du malade, le dimanche 24 juin, c'est pour le trouver rongé par la tuberculose. Le jeune homme, plein de fierté, accomplit l'effort surhumain de se lever, mais il tombe aussitôt dans les bras de sa mère et ne peut retenir les sanglots qui le secouent.

*

Napoléon II s'éteint le 22 juillet. À cinq heures du matin. En étouffant dans ses mains, sans même s'en rendre compte, une petite grive qu'il avait apprivoisée… La mort dramatique de l'Aiglon arrache à son grand-père, en privé, une drôle d'homélie funèbre : « Il a bien fait de mourir, va oser dire l'empereur d'Autriche au reste de la famille. Sa position en Europe était trop difficile, il n'aurait pu s'y faire une bonne place sans tout déranger. Sa vie aurait été un danger pour vous autres. Sa mort, conclut-il amèrement, n'a été un malheur pour personne à l'exception de moi-même. »

Il faut maintenant prévenir sa grand-mère, Laetitia Bonaparte, qui vit exilée à Rome et dont ce sera sans aucun doute le dernier grand chagrin. Ainsi, le seul descendant légitime de son génie de fils aura-t-il quitté ce monde avant d'avoir pu fêter ses vingt-deux ans.

À côté de son destin

Napoléon Ier avait tout fait pour légitimer un fils qui ne jouera au bout du compte aucun rôle dans l'histoire de France, souligne Thierry Lentz[1], directeur de la Fondation Napoléon. Dès la naissance de ce garçon inespéré, alors que les rois de France baptisaient leurs enfants dans l'intimité, l'empereur a voulu frapper les esprits par l'éclat des symboles : il a fait du baptême de son héritier, à Notre-Dame, une consécration brillante. Quatre ans plus tard, lors de son retour de l'île d'Elbe, il va prendre soin de réinstaurer en priorité les dispositions constitutionnelles relatives à l'hérédité. Et lorsqu'il abdiquera, Napoléon Ier ne le fera qu'en faveur du roi de Rome – tout en sachant que ses fidèles auraient à négocier avec des Bourbons pressés de retrouver leur trône.

Plus tard, à la cour des Habsbourg, c'est la politique qui mène la danse. Un vieil adage affirme que « l'empereur d'Autriche n'a pas de fille », signifiant le sacrifice d'une famille entière à la diplomatie. Le duc de Reichstadt n'échappe pas à la règle : il n'est jamais qu'un instrument aux mains de la diplomatie viennoise. On utilise son existence, à l'occasion, pour faire pression sur les puissances en situation

1. Auteur notamment de la *Nouvelle Histoire du Premier Empire*, en 4 tomes, éd. Fayard, 2002-2010.

de gêner l'Autriche. Mais son sort ne soucie personne, en vérité ; et la mort l'emportera bien jeune...

Même le retour en France de ses cendres, en décembre 1940, se fera sans grandeur... Hitler a cru voir dans cette offre un moyen d'attirer le maréchal Pétain à Paris, en vue de l'installer à Versailles et de nommer Laval à la tête de la zone libre. Mais Laval est limogé par Pétain qui se tient à l'écart de Paris. Et la cérémonie s'en trouve bâclée, le cercueil de l'Aiglon traversant une capitale indifférente, écrasée par un froid sibérien. « Les Allemands nous prennent le charbon et nous renvoient les cendres ! » ironisent les Parisiens... Qu'ils sont loin, alors, les cent un coups de canon qui, près de cent trente ans plus tôt, avaient fait chavirer les cœurs ! « Ma naissance et ma mort, constatait amèrement le jeune prince : voilà toute mon histoire. »

Remerciements

Ma gratitude va d'abord à Muriel Hees et à Jérôme Bellay, pour m'avoir confié cette émission sur Europe 1, ainsi qu'à Denis Olivennes, pour l'avoir récemment reprogrammée. Toutes les équipes de la radio avec lesquelles j'ai pu travailler au fil des années ont, par ailleurs, considérablement facilité ma tâche – à tous, un grand merci.

J'aimerais remercier également la maison Flammarion, spécialement Gilles Haéri et Thierry Billard, pour avoir cru en ce projet d'adaptation écrite de récits conçus, au départ, pour l'oralité. L'œuvre de transposition nécessaire a été en grande partie assurée par Marc Fourny.

Merci du fond du cœur à tous les auditeurs qui, depuis plus de huit ans maintenant, n'ont cessé de m'adresser leurs encouragements par toutes les voies possibles ; que ceux et celles auxquels j'aurais négligé de répondre veuillent bien me le pardonner.

Table

10092

Composition
NORD COMPO

Achevé d'imprimer en France (Malesherbes)
par MAURY-IMPRIMEUR
le 12 février 2013.

1er dépôt légal dans la collection : août 2011
EAN 9782290057162
OTP L21EPLN001295N001
N° d'impression : 179815

ÉDITIONS J'AI LU
87, quai Panhard-et-Levassor, 75013 Paris

Diffusion France et étranger : Flammarion